Battenberg Antiquitäten-Kataloge

Barockmöbel

Battenberg Antiquitäten-Kataloge

BAROCKMÖBEL

Bürgerliche Möbel aus zwei Jahrhunderten

von Uwe Dobler

Battenberg Verlag

Umschlagabbildung:

Original und projezierter Entwurf des Zacharias Mohrenhoffer, 1748, zur Erlangung der Meisterwürde. – (Aus Fritz Arens, Beiträge zur Geschichte der Stadt Mainz, Band 14).

Frontispiz:

Entwurf von Johann Förster, 1747, für einen Aufsatzschreibschrank zur Erlangung der Meisterwürde. (Aus Fritz Arens, Beiträge zur Geschichte der Stadt Mainz, Band 14).

Die Deutsche Bibliothek – CIP-Einheitsaufnahme

Barockmöbel: Bürgerliche Möbel aus zwei Jahrhunderten/ Uwe Dobler. – Augsburg: Battenberg, 1992
(Battenberg-Antiquitäten-Kataloge)
ISBN 3-89441-071-X
NE: Dobler, Uwe

BATTENBERG VERLAG AUGSBURG
© 1992 Weltbild Verlag GmbH Augsburg
Alle Rechte vorbehalten
Satz: Times von Telemeter Electronic, Donauwörth
Reproduktion: Repro-Mayr, Donauwörth
Gesamtherstellung: Kösel, Kempten
Printed in Germany
ISBN 3-89441-071-X

Inhalt

Vorwort 7
Einleitung 9
Ornamentale und stilistische Entwicklung des Barockmöbels 12
Zunftwesen 19
Geographischer Überblick 21
    Zeitliche Einordnung deutscher Produktionszentren
    und -Regionen 21
    Wichtige Regionen der Möbelherstellung 22
Techniken und Materialien 43
    Technik und Konstruktion 43
    Oberflächen 46
    Sonstige Materialien und Fassungen 51
    Regionale Verwendung der Holzarten 56
    Patinabegriff und Werterhaltung durch schonende
    Konservierung und Pflege 62
    Klimakunde 65
    Original und Kopie 66
Technische Fachbegriffe 69
Glossar 71
Farbbildteil 73
Katalogteil 89
    Schränke 89
    Eckmöbel 135
    Truhen 138
    Kabinettmöbel 141
    Kommoden 147
    Aufsatzmöbel 166
    Schreibmöbel 183
    Tische 218
    Sitzmöbel 233
    Kleinmöbel 252
    Spiegel 256
    Betten 259
    Sondermöbel 260
Fotonachweis 262

Vorwort

Der vorliegende Band unternimmt den Versuch, dem Anspruch eines reinen Arbeitsbuches gerecht zu werden. Umfang und Inhalt gewähren einen Einblick in die komplexen Zusammenhänge der für den deutschen Möbelbau so entscheidenden zwei Jahrhunderte. Dabei wird das Thema aus verschiedenen Perspektiven untersucht, Zusammenhänge sowohl in stilistischer als auch geographischer Hinsicht bearbeitet, um dem Leser in relativ knapper Form eine Übersicht über dieses komplizierte Gebiet zu vermitteln.
Eingebunden in den theoretischen Hintergrund sind die technischen Kapitel, die als Hilfsmittel verstanden werden sollten, um den direkten Umgang mit dem Objekt zu erleichtern. Allerdings sollten alle weiterführenden Informationen nicht als Grundsätzlichkeiten verstanden werden, die keine Abweichungen von den empirisch ermittelten Fakten zulassen. Dazu ist der geistige Hintergrund jener Epoche und die teilweise virtuose Beweglichkeit der Kunsthandwerker viel zu unüberschaubar.
Grundsätzlich beinhalten beide Jahrhunderte unbegrenzte Möglichkeiten in den Umsetzungen künstlerischer Gedanken. Endlos wäre der notwendige Umfang, um sämtliche Erfahrungen im Umgang mit Barockmöbeln zu bearbeiten. Dieses Buch soll lediglich die zusammenfaßbaren Themenkreise und erklärbaren Entwicklungen aufzeigen. Als kompakter Begleiter bei Entscheidungen von Händlern, Sammlern und Interessierten. Wohl einzigartig in dieser Ausführlichkeit dürften die Vortexte zu den einzelnen Möbeltypen im Katalogbildteil sein. In direktem Kontakt zum Bildmaterial und in ihrer Abfolge zeigen sie Entwicklungen und regionale Unterscheidbarkeiten auf.
Zur Problematik der Schätzpreise ist folgendes zu sagen: Die Preise verstehen sich als Schätzpreise, die auf alle Fälle ohne größere Verkaufsanstrengungen zu erzielen sein müßten. Basis hierfür sind die stets moderaten Schätzpreise im Auktionshandel der führenden deutschen Auktionshäuser. Selbstverständlich können diese Bewertungen nicht als Grundlage von Kaufentscheidungen gelten, da hierfür ein anderer Aufwand betrieben wird und die Kostensituation sowie individuelle Ansprüche einzelner Händler in Bezug auf Qualität, Seltenheit und Erhaltung nicht einkalkulierbar sind.
Die Auswahl der Objekte für den Katalogbildteil geschieht weniger unter dem Gesichtspunkt standardisierbarer Typen als vielmehr der Übersicht über die einzelnen deutschen Möbelregionen. Hierbei ist dem Anspruch gerecht zu werden, weitgehend charakteristische Vertreter der einzelnen Typen vorzustellen. Eventuellen Kritikern an der richtigen Einordnung sind die Schwierigkeit der Zusammenhänge und schließlich auch die Handwerkerwanderung entgegenzuhalten, die nahezu alles denkbar erscheinen lassen und besonders im Bereich des bürgerlichen Möbels eine klare Ordnung unmöglich machen.

Schließlich noch eine persönliche Empfehlung des Autors: Der Käufer von barocken Einrichtungsgegenständen spielt im Markt in Bezug auf die Preisfindung eine ebenso wichtige Rolle wie alle anderen Beteiligten. Er sollte grundsätzlich bei der Auswahl eines Objektes vorher die Kapitel über Pflege, Erhaltung und Patina lesen, bevor er fälschlicherweise besonders herausgeputzte Objekte für wertvoller erachtet als authentische oder schonend hergerichtete. Die Ratschläge in dieser Richtung mögen dem einen oder anderen unverständlich erscheinen, sie sollten aber bei der persönlichen Bewertung berücksichtigt werden, da die Preisentwicklung in Zukunft von diesen Gesichtspunkten maßgeblich mitbeeinflußt werden wird. Als Beitrag hierzu und als überschaubare Weiterbildung im Umgang mit barocken Möbeln der deutschsprachigen Gebiete soll das hier vorliegende Werk dem interessierten Möbel-Freund dienen.

Einleitung

Barock und Rokoko

Barock
Die Abstammung des Begriffs ist nicht eindeutig ableitbar. Zwei Erklärungen bieten sich an. Aus dem Portugiesischen stammt das »barocco«, was soviel heißt wie rohe, ungleiche Form. Im Italienischen bedeutet »parucca« Perücke, was versuchen soll, das Seltsame und Ungereimte, das bis zum Unverständlichen und Närrischen geht, zu erklären. Es entsteht aus dem Widerspruch von Mittel und Zweck, die Form scheint im Verhältnis zum Inhalt unangemessen. Damit beschreiben beide Erklärungen die prägende Unregelmäßigkeit unter Einbeziehung zahlreicher vegetabiler Elemente der barocken Ornamentik. Zugleich drückt sich darin die Schwierigkeit aus, logische Ornamententwicklungen zu finden, oder gar die althergebrachte Ordnung der dekorativen Elemente weiterhin nachvollziehbar aus dem Gesamten herauslösen zu können.

Rokoko
Der Begriff des Rokoko steht für die spielerische Übertreibung der Rocaille. Diese Rocaille, aus dem frz. roc abgeleitete eingerollte Felsformation mit vegetabilem Charakter, prägt entscheidend den Zeitraum des deutschen Rokoko von etwa 1725 bis 1770. Schon allein das beschreibende Wort Rokoko verdeutlicht in seiner Verdopplung der Endung den stilistischen Inhalt und den geistigen Hintergrund dieser Kunstrichtung. Die Auflösung aller bisher geltenden Gesetzmäßigkeiten im Sinne eines gesamtgestalterischen Konzeptes zu einer naturalistisch geprägten, asymmetrischen Formgebung verbirgt eine geradezu revolutionäre Ästhetik, die eine nachvollziehbare Entwicklung dieser gänzlich neuartigen Raumkunst schwer erkennbar macht. Außer der Rocaille entstehen keine neuen Elemente, die den Zierrat der Kunstwerke verfeinern, sondern lediglich die Gesamtdekoration und damit das homogen Verbundene steht im Mittelpunkt der künstlerischen Schöpfungen. Meyers schreibt im Jahre 1897 sehr treffend: »Eine willkürliche, aber äußerst anmutige Ornamentik, bei der eine eigentümliche Muschelform die Hauptrolle spielt, macht sich auf Kosten einer strengen Stilistik geltend«.

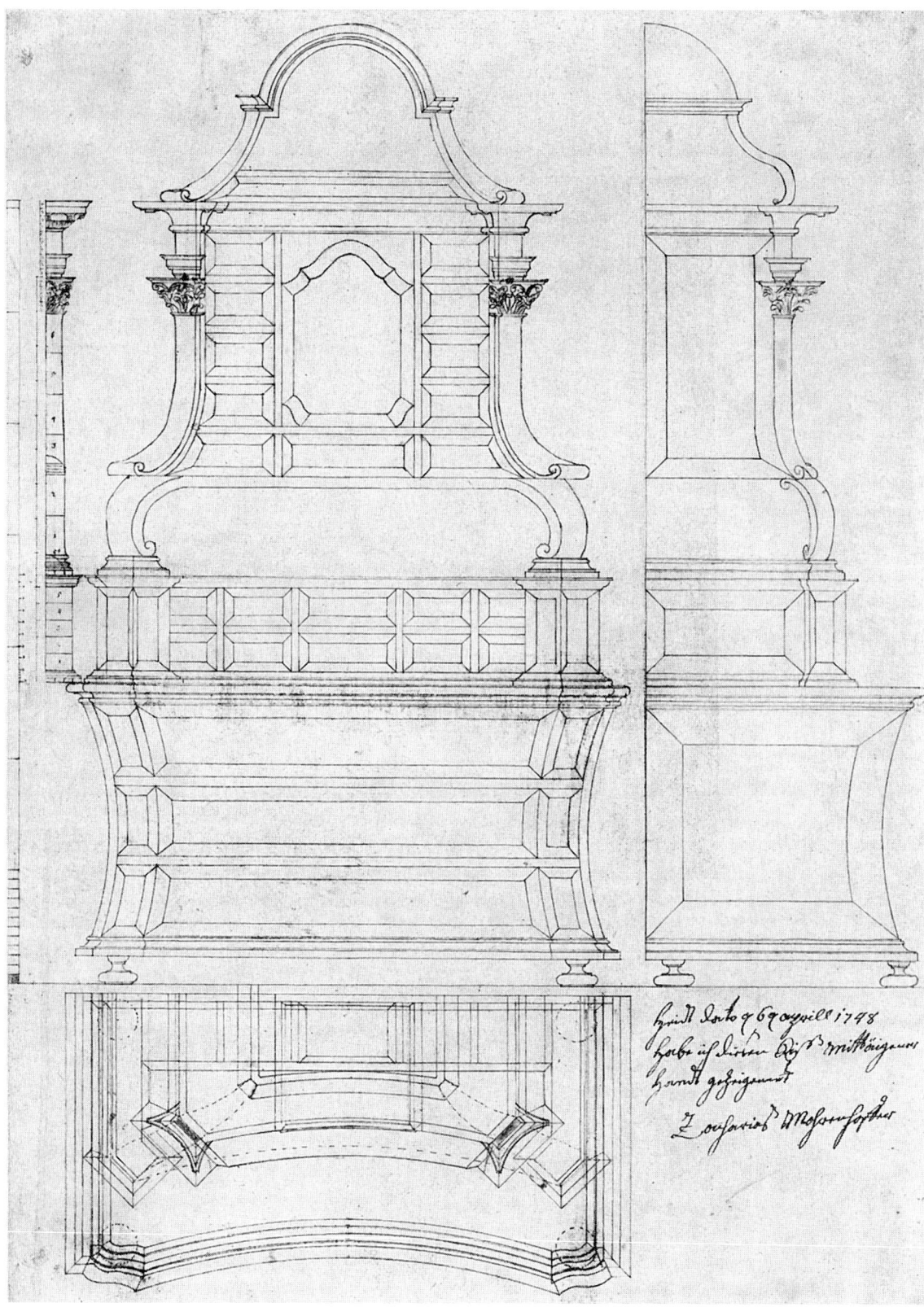

Barock und Rokoko 11

*Zu den Seiten 10 und 11:
Original und projezierter
Entwurf des Zacharias
Mohrenhofer, 1748, zur
Erlangung der Meisterwürde.
(Aus Fritz Arens,
Beiträge zur Geschichte der
Stadt Mainz, Band 14).*

Ornamentale und stilistische Entwicklung des Barockmöbels

Frühbarock

Durch die zunehmende Orientierung nach Vorlagenbüchern, den Säulen- und Musterbüchern in der Renaissance hat sich ein sehr aktuelles Stilbewußtsein der Kunsthandwerker entwickelt. Es findet in der strengen Umsetzung von architektonischen Elementen im Möbelbau seinen Ausdruck. Möbelkorpus und -gestell sind durch die Kombination einzelner Fassadenelemente nach klassischer Ordnung gegliedert. Der stilistische Kenntnisstand ist bereits durch die zunehmende Verfügbarkeit dieser Musterbücher geprägt.

Seit dem frühen 17. Jahrhundert treten an die Stelle dieser sich der Architektur bedienender Säulen- und Musterbücher zunehmend die ornamentalen Zieratenbücher. Sie beschränken sich auf die leichteren ornamentalen Ausführungen des aufkommenden Ohrmuschel- und Knorpelstils, der frei die Ornamente entwickelt, ohne konstruktive, logische Architekturregeln zu berücksichtigen. So entsteht zum ersten Mal für den Möbelbau eine gründliche Gegensätzlichkeit zwischen Bedürfnissen der Konstruktion und Gebrauchsfähigkeit und dem frei sich aus einer naturalistischen Ästhetik entwickelnden Ornament. Ein Widerspruch, der den Möbelbau die nächsten 150 Jahre nahezu vollständig prägt. Es entwickelt sich ein Ringen zwischen modernem Formempfinden und funktionalen Kompromissen, das neben absoluten »Entgleisungen« prächtige Meisterwerke des menschlichen Schöpfergeistes, aber auch höchst anspruchsvolle konstruktive und materialtechnische Lösungen schaffen wird.

Besonders hierbei scheint sich ein völlig neuer Grundansatz in der Herstellung der Möbel herauszubilden: Ordnete sich bis in die ausgehende Renaissance noch das Material formal dem Dogma der architektonischen Entwicklung von Gebrauchsformen unter, so entsteht im 17. Jahrhundert eine vom Handwerker ausgehende Emanzipation des Materials. Nach der Beherrschung aller zur Bearbeitung des Werkstoffes benötigten Techniken und deren kunstvoller Verfeinerung, mit denen den ästhetischen Forderungen oft in unnachahmlicher Weise entsprochen werden konnte, entwickelt sich nun ein aus der Bearbeitung des Materials heraus entstehender Drang, in weiterer Interpretation der Eigenschaften dieses unregelmäßig gewachsenen Werkstoffes die tektonische Ordnung zu durchbrechen. Die Kombination einzelner Grundformen, das Spiel mit gegensätzlichen Mustern lassen u.a. so charakteristische Neuschöpfungen wie das Karnies entstehen. Die für die Entwicklung notwendigen Überlegungen und die Experimentierfreudigkeit während des Herstellungsprozesses führen zu derartigen Weiterentwicklungen. So ist es sicherlich in einem hohen Maße auch der Verdienst der Handwerker, die diese Bereicherung der Ornamentik herbeiführen. Hierbei verformen sich nun bereits im Dekorschatz vertretene Bestandteile zu einer verzerrten, teigig komprimierten oder aufgeblühten Interpretation. Sind es zuerst aus der Natur entliehene und entsprechend aufgeweichte Ornamente, die der Manipula-

oben: Barocke Dekorationsformen.

unten: Beispiele von Wellen- und Flammleistenformen.

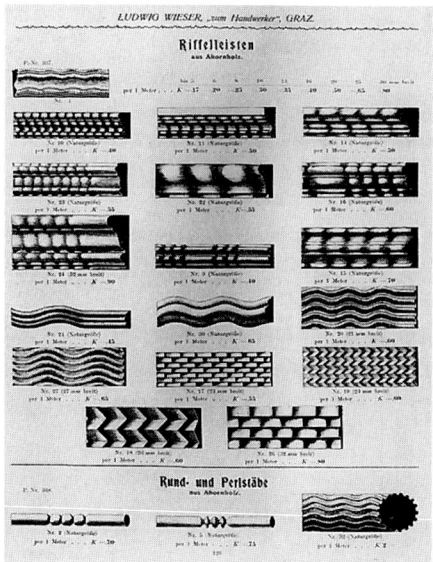

Darstellung einer frühen Wellenfräse. (nach A. Fébilien, Paris, 1676)

tion unterliegen und als Ohrmuschelstil beschrieben sind, werden später nahezu die gesamten aus der Architektur übernommenen Zierformen zum Gegenstand dieser Überarbeitung, die oft in der vollständigen Verfremdung klassischer Dekorationsformen gipfelt. Als Ansatz einer Erklärung für die flächendeckende und rasche Verbreitung des Knorpelstils scheint seine »Übertragbarkeit« auf die gesamte gängige Ornamentik zu sein. Schließlich wird er für fast das gesamte 17. Jahrhundert zum beherrschenden Erkennungsmerkmal in der Möbelkunst. Oft läßt sich in Möbelentwürfen dieser Zeit eine geradezu unrealistische und längst nicht mehr produzierbare Überlagerung der Grundkonzeption beobachten. Die gesamte Gliederung des Möbelkörpers mit all seinen unverzichtbaren Bestandteilen sowie seiner geometrisch und architektonisch angelegten Dekoration wird von der barocken Prämisse des Knorpelstils beherrscht bis entstellt. Auf breiter Front finden sich vom Handwerker erschlossene Arbeitstechniken, die nun wechselseitig die rasche Entwicklung herbeiführen oder ihr zumindest grundlegend zuarbeiten. Selbst Profile und später auch Säulen werden zum Gegenstand des modernen Gedankengutes oder der technischen Experimentierfreude.

Das durch den Architekturstil in der Vergangenheit unverzichtbare Profil verwandelt sich ab etwa 1600, bedingt durch seine Herstellung auf der Ziehbank, in eine Variante, die als Wellen- und Flammleiste ein rahmendes Element des 17. Jahrhunderts wird. Dieses anspruchsvolle Produkt entsteht durch die technisch kompliziert zu lösende Verbindung von Vorschub und horizontal oder vertikal harmonisch wiederkehrender Bewegung des Profileisens auf entsprechend umgearbeiteten und mechanisch weiterentwickelten Ziehbänken. Ihre Entstehung ist für Unterfranken zuverlässig belegt. Von Nürnberg ausgehend bestimmt sie bald im gesamten süddeutschen Raum die Überlegungen der Gliederung von Möbeloberflächen. Da der technische Aufwand zur Herstellung von Wellenleisten geringer ist, finden sich in Längsrichtung bewegte Flammleisten weit seltener. Dabei verändert sich die Wirkung der Profillinie bei Wellenleisten weniger, was als weitere Erklärung für das seltene Auftreten von Flammleisten dienen mag. Es gibt auch Kombinationen von beiden Zierformen, besonders Säulen und Lisenenfriese werden zum Gegenstand dieser Dekorationstechnik. Hierbei korrespondieren häufig verschiedene Profilierungen und Wellenabstände miteinander und ergeben somit eine nuancenreiche Dekoration der unverändert beibehaltenen bekannten Säulen und Pilasterformen. Ebenfalls tauchen gewellte Flammungen als technisch anspruchsvolle Erzeugnisse handwerklicher Fähigkeiten auf. Damit verbunden ist in gleichem Maße die planerische Vorarbeit bei der Herstellung solch hochspezialisierter Ziehbänke, ohne die eine ökonomische Produktion niemals möglich gewesen wäre. Besonders Nürnberg und Augsburg scheinen Zentren dieser Weiterentwicklung des zunehmend verbreiteten Wellenprofils zu sein.

Durch die in Holland schon früh verbreitete Kunst der dreidimensionalen Darstellung naturalistischer oder floraler Motive wird hier das Entstehen des Knorpelstils angenommen. Seine Verbreitung findet er sehr rasch im nordwestdeutschen Raum, aber auch der Süden nimmt das neue Gedankengut gerne auf. Ein Zusammenhang zwischen dem Dreißigjährigen Krieg und der Ausbreitung des Knorpels scheint insofern zu bestehen, daß in den Gebieten, die unter dem Einfluß der Kriegswirren standen, erst nach dem Friedensschluß ein solch tiefgreifender Einschnitt in der stilistischen Entwicklung festzustellen ist.

Ab der zweiten Hälfte des 17. Jahrhunderts verstärkt sich nun, bedingt durch das allgegenwärtige Knorpelwerk, der Ausdruck und damit die Gestaltung von Architekturelementen. Statt der verhältnismäßig klein dimensionierten Konturen des Flamm- oder Wellendekors erhalten Säulen neben der scheinbar unverzichtbaren Knorpelwerkdekoration meist an Konsolen und gegliederten Schäften zunehmend Rippen, Rillen oder knödelartig ausgebildete Wellenfolgen. Insbesondere der süddeutsche Raum bringt hier eine reiche Vielfalt unterschiedlicher Gestaltungsweisen hervor.

Schließlich entwickelt sich ab der Mitte des 17. Jahrhunderts die vom Drechsler gefertigte gewundene Säule als konsequente, technisch anspruchsvolle Umsetzung der zuvor regelmäßig gedrehten Säulenformen. Ebenso kannte man den scheinbar gewundenen Pilaster, der vom Schreiner selbst hergestellt werden konnte, ohne den Drechsler zu benötigen. Daher scheint er sich besonders in Gebieten großer Beliebtheit zu erfreuen, die traditionell mit dem Drechslerhandwerk nicht gerade gesegnet waren. Auch bäuerliche Möbel wurden mit diesen gewundenen Pilastern verziert, um die strengen Zunftbestimmungen, was die Produktion von Drehteilen betrifft, zu umgehen. Dadurch ist diese Säulenform sogar bis ins 19. Jahrhundert hinein besonders am Mobiliar des gesamten süddeutschen Voralpenraumes, aber auch an Einrichtungsgegenständen der Alpenländer zu finden. Da die gewundene Säule Ausdruck des italienisch-barocken Sakralstils ist, findet sie sich im Süden zuerst in frühen Sakristeieinrichtungen und an Altarbauten. Rasch jedoch wird sie an zweigeschossigen Dielenschränken verwendet.

Andere Objekte übernehmen dieses modische Gestaltungsprinzip an Partien, die nicht mehr die eigentliche Säulenstellung verlangen. Tisch- und Stuhlbeine, Stege, Lehnrahmen an Stühlen und Bänken bestehen aus gedrehten Rundschäften und erinnern nicht mehr an die eigentliche Grundform der gewundenen Säule. Am bürgerlichen Möbel bleibt sie ein gerne angewandtes Gestaltungsprinzip der vertikalen Gliederung.

Detail eines Tischgestells mit Wellen-Kanneluren.

Hochbarock

Neben den erwähnten frühen Formschöpfungen des Barock treten ab der Mitte des 17. Jahrhunderts durch holländischen Einfluß besonders im norddeutschen Raum Blumen und Blütenranken sowie Früchtegehänge zunehmend hervor. Hierbei ist die Korrespondenz von Knorpelwerk und vegetabilen Schmuckformen und deren Verschmelzung ein charakteristisches Gestaltungsmerkmal. Zahlreiche Vorlagenbücher dieser Zeit widmen sich dieser Zierform, zu der sich der schon vorher in Italien zur Blüte gelangte Akanthus gesellt.

*Rißhälfte eines Hallenschrankes.
(Hans Kaspar Eckstein, 1702)*

Damit stellt sich nun im späten 17. Jahrhundert ein weiteres gestalterisches Element vor, dessen dynamische Bewegung eine ungehinderte Entwicklung von freien Dekorationsfolgen zuläßt. Der Akanthus entwickelt sich im 18. Jahrhundert nicht nur zu einem monomeren Rankwerk als eigenständige dekorative Beigabe zur allgemeinen Vielfalt an Stilformen, sondern er prägt in weitem Maße sämtliche Partien der Gesamtdekoration eines Kunstwerkes. Desweiteren verfeinert er nahezu alle bekannten Zierelemente in Form von Verschlingungen, Auswüchsen und Umkränzungen dergestalt, daß selbst geometrisch streng abgegrenzte Dekorformen wie Bandelwerk, Beschlagwerk, Reserven, sogar Profile, Säulen und Friese von ihm überwuchert oder durchdrungen werden. Alles verbindet sich bald in asymmetrischer und scheinbar ohne Ordnung abfolgender Beziehung zueinander. Die drängende Bewegung scheint das stetige Wachstum des Akanthusblattes nachvollziehen zu wollen. Es dauert nicht lange und die Formgebung des Mobiliars wird von diesem enorm dynamischen Prozeß ergriffen. Sein Einfluß ergibt für die gestalterischen Ansätze eine neue Qualität:

Ein wesentliches Grundprinzip scheint zum ersten Mal überholt. Der umbaute Raum beim Behältnismöbel, die Statik der Konstruktion bei Sitzmöbeln und Tischen ist durch die Formentwicklung nicht mehr direkt nachempfindbar. Sie entbehrt zunehmend der Logik und Gesetzmäßigkeiten, die die Funktionalität und Verwendung dem Möbelentwurf auferlegten. Die Abkehr vom Dogma der Architektur und damit der geometrischen Verknüpfung von einzelnen, teils angestammten Dekorelementen wie Säulen, Fensterfeldern und Ädikulen, Konsolen, Postamenten und zahlreichen weiteren Elementen zwingt den Entwerfer, in neuen harmonischen Dimensionen zu arbeiten. Damit scheint erstmals nicht mehr die Dekoration der konstruktiv notwendigen Elemente die Aussage des Möbels zu dominieren. Ein freies, losgelöstes Formempfinden kann sich zunehmend entwickeln. Diese Befreiung von althergebrachten Zwängen veranschaulichen zahlreiche Entwicklungsstufen im deutschen Möbelbau des Spätbarock.

Bereits seit etwa 1680 bereichert den geläufigen Formenschatz eine weitere Dekorationsform zur Gestaltung von Freiflächen an Schauseiten. Ebenfalls, wie an Hand von Belegexemplaren nachzuvollziehen ist, verbreitet sich vom Norden her über ganz Deutschland die Aufdoppelung von Kassetten- oder Kissenfeldern, Füllungen oder schlichten, zu dekorierenden Flächen. Diese Bossen, die sich zu komplizierten Schanzen- oder Bastionfeldern, auch großflächigen, bewegt profilierten Medaillonflächen entwickeln, stehen besonders im süddeutschen Raum im Widerspruch zu den hier gepflegten architektonisch gestalteten Fensterfeldern und Nischen, wie sie seit der Renaissance die Schauseiten des Mobiliars beherrschen. Doch für die zunehmend angestrebte Harmonie der Bewegung ergibt sich durch Kissen und Bossen ein neues gestalterisches Element, das statt der auflösenden, kleinflächigen Architektur vielmehr bewegende, durch Profilierungen ruhig eingebettete Bewegung zuläßt, sich im Ganzen dem Drängen nach räumlicher Erschließung unterordnet. Da-

Deckplatte einer Kommode von Ferdinand Plitzner (um 1720 – 24). Nußbaumholz mit Einlagen aus graviertem Elfenbein. Gefärbtes Holz: Zeder, Ebenholz, Mahagoni.

neben entwickeln sich Profilverkröpfungen und ebensolche vielfach gegliederte und bewegte Rahmeneinfassungen zu beliebten, die Flächen unterteilenden Stilelementen.

Das 18. Jahrhundert

Eine Charakterisierung und umfassende Beschreibung der stilistischen Entwicklung sämtlicher deutschsprachiger Gebiete besonders im 18. Jahrhundert ist nur unter Berücksichtigung geographischer, politischer und technischer Gesichtspunkte möglich, die zugleich einen verlaufsmäßigen Überblick unmöglich machen. Zu stark sind die schöpferischen und gestalterischen Kräfte im Deutschland der Fürstenhöfe und Reichsstädte von Einflüssen, Machtstrukturen, Materialtraditionen und wirtschaftlichen Verhältnissen abhängig. Unüberschaubare Handelswege, jeweils regional geltende Zunft- und Ständeordnungen bringen ihre eigenen gestalterischen Interpretationen hervor. Unter Verwendung der herrschenden Dekorationsmode und zeitgenössischer Prämissen erlangen die zahlreichen Handwerkszentren ihre eigene Bedeutung und die dazugehörige, unverkennbare Handschrift. Damit entsteht nun ein bislang unerreichter Reichtum an unterschiedlichen Gestaltungsformen, Variationen und Eigenarten im Möbelbau, die von keinem anderen der überwiegend zentralistisch aufgebauten europäischen Länder erreicht wird. Eingebettet als kontinentales Kernland ist Deutschland ebenso zahlreichen Einflüssen der angrenzenden Regionen ausgesetzt, was zu einer unvergleichlichen Vielfalt an Mischformen zwischen fremdem Geschmack und regional bewährter Ausarbeitung führt. Dieses pluralistisch geprägte Formempfinden und die schwerlich zu überschauende deutsche Kunstlandschaft bieten daher auch für die Möbelforschung ausreichend Material zur regionalen Aufarbeitung. Ihre noch zu gewinnenden Erkenntnisse werden auf lange Zeit hinaus genügend Anlaß zu neuen Ordnungsversuchen ge-

oben und rechte Seite: Vorlagezeichnung und Pultschreibtischseite von Abraham Roentgen, Neuwied. Beispiel für die Planung und Umsetzung eines Marketteriefeldes.

ben. Da die Bearbeitung ganzer Themengruppen noch ansteht und nur lückenhaft allmählich Bruchstücke eines äußerst komplizierten Mosaiks zusammengetragen werden, sind jegliche Ansätze, überschaubare Zusammenfassungen aller möglichen Aspekte zu erstellen, leider nur unvollständig. Es kann hier nur der Versuch unternommen werden, einen groben stilistischen Überblick über die Entwicklung und die daraus entstandene Bedeutung der neuen und modischen Dekoration zu bieten.

Ein wichtiges Bedürfnis scheint alles überspannend nun vorzuherrschen: grundsätzlich besteht der Drang, an die Grenzen des Machbaren zu gehen. Man ist für alles Fremde aufgeschlossen. Jedes noch so unvorstellbare Kuriosum erfährt zumindest den Versuch einer handwerklichen und gestalterischen Umsetzung. Damit erlangen nun alle nur denkbaren Materialien bei der Holzverarbeitung und dessen Dekoration eine wichtige Bedeutung. Je fremder die Materialien, je unvorstellbarer deren Kombinationsfähigkeit mit Möbeloberflächen, desto komplizierter und raffinierter die zur Verarbeitung entwickelten Handwerkstechniken. Dieser binnen kurzer Zeit zur Verfügung stehende Pool an Kunstfertigkeit und Materialvielfalt prägt nachhaltig die oft von realen Bedürfnissen entfernte Raumkunst des 18. Jahrhunderts.

Da viele Vorlagenbücher von Schreinern für den Möbelbau geschaffen wurden, waren Ideen und konstruierte Entwürfe bereits in Abstimmung zur technischen Realisierung entwickelt. Sie boten praktikable Lösungen des sich rasch verändernden Formempfindens an. Diese Entwicklung läßt sich an Hand der Gestaltung der Schauseiten beobachten. Seit 1720 ist auch zunehmend die äußere Form davon betroffen. Der entscheidende Schritt ist das Abweichen vom Grundgedanken der strengen geometrischen Ordnung durch Ecken und Winkel, wie dies bei den Bastions- oder Schanzenfüllungen von Schränken und Truhen besonders deutlich zu verfolgen ist. Weiter entwickelt sich für den Korpus von Behältnismöbeln die gekröpfte und später dann auch die einfache Eckschräge, die im oben bereits erwähnten Sinne eine weiterreichende Umgestaltung der Möbelformen einleitet und damit als wichtiger Entwicklungsschritt für den Übergang vom Hochbarock zum Rokoko gesehen werden muß. Jedoch ist die gesamte Entwicklungsgeschichte hin zum Rokoko nur möglich durch die von Frankreich ausgehende Bereinigung des klassisch barocken Formenschatzes. Das in den 70er Jahren des 17. Jahrhunderts in der Amtszeit Ludwigs des XIV. bevorzugte streng repräsentative Element führt zu einer Verfeinerung und Weiterentwicklung neuer Typen. Daneben wird mit der Bereinigung der Schauseiten von appliziertem Zierat die Entwicklung der Marketerie vorangetrieben. Mit der Wichtigkeit der flächigen Wirkung der Schauseiten wächst die Bedeutung der Dekoration. So entstehen in Anlehnung an die französische »Boulle-Technik«, ein Marketeriedekor unter Verwendung komplexer Materialien (wie Messing, Schildpatt, Zinn und Kupfer), Furniermuster, die in Holz gearbeitet die materialspezifischen Eigenarten dieser Fremdstoffe imitieren. Diese Eigenschaften, die verschnürte und vernetzte Verbindungen zwischen den verstreuten »Dekorinseln« entstehen lassen, vermitteln bereits gegen Ende des 17. Jahrhunderts in Frankreich das Bild von filigran durchgestalteten und zugleich geometrisch geordneten Bandverschlingungen. Erlebt diese Zierform der Fläche in ihrem Entstehungsgebiet nur noch das anbrechende 18. Jahrhundert, wird sie besonders in Süddeutschland als willkommener Schmuck des nunmehr geschlossen und von Architekturelementen bereinigten, aufgebauten Möbels aufgegriffen. Rasch entwickelt sich daraus das verfeinerte, die gesamte Epoche prägende Bandelwerk in einer auf sämtliche Zierformen abgestimmten Vielfalt. Vegetabile, den Bandverschlingungen entwachsende Ausblühungen, wie geometrisch geordnete Arrangements und chinois beeinflußte Szenerien vereinigen sich unter der dominierenden Herrschaft des Bandelwerkes. Da es sich lediglich für eine zweidimensionale Umsetzung eignet und damit nur zur Dekoration von Möbeloberflächen dienen kann, beschränkt sich die Entwicklung des Möbelbaues im 1. Viertel des 18. Jahrhunderts auf Formvarianten im Sinne der oben behandelten Eckschräge am Behältnismöbel. Auch wenn daraus bald konkave und konvexe Brüche im vorher strengen Duktus des umbauten Raumes entstehen, ist dies noch weit von eigentlicher Bewegung entfernt. Der eigentliche Auslöser für die fast revolutionäre Veränderung der Möbelform ist die Verbreitung der Rocaille, der eingerollten blattförmigen Felsformation und ihrer Vermischung mit dem nun stark bewegten Akanthus. Zuerst findet sich die Rocaille im darstellenden Dekor der Marketeriefelder, bis sie schließlich zum eigenständigen, dreidimensional ausgearbeiteten Element wird. Dabei beschränkt sich ihre Wirkung nicht nur darauf, verzierendes Beiwerk zu sein, vielmehr formen sich wesentliche Bestandteile des Mobiliars zu Abfolgen einzelner Rocailleelemente. Zargen, Fußgestelle, Blenden und Gesimspartien können nun aus ihnen zusammengesetzt sein. Dazu kommt mit der Beliebtheit solch aus der Natur entstammender Zierformen, daß andere damit harmonierende Elemente (wie Muscheln, Blumen, ja sogar die in der Blüte des Rokoko besonders beliebte Grottenarchitektur) virtuos zu homogenen Kunstwerken vereint werden. Damit erschließt sich dem Entwurf, aber auch der handwerklichen Umsetzung, die letzte, nun logisch begründete Konsequenz: die Formgebung, der Korpus oder das Gestell werden von dieser naturalistischen Bewegung durchdrungen und öffnen sich dem Drang nach raumgreifender Dreidimensionalität. Jedoch kann die Liebe für Naturformen nicht allein eine solch aufwendige Entwicklung einleiten. Die Mode der durchgängig konzipierten Raumkunst und die damit verbundene Harmonie der Architektur mit der dazugehörigen Einrichtung ergibt grundsätzliche Konsequenzen für die gewollt fließenden Übergänge von Möbelstücken zu den angrenzenden Wandpartien. Waren vorher statische Prinzipien und eindeutige Abgrenzungen des Möbels vom Raum unverrückbare Vorgaben für die Gestaltung der äußeren Form, erzwingt jetzt die Bewegung der Flächen neue Lösungen für ein bisher nicht gekanntes Wechselspiel im Raumkonzept. Zugleich ist der Zenit der großdimensionierten Proportionen längst überschritten. Es sind nicht mehr länger die repräsentativen und den Raum dominierenden Prunkmöbel der frühen Jahre gefragt, sondern das Mobiliar erhält zunehmend eine

rechts: Detail einer Kommode aus der Spätphase der Poentgen'schen Rokoko-Ornamentik.

unten und unten rechts: Vorlage und Marketeriefeld von Abraham Roentgen, Neuwied.

bürgerlich-private Note, die stark von der Person des Auftragsgebers geprägt ist. Damit entsteht eine Vielfalt an Kleinmöbeln, die, spezialisiert auf eine bestimmte Aufgabe, Platz für ausreichend künstlerische Interpretation lassen. Im Banne dieser Dynamik trägt auch das Handwerk durch ständig weiterentwickelte Techniken und damit neu erschlossene Lösungen und die immer beliebter werdenden komplizierten Mechaniken zu dieser Entwicklung bei. Besonders Kleinmöbel wie Spieltische, Arbeitstischchen, Poudreusen und andere, die der täglichen Kurzweil dienen, sind beliebte Objekte des modisch geprägten Geschmackes.

Erst als gegen Ende der 60er Jahre die Grenzen des Machbaren erreicht zu sein scheinen, als die virtuos ausgeformten und kompliziert zu fertigenden Möbelformen unerschwinglich werden und mehr der Eigendynamik der Philosophie des Rokoko unterliegen, als den Bedürfnissen der Menschen zu entsprechen, lassen sich erste Anzeichen eines weiteren Reinigungsprozesses in der Stilgeschichte erkennen.

Zunehmend scheinen sich die Künste auf Ordnung und wiederkehrende Ornamentik zu besinnen, scheint das herrschende Gesetz der Asymmetrien und naturalistischer Wucherungen von der klassisch geprägten Raumordnung verdrängt zu werden. Damit finden sich nun als Konsequenz für den Schmuck der Möbeloberflächen Dekorfolgen wie Würfelfelder, Gitterwerk oder Rahmenparketterien, die allesamt einen gewissen Neutralanspruch mit logisch wiederkehrender, verzahnter Geometrie als letzte Antwort auf Willkür und unlogischen Naturalismus vermitteln wollen. Es endet, wiederum von Frankreich mit dem Stil des Louis XVI. ausgehend, eine Serie von Dekorformen, die den bedeutendsten Part der deutschen Möbelgeschichte ausmachen. Bedeutend in zweierlei Hinsicht: zum einen als handwerkliche Blüte mit den kompliziertesten und anspruchsvollsten Werken der deutschen Möbelkunst; zum anderen als lange und beeindruckende Phase der künstlerischen Experimentierfreudigkeit, die oftmals das sonst stets der Architektur verschriebene Möbel auf eigenständige Wege geführt hat.

Zunftwesen

Seit dem frühen Mittelalter existieren Zusammenschlüsse der ausführenden Handwerkerschaft. Zu Beginn dienen sie zur Koordination der einzelnen Fachleute bei größeren Auftragsvergaben. Man nennt solche Gemeinschaftsprojekte auch Bauhütte. Hierbei überwacht der Baumeister die beschäftigten Handwerker. Besonders große Kirchenbauten erfordern eine solche Bauhütte, die sich mit heutigen Baubüros vergleichen läßt. Dem Baumeister obliegt die Auswahl der Fachkräfte. Da es sich bei Zusammenschlüssen in Bauhütten nicht um eigenständige Interessenvertretungen handelt, bilden sich im Laufe der Zeit Handwerkersbruderschaften als Vorläufer der Zünfte. Sie sind noch lose Zusammenschlüsse der jeweiligen Fachhandwerker, die in erster Linie der Abgrenzung gegenüber anderen Handwerksbereichen dienen. Damit entsteht ein wichtiges Instrument zur Regelung der Wettbewerbssituation und auch zur Sicherung der spezifischen Interessen.

Jedoch erst mit dem Entstehen der Zünfte und den dazugehörigen Zunftordnungen werden umfangreich alle Belange eines Handwerksbereichs verbindlich geregelt. Neben der Zunfthoheit für eine Stadt oder Region sind darin nun auch Qualitätsforderungen, Regelungen zur Erlangung der Meisterwürde und Bestimmungen über die Anzahl der zugelassenen Meister enthalten. Die Zunft vertritt auf allen Gebieten die Interessen ihrer Handwerker. Sie garantiert durch ihre Bestimmungen die Existenz der ihr zugehörigen Meister und verhindert durch Beschränkungen eine ungesunde Konkurrenzsituation. Hierzu tragen Regelungen über die zulässige Größe der Betriebe bei. Dies bedeutet eine relative materielle Sicherheit aller in der Zunft organisierten Meister. Neben diesem Protektionismus bemühen sich viele Zünfte durch entsprechend anspruchsvolle Auflagen darum, nur handwerklich qualifizierten Gesellen die Erlangung des Meistertitels zu ermöglichen. Durch die Forderung, ein von der Zunft näher beschriebenes Meisterstück fertigen zu müssen, haben die zugelassenen Bewerber ihre Fähigkeit unter Beweis zu stellen. Diese Anforderungen und das daraus resultierende Niveau ist unter den im deutschsprachigen Raum wirkenden Zünften beachtlich verschieden. Besondere Traditionen, regionales Materialangebot, überregionale Verbindungen der Zunftstädte durch angesiedelte Kaufleute und besonders die Existenz zahlungskräftiger Kundschaft bedingen den jeweiligen Standard.

Neben den in Zünften organisierten Meistern gibt es in zahlreichen Städten und Regionen solche, die als privilegierte Handwerker für die einzelnen Höfe arbeiten. Diese zunftfreien Meister genießen, vorbei an den Zünften, Sonderrechte und unterliegen nicht den Beschränkungen der Anzahl von Gesellen und der Einhaltung der geltenden Zunftgrenzen. Solche Hofwerkstätten können über große Entfernungen hinweg Kunden beliefern, sofern die Protektion des eigenen Hofes oder eines verbündeten oder befreudeten Regenten wirksam ist. Dadurch können Werkstätten von »höchst Privilegierten« Hofschreinern, sofern die Qualität der erzeugten Objekte Anklang findet, teilweise Ausmaße von frühen Manufakturen erreichen. Als wohl berühmteste Beispiele sind hierbei die Werkstätten von Roentgen, Spindler, Matter u. a. zu nennen.

Geographischer Überblick

Zeitliche Einordnung deutscher Produktionszentren und -regionen

Um sich einen geordneten Überblick über die einzelnen Entstehungszentren zu verschaffen, sollte man neben den regionalen Verflechtungen gleichzeitig von einer Systematik ausgehen, die sich auch an zeitlichen Gesichtspunkten orientiert, d.h. die Blütezeit der einzelnen Regionen beachten. Selbstverständlich bedeutet dies nicht, daß außerhalb der aufgelisteten Zeiträume keine nennenswerten Möbelproduktionen stattfanden.
Es wird lediglich versucht, eine Hauptschaffensperiode oder eine Zeitspanne herauszustellen, in denen die Höhepunkte der lokalen Werkkunst am Möbel stattgefunden haben. Dies soll zusätzlich das Gesamtverständnis für Einflüsse, Verflechtungen und Entwicklungen der einzelnen Regionen erleichtern. Es erscheint ratsam, diejenigen Regionen besonders zu beachten, die bereits in der Renaissance erfolgreich am Markt hervorgetreten sind und vom jähen Einschnitt des Dreißigjährigen Krieges weitgehend verschont blieben und damit maßgeblich die Entwicklung der neuen Zeit im Möbelbau mit verbliebenen Infrastrukturen umsetzen konnten.

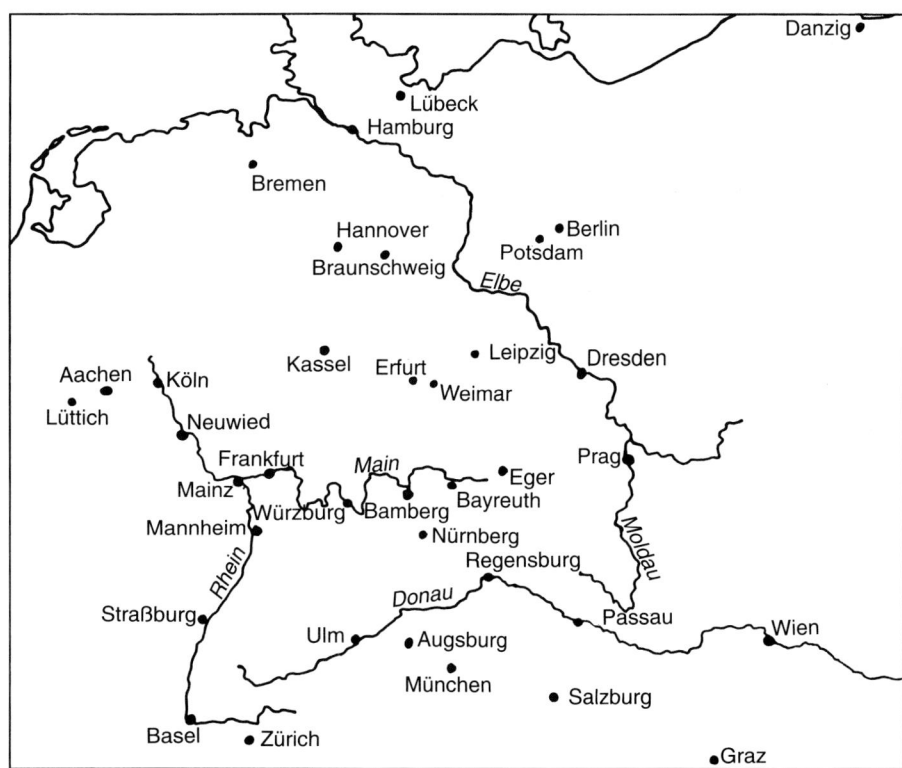

Zentren mit früher Blüte

Ulm:	Vom Anfang bis ca. 1700
Nürnberg:	Vom Anfang bis ca. 1700
Augsburg:	Vom Anfang bis ca. 1740/50
Schweiz:	(Basel, Zürich, später Bern): Vom Anfang bis Ende des 18. Jahrhunderts
Elsaß:	Vom Anfang bis Mitte des 18. Jahrhunderts
Frankfurt:	Von 1660-1740
Böhmen mit Eger:	Vom Anfang bis Ende des 17. Jahrhunderts, Prag 2. Hälfte des 17. Jahrhunderts – Mitte des 18. Jahrhunderts
Niederrhein/Friesland:	Vom Anfang bis ca. 1700.
Köln:	Vom Anfang bis ca. 1680
Hansestädte:	Vom Anfang bis ca. 1740
Danzig:	Vom Anfang bis ca. 1720

Zentren mit später Blüte

Österreich:	mit Salzburg, Wien, Graz und Klöster: seit 2. Hälfte des 17. Jahrhunderts
Südosten:	München, Regensburg, Passau: seit 1670
Schlesien mit Breslau:	seit 1680
Mainfranken:	Würzburg, Bamberg, Bayreuth: seit 1680
Mainz:	seit 1700
Hessen/Kassel:	seit 1700
Thüringen:	Erfurt, Weimar: seit 1700
Sachsen:	Leipzig, Dresden: seit 1700
Niedersachsen:	mit Braunschweig und Hannover: seit 1710
Aachen/Lüttich:	seit 1720
Pfalz:	mit Speyer, Mannheim: seit 1720
Württemberg/Hohenlohe:	seit 1720
Südwesten:	Baden mit Freiburg und Basel: 1700 – Ende des 18. Jahrhunderts
Schleswig-Holstein:	seit 1730
Brandenburg, Berlin, Potsdam:	seit 1730
Neuwied:	als Sonderstellung seit 1760

Wichtige Regionen der Möbelherstellung

Der Norden Deutschlands wird von einer schwer zu trennenden Mischung verschiedener Einflüsse beherrscht. Holländische, auch englische Formentwicklungen prägen das norddeutsche Mobiliar. Insgesamt ist die Entwicklung der Dekorationen und Formen vom Anspruch nach ablesbarer Abbildung der einzelnen Dekorationselemente geprägt. Dies entspricht der Tradition beider Länder und findet eine entsprechende Umsetzung im Norden seit der 2. Hälfte des 17. Jahrhunderts.

Bis weit ins 18. Jahrhundert hinein werden diese Errungenschaften erfolgreich beibehalten. Sie beeinflussen maßgeblich weitere Regionen des deutschsprachigen Raumes und liefern Anstöße für Gestaltungsprinzipien, die immer wieder im Möbelbau verschiedenster Prägung anklingen. Auf den solide gearbeiteten, von mächtigen Proportionen beherrschten Möbeln scheint der verwendete Schnitzdekor wie eine etwas gezwungene Verfeinerung der eher unsensibel umgesetzten Entwürfe traditioneller Grundformen. Der bildhauerische Ausdruck zieht sich wie ein roter Faden durch die gestalterischen Richtlinien der norddeutschen Tiefebenen. Zu hohem Ansehen als unverzichtbarer Bestandteil des Zierats sämtlicher Behältnismöbel gelangt er in den Küstengebieten und Hansestädten. Viel mehr als der verzierende Schnitzdekor, der sich auf Darstellung beschränken muß und wenig Einfluß auf Bauprinzipien, konstruktive Variationen oder technische Neuerungen hat, prägt die aus Holland abstammende Bosse sehr schnell die Schauseiten: eine durch Profilumfassungen abgesetzte, stark erhabene und die Fassade kubisch gliedernde Kassettenfüllung. Dabei begünstigt diese Entwicklung jene vorherrschende Vorliebe für Kassettenkonstruktionen und strenge Feldergliederungen, die sich selbst im reliefgeschnitzten Dekor der schlicht verleimten Brettflächen fortsetzen, die Tradition der Massivbauweise.

Ähnlich wie in Holland und England, auch im virtuos formenden Italien, entwickelt sich die ausschmückende, korrespondierende Marketerie nur zäh. Im Gegensatz zum Süden findet der Furnierdekor der Renaissance nur spärliche Weiterentwicklung. Die gestalterischen Schwerpunkte sind anders gelagert. Für das vom süddeutschen Intarsienschmuck verwöhnte Auge erscheint die dekorative Anlage der Frei- und Binnenflächen ungelenk und rückständig. Findet sich einmal ein ernstzunehmender Vorstoß in dieser Richtung, z. B. auf den Türfeldern von mecklenburgischen und sächsischen Hallenschränken, dann stoßen Rauten und geometrischer Dekor stumpf aufeinander, ohne Faden- und Bandeinfassungen, alles etwas gezwungen und scheinbar lieblos. Man möchte meinen, der Schreiner habe lediglich die vom Auftraggeber auferlegten Pflichtübungen absolviert. Das Bandelwerk als herausragender Marketeriezierat scheint in weiten Teilen der norddeutschen Länder eine fremdartige Partie im Dekorverständnis zu sein.

Es entsteht, als Paradestück, von Holland bis Danzig, der sogenannte »Schapp« als klassischer Hallenschrank. Zuerst viertürig, ab etwa 1680 zweitürig. Dieser prächtige Vertreter norddeutscher Schreinerkunst bleibt in seiner Grundgliederung einheitlich für alle Zentren. Er wird in seiner Gestaltung von den lokalen Zünften streng festgelegt und unterscheidet sich regional hauptsächlich nur durch verschiedene Giebelformen.

Thüringen
In enger Verwandschaft zu diesem Küstengebiet steht nahezu der gesamte »mitteldeutsche« Raum. Seine wirtschaftliche Bindung und Abhängigkeit von den Hansestädten zeigt sich in der Gestaltung des Mobiliars. Der Hang zu gigantischen Dimensionen prägt die äußere Form. Es entwickeln

sich vielgestaltige Abwandlungen. Bei den Hallenschränken wirken besonders schlesische Behältnismöbel im Detail filigraner, im zurückhaltenden Schnitzdekor feiner und mit eigenständiger geprägten Akzenten. Die wuchtige Form wird jedoch beibehalten. Die Kunst der Gliederung der Fassade von Schränken dokumentiert sich bei Vertretern dieser Region. Eine Gemeinsamkeit, die sich im übrigen mit dem thüringischen Raum feststellen läßt. Auch hier ist der Einfluß der riesigen »Schapps« unverkennbar. Die Verwendung der Materialien, aber auch der Marketeriedekor, ist längst nicht so prächtig wie bei den östlichen Meisterwerken.

Der Osten
Mit Breslau als wichtigem Handelsplatz vereinigt der Osten auf einzigartige Weise das von den Küstengebieten ausgehende Streben nach dekorativer und detaillierter Qualität. In Breslau entwickelt sich eine eigenständige Vielfalt gestalterischer Interpretationen norddeutscher Möbelformen bedingt durch den Einfluß des nahen sächsischen Hofes, dem unbestrittenen Zentrum »mitteldeutschen« Kunstschaffens. Nur wenige Möbel sind jedoch durch die eingeschränkten Möglichkeiten eindeutig zuzuordnen.
Es scheint sich eine Besonderheit herauszukristallisieren: Die Verwendung von exotischen Materialien, auch einheimischer Stoffe wie Bernstein und die Kunst des Färbens dieser Materialien, ist bis in die Mitte des 18. Jahrhunderts hinein beliebt. Der in der Front geschwungene, durch Pilaster unterteilte Hallenschrank auf hohem Sockelgeschoß mit wuchtigem Sprenggiebel hat sich mit feinster Ausstattung, geprägt von Bandelwerk, floralem Zierat und Akanthusblatt, durchgesetzt und findet im schlesischen Raum Verbreitung. Übrigens ist er den Exemplaren aus dem nördlichen Thüringen sehr ähnlich.

Sachsen
Nuancenreicher und durch modernste Einflüsse geprägt entwickelt sich Sachsen mit seinem zum süddeutschen Raum orientierten Hof in Dresden. Es entsteht in diesem künstlerisch, auch schreinerisch erstklassig besetzten Zentrum ein eigenständiger Hofstil. Im Wechsel der Zeit paßt er an sich immer wieder lokalen Bedürfnissen an. Zugleich ist er an den modischen Strömungen des Südens orientiert. Insbesondere die französische Raumkunst gewinnt nach Ablösung der fränkischen Einflüsse im ausgehenden 17. Jahrhundert zunehmend an Bedeutung. Sie wird zum entscheidenden Faktor gestalterischer Prinzipien und beherrscht, neben dem bayrischen Hofstil, besonders die ästhetische Gestaltung des sächsischen Mobiliars.
Gut läßt sich hier die im Barock verstärkt einsetzende Handwerkerwanderung verfolgen. Zahlreiche süddeutsche und französische Schreiner arbeiten in Dresden. Aus westdeutschen Zentren und selbst aus Breslau zieht es fähige Handwerker nach Sachsen. Der wirtschaftliche Reichtum dieser Region führt zu einer Vielfalt künstlerischer Betätigungsmöglich-

keiten und dadurch zu berühmtem Kunsthandwerk, das sich – nicht zuletzt im Möbelbau – durch seine handwerkliche Perfektion einen einzigartigen Ruf geschaffen hat.

Brandenburg/Berlin
Die Erlangung der Königswürde (1701) durch Kurfürst Friedrich III. und der nun geschaffene königliche Thron Preußens läßt rasch eine bedeutende Möbelkunst erblühen. Ihre frühen Einflüsse in Verbindung mit dem Hause Oranien drücken sich in besonderer Weise durch plastisch virtuos geformtes Mobiliar aus. Hauptsächlich Akanthusschnitzereien und andere vegetabil wirkende Dekorformen prägen das Kunstverständnis, in krassem Gegensatz zu den Küstengebieten. Geradezu inselartig dominieren transparente Gestaltungsprinzipien, bei denen nicht nur die Beziehung zur niederländischen Bildhauerei besteht, sondern sehr früh schon nordfranzösische und flämische Kraft und Dynamik zum Audruck kommen. Man vermißt die Ruhe. Und vor allem die Statik, wie sie in allen angrenzenden norddeutschen Gebieten vorherrscht und die es selbst im verwandten holländischen Raum gibt. Diese Entwicklung versucht den Anspruch nach Hervorhebung der neuen internationalen Rolle gerecht zu werden. Auch das Bestreben, sich von Gängigem zu unterscheiden und so die Bedeutung der königlichen Macht durch ein eigenständiges Kunstverständnis zu unterstreichen, bringt dieses ungewöhnliche Zusammentreffen von politischen sowie kunstgeschichtlichen Umständen hervor. Zu einem Zeitpunkt übrigens, in der die meisten Machtbereiche in Europa schon längst abgesteckt sind. Die späte Blüte Preußens, auch bedingt durch die weiterhin dominierenden, einflußreichen Hansestädte, führt zu dieser ungewöhnlichen Situation der Kunst. Gerade der Gegensatz von Handel und Macht ist hierfür als Grund anzusehen.
Vielleicht ist der Eindruck richtig, daß der eigenständige künstlerische Weg zum friederizianischen Rokoko nicht über die Umgestaltung der Behältnismöbel, sondern in der Frühphase an Sitzmöbeln und Tischen abzulesen ist. Natürlich lassen sich Gestellkonstruktionen wesentlich leichter in plastischem Naturalismus verwirklichen. Der geschnitzte Dekor reduziert sich hierbei nicht nur auf appliziertes Beiwerk, wie dies bei Kommoden und Schränken der Fall ist. Man hat hier den Eindruck, daß grundsätzlich in der Entwicklung preußischer Möbel zwei parallele Wege beschritten werden. Die Leichtigkeit und Dynamik ist in der Übertragung auf Behältnismöbel vergleichbar nicht möglich. Offenbar ist dies der Grund für die willkommenen französischen Formen der Sekretäre, Kommoden und Kleinmöbel. Auch ins »deutsche« übersetztes französisches Mobiliar, wie es fränkische Schreiner zu fertigen pflegen, findet rege Nachfrage und führt zur Übersiedlung der Gebrüder Spindler als Hofschreiner nach Berlin. Abgeleitet von den barocken Frühformen der besprochenen Möbelgattung entwickelt sich dagegen das typische friederizianische Rokoko, sicherlich eine der prachtvollsten Ausprägungen deutscher Rokokoornamentik. Auch im 19. Jahrhundert behält Berlin seine führende Stellung im Möbelbau.

Niedersachsen

Etwas früher als in Berlin, nach der Erhebung zum Kurfürstentum 1692, setzt im höfischen Mobiliar der Welfenhäuser Hannover und Braunschweig eine beeindruckende Entwicklung ein. Bereits durch den Bau des Schlosses Hannover-Herrenhausen entsteht Bedarf an angemessenen Ausstattungsstücken in größerem Umfang. Dieser kann ohne Frage nicht ausschließlich von lokalen Kapazitäten gedeckt werden. Dies ist eine mögliche Erklärung für den charakteristischen »braunschweigischen« Ausdruck eines verhältnismäßig großen Möbelgebietes im 18. Jahrhundert. Die Errichtung des Schloßbaues durch italienische Architekten drückt sich auch im Mobiliar von Herrenhausen aus. Es treten im Norden Deutschlands statt der üblichen Orientierung nach Holland verhältnismäßig reine Elemente italienischen Formempfindens auf, die nachhaltig die Schnitzkunst welfischen Mobiliars prägen. Neben Akanthusranken, floralem Dekor, rundet die Palmette bis zur reinen Kartusche als Zentralmotiv den plastischen Dekor des ausgehenden 17. Jahrhunderts ab. Selbst die gegenständliche Reliefschnitzerei italienischer Ausprägung findet sich auf Tischplatten und Schauseiten.

Die Kommode hält schon früh Einzug in die Raumkunst und zeigt sich in Form der streng umrissenen, kubisch wirkenden und stets an Truhenmöbel erinnernden italienischen Frühformen dieser Möbelgattung. Wohl deshalb behält die Kommode dieser Region im gesamten 18. Jahrhundert ein gewisses Maß an strenger Sachlichkeit bei, selbst bei bewegten Exemplaren ab der Mitte des Jahrhunderts, und provoziert voreilige Zuschreibungen von Objekten ähnlichen Ausdrucks. Ein weiteres Merkmal dieser eigenständigen Entwicklung, die durch die Übernahme der englischen Königskrone durch die Hannoveraner 1714 weitere Impulse erfährt, ist die beliebte Aufnahme der im Norden Deutschlands eher spärlich verbreiteten Bandelwerkornamentik. Sie findet sich als wesentlicher Bestandteil an französisch oder italienisch beeinflußten Hofmöbeln der norddeutschen Fürstenhöfe. Einzug ins bürgerliche Möbel hält die Bandelwerkornamentik erst über die für Hannover-Braunschweig charakteristische Umsetzung in geometrischem Sinne. Es entsteht nicht derselbe barocke Ausdruck der bewegten Verschlingungen, der filigran in weiten und engen Schwüngen verflochtenen und immer wieder gewendeten Ansicht des Bildmotives. Wenn überhaupt, findet die im Süden beliebte Korrespondenz und Ergänzung mit Blattwerk, Blüten, Rocaillen und Figürlichem geordnet, reduziert und in bereinigter Weise statt. Sie verschreibt sich auch hier dem etwas spröden, vielleicht konservativen Formalismus. Nicht zuletzt mag die Verbindung dieser grundsätzlich norddeutschen Züge mit südlichen Dekorationsformen unter Beibehaltung klassischer Elemente – wie Übernahmen von Giebelabschlüssen der Küstengebiete, Verwendung von Bossenfeldern auf Schrankfüllungen, analoge Gliederung der Fassaden und zurückhaltende Entwicklung hin zu moderner Bewegung – der Grund für die überregionale Verbreitung dieser Möbel sein. Der Begriff »Braunschweiger Möbel« ist eine feststehende Beschreibung dieser Eigenschaften und trifft für ein Verbreitungsgebiet zu, das im engsten Sinne nahezu das gesamte Niedersachsen bis auf die Westgebiete und im Osten Teile Brandenburgs und des nördlichen Anhalts umfaßt. Charakteristika lassen sich bis Thüringen und Sachsen sowie Hessen erkennen.

Hessen
Hier sind die stets wiederkehrenden Ähnlichkeiten eines Teiles der in hessischen Gebieten entstandenen Möbel mit niedersächsischen Bauformen erklärbar. Sie bringen ein wenig Licht in das Dunkel des schwer zu bestimmenden Möbelwerkes dieser Region. Eine klare Charakterisierung oder bezeichnende ästhetische Kriterien, die zur umfassenden Beschreibung der Möbeltypen im Herzen Deutschlands dienen könnten, lassen schon durch die geografische Lage und damit verbundenen mannigfachen stilistischen Einflüssen nicht erstellen.
Die Schnittlinie zwischen Ober- und Niederdeutschland durchzieht Hessen und das Mittelrheingebiet mit Mainz und Frankfurt. Sie ist damit den völlig unterschiedlichen gestalterischen Auffassungen ausgesetzt und ergibt jene schwer zu beschreibende Vermengung sich häufig widersprechender Ausdrucksformen. Dies ist auch eine Erklärung für das Bodenständige im hessischen Möbelbau. Entwicklungen über einmal gefundene, bewährte Prinzipien hinaus sind selten und werden nur zögerlich vollzogen. Durch den starken Einfluß norddeutscher Bau- und Dekorationsformen sind die Fassaden der barocken Dielen- oder Hallenschränke hauptsächlich von Bossen, Pilastergliederung und ausschmückendem konservativem Marketeriedekor geprägt. Hauptsächlich durch die aufkommende Bautätigkeit der regionalen Fürsten- und Landgrafenhöfe (Hessen-Kassel, Hessen-Nassau, Waldeck und Wittgenstein), die sich am Geschmack des sächsischen und später auch des preußischen Hofstils orientieren. Der regionale Möbelbau unterliegt mehr und mehr süddeutschen, modischen Einflüssen, die durch leichtere Formen und Ornamentik zum Ausdruck kommen. Abzulesen an zahlreichen anderen Details und sehr deutlich an der zunehmenden Eingeschossigkeit der Schränke. Die Schrankgliederung läßt im 17. Jahrhundert für das erwähnte Gebiet eine Unterscheidung der Herkunft zwischen bürgerlich geprägten Stadtstilen und den höfisch orientierten Produktionsstätten zu. Soweit sich dies bei zuordenbaren Exemplaren bestätigt. Die Möglichkeit der Unterscheidung über süd- und norddeutsche Einflüsse stellt eine wesentliche Eigenart dieses Gebietes dar. Dies mag jedoch für die Zuordnung einzelner Objekte keine Erleichterung sein. Es ist lediglich eine Beschreibung der zentraldeutschen Verhältnisse, die unter anderem auch im Möbelbau ihren regionalen Ausdruck finden. Grundsätzlich scheint den wenigen, in dieses Gebiet eindeutig zuordenbaren Objekten eine gewisse Bodenständigkeit zu eigen zu sein. Auch die Hofmöbel sind von ehrlich Machbarem geprägt, ohne die im 18. Jahrhundert stark verbreiteten »Spielereien«.
Bewährtes wiederholt sich und wird nur innerhalb enger Selbstbeschränkungen variiert. Für andere Gegenden undenkbar, halten sich Doppelschrank und Truhe länger und werden stets verjüngt und dem sich wan-

delnden Zeitgeschmack angepaßt. So finden sich im bürgerlichen Stil marketierte Truhen im ausgehenden 18. Jahrhundert noch unter den begehrten Einrichtungsgegenständen.
Eine Charakterisierung des gesamten hessischen Raumes erweist sich als äußerst schwierig. Für ihn ist wohl die Stadt Kassel im 18. Jahrhundert am ehesten als prägendes Zentrum zu sehen.

Frankfurt
Frankfurt und Mainz entwickeln sich zu völlig eigenständigen Möbelprovenienzen, die seit Beginn des Barock spezielle Möbeltypen und stilistische Ausprägungen hervorbringen und damit eine Zuordenbarkeit der hier entstandenen Objekte eher erlauben. Beide Städte und ihre Zünfte erlangen im deutschen Raum hohes Ansehen und haben durch fortgeschrittene Entwicklung, markanten Formenreichtum und hohes Maß an stilistischer Unabhängigkeit einen nachhaltigen Einfluß auf den gesamten angrenzenden Raum. Durch zahlreiche erhaltene Meisterrisse oder Entwurfsvorlagen ist es möglich, auch heute Zuordnungen vorzunehmen. Es lassen sich für beide Städte durch Dekor und Technik charakteristische Möbeltypen festschreiben. Seit dem 17. Jahrhundert ist für Frankfurt eine große Zahl von tätigen Meistern nachzuweisen. Es ist ein eindrucksvoller Beleg für die Bedeutung dieser zentral gelegenen Stadt im deutschen Möbelbau. Schon früh zog es aus allen Regionen Deutschlands Schreiner in diese Stadt, die ein breites Spektrum an Gestaltungsmöglichkeiten, handwerklich verschieden entwickelten Fertigkeiten und teils exotischer Materialerfahrung einbrachten. Es ist belegt, daß ein Großteil der in Frankfurt tätigen Meister nicht dort geboren ist. Ein Grund für das schon bald einsetzende Ausscheren der lokalen Möbelproduktion aus gängigem Formverständnis. Sämtliche althergebrachte, urbarocke Bau- und Dekorationsprinzipien sind geläufig und im gut organisierten Austausch innerhalb der Zunft weitgehend beherrscht, so daß eine Abkehr mehr als verständlich erscheint. Eine perfekt gearbeitete Pilasterfassade mit profilierten Bossen- und Schanzenfeldern, die meisterlich furnierte Vollsäule und das plastisch minuziös gearbeitete Kapitell, Verkröpfungsorgien und die im Unsichtbaren diesem Konzept dienenden Verbindungstechniken lassen sich im intimen Kreis motivierter und meisterlich arbeitender Handwerker irgendwann einmal nicht mehr steigern.
Ein Aufbruch zu neuen Ufern wird unvermeidlich und läßt schließlich ein völlig eigenständiges und charaktervolles Möbelwerk entstehen. Eine stilistische Fortsetzung und ihre eigene Mechanik ist am Beispiel Frankfurt besonders schön abzulesen. Nimmt man den Typus des Frankfurter Hallenschrankes als Grundlage einer solchen Untersuchung, ergeben sich in logischer Abfolge die verschiedenen Stadien einer solchen künstlerischen Evolution. Ein sehr wichtiges Endstadium in der Entwicklung der Frankfurter Hallenschränke, der Typus des Wellenschrankes, soll an dieser Stelle als Beleg für die künstlerische Schaffenskraft der Frankfurter Zunft dienen. Finden sich an Schränken des ausgehenden 17. Jahrhunderts zuerst nur zögerlich verwendete Wulst- oder Karniesprofile als einrahmen-

de Umfassungen der Füllungsfelder, erhält dieser Möbeltyp in der Folgezeit durch Kombination bei den Dekorformen eine völlig neue Wirkung, zuerst auf den Türfüllungen, später an Lisenen und in der Konsequenz durch Angleichung der horizontalen Gliederung an Sockel und Gesims. In dieser Technik entsteht eine durch korrespondierende Wellenbewegungen beherrschte Schauseite. Sie verleiht diesen Schränken, in Abkehr von bisher Dagewesenem, eine ungewöhnliche und zeitlose Eleganz. Diese Neuschöpfung der dekorativen Elemente findet schon bald Anwendung an anderen Möbeln und prägt in zunehmendem Maße die Gestaltungsformen vieler hessischen, unter- und oberfränkischen Möbel. Auch andere Zünfte, oft weit entfernt, greifen die Gedanken des Frankfurter Wellenschrankes auf und beschreiten ähnliche Wege. Zweifelsfrei feststellbar ist dieser Typ für Straßburg, Zürich, aber auch regional in hohenlohischen und bayrisch-schwäbischen Gebieten. Im Rokoko erhält dann die Frankfurter Zunft westlich orientierte Anregungen: Über Mainz und die Pfalz gelangen französische Bau- und Dekorationsformen hierher. Sie ermöglichen dem wieder eher höfisch orientierten modernen Geschmack den Einzug ins Schreinerhandwerk. Frankfurt behält seine Leistungsfähigkeit, kräftig unterstützt von einem zahlungskräftigen Bürgertum, bis ins ausgehende 18. Jahrhundert hinein.

Franken
Neben dem undurchschaubaren Flickenteppich kleinerer Herrschaftsgebiete werden die fränkischen Gebiete in die brandenburgisch orientierten Regionen mit ihren Markgrafschaften Ansbach und Bayreuth und die nach dem kaiserlichen Österreich blickenden Fürstenbistümern Würzburg und Bamberg geteilt. So präsentiert sich eine politische Situation im kleinstaatlichen Franken, die den Anstößen protestantischer und katholischer Einflüsse ausgesetzt ist. Für die Kunst stellt diese Situation einen besonders fruchtbaren Nährboden dar, sie bereichern durch unterschiedlichste Einflüsse die Palette schreinerischer Möglichkeiten. Diese Situation prägt die fränkische Möbelkunst des 18. Jahrhunderts. Damit erklärt sich auch der Einfluß des Adels auf die künstlerische Entwicklung fränkischer Möbel.
Die Anstöße gehen von den Auftraggebern aus. Hauptsächlich sind es die Hofschreiner mit ihren herausragenden Kunstmöbeln, an deren Werk sich die Leistungsfähigkeit des örtlichen Schreinerhandwerkes ablesen läßt. Die alten Reichsstädte Nürnberg und Schweinfurt verlieren dadurch ihre Vormachtstellung, die sie bis ins späte 17. Jahrhundert durch wirksam organisierte Zünfte und weitreichende Handelsverbindungen innehatten. Im fränkischen Barock spiegeln sich die unterschiedlichsten Einflüsse wieder. Die norddeutsche, konsequente Kassettengliederung der Schauseiten, die thüringische und sächsische Marketeriekunst und die süddeutschen Ornamentformen verbinden sich zu lebhaften Erzeugnissen. Sie bringen ihre scheinbar unerschöpflichen, künstlerischen Resourcen zum Ausdruck. Besonders Franken ist seit dem Mittelalter vergleichsweise reich mit Holzhandwerkern gesegnet, die die lokale Nachfrage der kleinflächigen

Herrschaftsgebiete zu befriedigen suchen. Waldreichtum, günstige Handelswege, die einer großen Zahl durchziehender Handwerker Brot bieten konnten und nicht zuletzt ein gewisses Maß an politischer Stabilität durch den Schutz mächtiger Landesfürsten, sind Gründe für die günstige Entwicklung des fränkischen Kunsthandwerkes.

Die große Leistungsfähigkeit in den meisten Handwerksbereichen begünstigt besonders Nürnberg, eigentlich nur mit dem alten Produktionszentrum Augsburg vergleichbar. Nürnberg exportiert u. a. exotische Möbeltypen, die unter Verwendung fremder Materialien eine ansehnliche Fachhandwerkerschaft voraussetzt. Deswegen hat die handwerkliche Beherrschung solcher Materialien in Franken Tradition, was sich später am imposanten Hofstil der Fürstenhäuser und Residenzstädte eindrucksvoll ablesen läßt. Die großen fränkischen Meister, die an den zahlreichen Schloß- und Kirchenbauten des 18. Jahrhunderts beteiligt waren, setzten diese Tradition fort. Sie schaffen durch Übernahme französischer Ziertechniken für Deutschland herausragende Meisterwerke. Vor allem bedient man sich der Vorlagen von Berain, Boulle und anderen Künstlern des Louis XIV., die über in Paris ausgebildete, deutschstämmige Meister in Franken zur Verfügung stehen. Schreiner wie Matusch in Ansbach beeinflussen durch ihre Fähigkeit, dieses Vorlagenwerk unter Verwendung von Schildpatt, Messing und Zinn umzusetzen, nachhaltig die fränkische Möbelkunst des frühen 18. Jahrhunderts. Dabei sollte nicht übersehen werden, daß unter Einbindung in lokale Möbelformen ein Drang nach bodenständiger Übersetzung und zugleich dekorativer Entwicklung bestand, die dem Möbelwerk eine eigenständige, oft phantasievollere Aussage verleiht. Sicherlich ist wegen der beschriebenen Faktoren der fränkische Raum als eine Wiege der deutschen Raumkunst anzusehen.

In diesem Sinne setzt sich im Verlauf des 18. Jahrhunderts die stilistische Entfaltung fränkischer Möbel fort. Franken erlebt das nun internationalisierte Rokoko als Vervollkommnung seiner barocken Ansätze. Wesentliche Beiträge zur formalen Entwicklung dieser verspielten und ins Abstrakte abschweifenden Kunstrichtung waren durch den in der Vergangenheit bereits erarbeiteten Standard vorhanden. Damit muß den fränkischen Gebieten mit ihren herausragenden Hofhandwerkern und deren Protektion durch ihre kunstverständigen Landesfürsten ein entscheidender Einfluß auf diesen virtuosen Formenkanon zuerkannt werden. Günstig für diese Bewegung ist der allenthalben eingebrachte bildhauerische Beitrag durch so herausragende Kunsthandwerker wie Cuvilliés, Plitzner und Brickard.

Der fränkischen Möbelkunst erschließt sich die ergänzende holzbildhauerische Ausstattung, geprägt von französischen und teilweise belgischen Einflüssen. Diese Union aus modernen Rocaillebewegungen floral-naturalistischer Korrespondenz mit erstklassigen Marketerietechniken erhebt Franken über die meisten deutschen Möbelregionen. Nicht zuletzt deshalb finden sich, begünstigt durch die anhaltende Schönbornsche Herrschaft, im Untermain und Mittelrheingebiet zahlreiche Ähnlichkeiten in Ausstattungsmerkmalen an Möbeln dieser Gegenden.

Aber auch weit über das Gebiet jener Herrschaftsunion hinaus übt der fränkische Raum einen wesentlichen Einfluß auf den sächsisch-thüringischen, den hessischen, den bayrischen und den schwäbisch-alemannischen Raum aus. Selbst im friederizianischen Rokoko finden sich, u. a. durch das Wirken der Gebrüder Spindler, zahlreiche fränkische Nuancen, deren plastische Wirkungen nicht zu übersehen sind. Hand in Hand mit der zunehmenden Bedeutung raumgreifend geschnitzten Dekors klingt die Beliebtheit der exotisch geschmückten Fläche durch Inkrustation von fremdländischen und komplexen Materialien aus. Die Harmonie der Formen im Wechselspiel mit sanften Materialübergängen erfreut sich einer zunehmenden Beliebtheit. Eine Angleichung an den länderüberspannenden, höfischen Geschmack und sein nachhaltiger Einfluß auf das bürgerliche Möbel ist auch in Franken kennzeichnend für die Möbelkunst seit der 2. Hälfte des 18. Jahrhunderts.

Mittelrhein/Pfalz
In gewisser Weise läßt sich das mittelrheinische Gebiet, an anderer Stelle als Rheinfranken bezeichnet, mit den fränkischen Regionen vergleichen. Auch hier handelt es sich um unterschiedlich regierte Landschaften einiger großer und vieler kleiner Herrschaften. Zunächst können für das 17. Jahrhundert wenige, aber augenscheinliche stilistische Details für diese Region festgeschrieben werden: Ähnlich der bis ins Elsaß und in die Schweiz festzustellenden plastisch herausgearbeiteten Knorpelelemente, finden sich an Fensternischen und Ädikulen ausschmückende gewundene Knorpelwerkumfassungen. Auffallendes Merkmal ist der geschwungene, manchmal ähnlich auslaufende, gesprengte Giebelabschluß. Dazu gesellt sich die konsequente Säulengliederung, die sich durch eine strengere Tektonik von der süddeutschen Zierform unterscheidet. Ein Brückenschlag zum Niederrheingebiet und zu Kölner Eigenheiten läßt sich nachvollziehen und reiht jene Region in den zusammengehörigen, westdeutschen Kulturkreis ein. Jedoch beschränkt sich lediglich eine Verwandschaft auf diese Ähnlichkeiten. Typische Bossenfelder und sachliche Kassettengliederungen scheinen durch die plastisch ausgearbeitete Fassadenarchitektur von untergeordneter Bedeutung zu sein.

Seit dem ausgehenden 17. Jahrhundert setzt nun auch hier eine rege Bautätigkeit ein, die zu einem verstärkten Einfluß höfischen Geschmacks auf die regionale Möbelkunst führt. Dabei gesellen sich durch die nach Franken hin orientierten Kurfürstentümer Mainz und Trier sowie das Fürstbistum Worms fränkisch-mitteldeutsche Elemente dem örtlichen Möbelstil hinzu. Durch die bereits im Verlauf des 17. Jahrhunderts eingeführten vegetabilen Akzente an den Schauseiten der Behältnismöbel, durch das hochentwickelte und scheinbar unverzichtbare Knorpelwerk im Schmuckspektrum, ergänzen sich jene neu hinzugekommenen Dekorationsformen zur kennzeichnenden Harmonie dieser Möbelgruppe. Beherrscht wird die mittelrheinische Region von den angrenzenden Produktionszentren Frankfurt und Mainz. Beide, die vornehmlich für das allerorts ansässige gutsituierte Bürgertum produzierenden Zünfte und die

lokalen Produktionen der Städte Koblenz, Speyer, Trier und Worms und der kleineren Herrschaften lassen keine eindeutige Trennung in rein höfische und bürgerliche Möbelkunst zu, da sich im mittelrheinischen Gebiet nahezu kein aus dieser Zeit stammendes Schloßinventar erhalten hat.
Eine Charakterisierung des mittelrheinischen Gebietes läßt sich am besten an Hand des Beispieles der Stadt Mainz durchführen, die im ausgehenden Barock und im Rokoko die dominierende Instanz für den regionalen Möbelstil war.

Mainz
Ähnliche Verhältnisse wie in Frankfurt lassen sich auch in Mainz feststellen. Durch die enge Verflechtung der Landeshauptstadt Mainz mit ganz Kurhessen, auch durch die politischen Verbindungen nach Franken, später durch Franz von Schönborn als Bauherr des Schloßes Favorite, entsteht eine stilistische Achse über Frankfurt und Würzburg nach Bamberg, die besonders den Ausdruck Mainzer Möbel des 18. Jahrhunderts prägt. Auch hier scheint die Entwicklung des Möbelbaues nicht durch die Höfe und deren weltoffenen Geschmack begünstigt zu sein. Es sind hauptsächlich die Zünfte, die durch ihr Engagement für Qualität und handwerkliche Leistungen eine schöpferische Unabhängigkeit bewirken. In Frankfurt ist schon im letzten Viertel des 17. Jahrhunderts die Abkehr von der allgemein gültigen, dominierenden Fassadenordnung festzustellen.
Die Mainzer Zunft tritt im Austausch mit Franken, Thüringen und Sachsen durch bildhauerisch geprägte Möbelentwürfe hervor. Nicht das ästhetisch auf dem Papier geplante Konzept bestimmt die strenge Ordnung der Dekoration von Schauseiten, sondern das durch Handwerkstechniken Machbare kommt hier in Mode. Die Erfahrung des Schreiners und seine Fähigkeiten, die Kenntnis von Technik und Material sind gefragt. Sie ergeben das Bild des Mainzer Möbelwerkes, wie es sich heute präsentiert. Dabei muß man hauptsächlich auf Belegstücke und Risse bürgerlicher Einrichtungen zurückgreifen, da nahezu keine barocke Schloßausstattung in dieser Gegend erhalten ist. Auch hier ist kein großes Gefälle zwischen höfischem und bürgerlichem Mobiliar feststellbar. Die Übergänge sind fließend. Die Leistungsfähigkeit der Zunft begünstigt an sich schon durch den überregionalen Export Erzeugnisse, die sowohl für Adel als auch für entsprechend zahlungskräftiges Bürgertum bestimmt sind. Ebenso technisch fortschrittlich wie stilistisch konservativ erweist sich das Festhalten an klassisch barocken Formen. Die Dominanz der Bildhauerei und ihr hohes Niveau bevorzugt die getreue Wiedergabe naturalistischer Elemente. Auf einzigartige Weise prägen sie moderne stilisierende Formschöpfungen. Zugleich gelten sie als reale Zugabe. Nicht von ungefähr wird schon früh ein äußerst komplexes Schreibmöbel als Meisterstück zugelassen, der Cantourgen.
Bereits vorher sind dem Frankfurter Typus sehr ähnliche Stollenschränke mit wellenartigem Zwischengeschoß und reine wellenförmig gegliederte Kleiderschränke ausgesprochen beliebt. Konnte früher noch der urbarocke, behäbige Hallenschrank mit seiner vornehmlich durch isolierte Ar-

chitekturelementen dekorierten Fassade gefertigt werden, erzwingt der rasch einsetzende Fortschritt wirksame Veränderungen der ästhetischen Gesamtkonzeptionen des Möbelbaues.
Seit etwa 1680 ermöglicht das Studium der reichlich erhaltenen Meisterrisse die formale Entwicklung des Mainzer Möbelwerkes. Bald entfernen sich die Entwürfe vom streng rechteckigen Grundriß der Kleiderschränke. Über Eck gestellte Vollsäulen und die trapezförmig hier endenden, schräg gestellten Seitenwände belegen die Abkehr von klassischen Bauprinzipien. Zweigeteilte Bossen- und Schanzenfelder mit teils wellenartigen Profileinfassungen sowie das sehr beliebte korrespondierende und filigran ausgearbeitete Schnitzwerk lassen die frühe Weichenstellung der lokalen Eigenarten erkennen. Seit 1720 wird auch die Aufsatzschreibkommode zum zugelassenen Prüfungstyp. Zuerst noch streng geordnet, bald schon mit mehrfach geschwungener und gegliederter Fassade verdeutlicht sie den Fortschritt der Gedanken. Die Fülle der nun eingebauten Schubkästen, die minuziöse Unterteilung der Schauseite erinnert an fränkische Möbel und belegt die enge Verbindung mit Würzburg und Bamberg.

Niederrhein/Westfalen
Niederrhein und Westfalen bilden für die in diesem Rahmen vorgenommene Betrachtung der deutschsprachigen Möbelregion ein zusammenhängendes Gebiet. Es orientiert sich im Früh- und Hochbarock vornehmlich nach Westen und Norden. Damit herrschen die strengen, sachlichkonservativen Feldergliederungen mit dem umrahmenden Schnitzwerk auch hier auf den Schauseiten der Behältnismöbel vor. Alles scheint durchdrungen zu sein von der Schwerfälligkeit und Stetigkeit des nur unter großem Aufwand bearbeiteten Materials. Die Ähnlichkeit mit holländischen und friesischen Zierformen ist unverkennbar. Schon bald übertrifft bei weitem die ausufernde Üppigkeit des Schnitzwerkes den in sachlicher Ordnung gehaltenen Dekor. Es scheint, als ob sich die Kunst der Bildhauerei vom vorgegebenen Rahmen des zu schmückenden Objekts entfernt und die ungehemmte barocke Ausdruckskraft wuchtiger Zieraten ausschließlich Gegenstand der künstlerischen Ausdruckskraft ist.
Demgegenüber steht das weitgehend klar zu umreißende Möbelwerk des mittelalterlichen Köln, das seit langem durch seine Bedeutung als wichtigster Rheinhafen maßgebliche Handelsverbindungen in den süddeutschen Raum hat. Von hier erhält die Kölner Möbelkunst einen Großteil ihrer künstlerischen Inspirationen. Sie zeichnet sich in erster Linie durch ein hohes Niveau bestens ausgeführter Marketerietechnik aus. Dabei gelangt die Kunst der kolorierten Tafelmarketerie des Südens zur Anwendung, wenngleich sich eine typisch kölnische Note herausbildet, die sich hauptsächlich im Wechselspiel streng umgrenzter Rahmenfelder an behäbigen Überbau- oder Stollenschränken mit filigran ausstaffierten Landschafts- und Dekordarstellungen ausdrückt. Die westfälische Schwerfälligkeit eines eher konservativen Formverständnisses und die beinahe

unverfälschte Übernahme einer schon nicht mehr zeitgemäßen Zierform erhält sich hier bis in die Mitte des 17. Jahrhunderts. Dadurch ist zugleich die Voraussetzung für die nun den modischen Erneuerungen ausgesetzten Marketerietechniken geschaffen. Sie beeinflußt in der Folgezeit die stilistische Entwicklung des gesamten Raumes maßgeblich.

Der Stollenschrank bleibt bis ins ausgehende 17. Jahrhundert hinein ein wichtiger Möbeltyp. Dem Zeitgeschmack gemäß verändert, findet er sich auch noch im ersten Viertel des 18. Jahrhunderts. Die konservative Grundhaltung bei Typen und holländisch beeinflußten Dekorationen trotzt lange Zeit erfolgreich der nun einsetzenden modischen Leichtigkeit der Formen. Wiederum über die Hofkunst erobert rheinfränkischer, französischer und über die Wittelsbacher einfließender bayerischer Geschmack zunehmend die Gestaltung westfälischer Möbel. Dabei erhält sich eine gewisse Behäbigkeit in den plastischen Darstellungen im Kontrast zur unabhängig erscheinenden Marketerie. Die ausgewogene Symbiose beider Techniken erlangt nicht jene Blüte, wie sie im mitteldeutschen Raum auftritt. Obwohl die Qualität der Furnierarbeiten durch Perfektion im Detail abzulesen ist, wird jener Brückenschlag zur ausgewogenen Dreidimensionalität nicht erreicht. Wohl deshalb erhält sich die sachliche, unbewegte Fläche, die lediglich durch einen feinen, ausschmückenden Floraldekor wirkt, bis weit ins 18. Jahrhundert. Auch diese Möbelgruppe gewinnt ab dem frühen Rokoko die raumgreifende Bewegung für sich und gleicht sich der nun allgemein herrschenden Mode an. Dabei bildet sich der geometrisch gehaltene Hintergrund der marketierten Rahmenfelder in Form von Gitter-, Würfel- und strengen Felderparketterien als charakteristische Eigenart heraus.

Diese beibehaltene Sachlichkeit kann als Fortsetzung der lokalen Tradition verstanden werden, wie sie immer wieder den in Furnier gefügten Hintergrund kennzeichnet. Damit erschließt sich diesem westdeutschen Möbelwerk ein besonderer Reiz und zugleich das gewisse Maß an Zeitlosigkeit. Dies wird heute als Grund für die große Beliebtheit dieser Möbel gesehen. Im Einklang mit deutscher Bodenständigkeit ist jene frankophile Note ein später Entwicklungsschritt, der das einsetzende Rokoko trotz allem nur zögerlich wiederspiegelt. Das »preußische Element« der westfälischen Möbelkunst, das an manchen Objekten eine Verbindung dahin vermuten läßt, scheint jedoch in den regionalen Traditionen zu wurzeln und so eine eigenständige, durch andere Einflüsse hervorgerufene Entwicklung zu sein.

Oberrhein/Schweiz

So wie »Rhein-Main-Mosel« und die Pfalz waren der Oberrhein mit dem Elsaß, Teilen Lothringens und die Westschweiz formal ein weitgehend zusammenhängendes Gebiet. Durch das Fehlen großer und einflußreicher Fürstenhöfe und ein breit gefächertes, heimisch verbundenes handwerkliches Schaffen entstehen während des gesamten 17. bis zur ersten Hälfte des 18. Jahrhunderts Möbel, deren bodenständiger Ausdruck schwer anmutet und in der aufwendigen Verarbeitung den mühevollen Entstehungsprozeß ahnen läßt. Bedingt ist dies durch eine konstruktiv geprägte Gliederung, in der sich anhaltend französische Konstruktionsformen einfinden. Sämtliche nach Westen orientierte Produktionszentren, wie Straßburg, Freiburg und Basel, belegen in den Typen und auch in ihrer Ausarbeitung die verwandtschaftliche Verbundenheit. Sie zeigt sich neben zahlreichen anderen Eigenarten in der gerillten, im Silhouettenschnitt wellenförmig gedrechselten Rundsäule. Eine regionale Vorform der gewundenen Säule.

Die Fassadenschränke des Hochbarock sind zumeist in der Breite massig und gestreckt. Sie wirken, entsprechend den auch hier beliebten Buffetmöbeln, wie für die Ewigkeit geschaffen. Während sich im übrigen Deutschland die Wirren des Dreißigjährigen Krieges auf die Entwicklung der Möbelformen verheerend auswirken, bleibt die Schweiz hiervon weitgehend verschont. Dies hat zur Folge, daß die ausgehende Renaissance ihre hohe Ausformung erreicht. Andererseits ermöglichen Übergänge zu barocken Frühformen, z. B. jener des Knorpelstils, eine harmonische, beispielhaft ablesbare Entwicklung. Durch die vielschichtige, vom reichen Patriziat ausgehende Bautätigkeit, entsteht ein flächendeckender Bedarf an zeitgemäßen Raumausstattungen. Sie schlägt sich in der Holzarchitektur der zahlreichen Ratsstuben und anderen Verwaltungssitze nieder. Wandvertäfelungen erfahren eine ausgeprägte Wertschätzung. Selbst das Mobiliar wird in die Wandkonzeption in weit konsequenterer Weise einbezogen als dies in anderen Regionen der Fall ist. Das Wandbuffet als mehrtürige, gestreckte Konstruktion mit ebensolcher Wandnische und gleich gegliedertem Überbau, teilweise durch einen seitlich zurückspringenden Anbau ergänzt, wird zum typischen schweizerischen Ausstattungsmerkmal dieser Raumgestaltungen. Häufig ist er auch mit zinnernen Wasserspendern ausgestattet.

Die burgundisch geprägte Westschweiz unterscheidet sich stark von der nach Italien orientierten Innerschweiz. So werden gestalterische Akzente durch entsprechende Einflüsse erklärbar. Wo allerdings die räumlichen Nahtstellen verlaufen, wird wohl nur durch mühevolle Grundlagenarbeit erkennbar sein. Interessant ist, daß jene deutsch-schweizerischen Gegenden mit Bern und Zürich diesen Impulsen bis ins anfängliche 18. Jahrhundert hinein geöffnet bleiben. Auch hier etablieren sich erfolgreiche Betriebe. Ihre durch persönliche Erfahrungen geformten Werkstile der durch Wanderschaft weit herumgekommenen Handwerker entsprechen der zeitgemäßen Mode durch eine Mischung aus individueller Handschrift und internationalem Geschmack. Neben zahlreichen weniger berühmt gewordenen Betrieben ist jener der Gebrüder Funk, mit dem führenden Kopf des Matthäus Funk, etwa seit den 30er Jahren des 18. Jahrhunderts tätig und besonders zu erwähnen. Hier wird deutlich, wie sehr sich ein markanter Werkstil herausbilden konnte, der in diesem Fall der aus Frankfurt zu Beginn des Jahrhunderts eingewanderten Familie Funk zuzuordnen ist. Hinzu kommt der Einfluß der unterschiedlich ausgebildeten Gesellen aus Schweden, Hessen u. a.. Die Charaktere dieser

Berner Möbel sind nahezu unverkennbar. Sie beeinflussen das schöpferische Werk der gesamten Region und lassen sich heute noch problemlos einordnen oder wenigstens regional zusammenfassen.

Die schon während des Hochbarocks durch den Verlauf wichtiger Handelsstraßen allgegenwärtige Anbindung des Oberrheingebietes und der nach Deutschland orientierten Gebiete der Schweiz darf durch die hochentwickelte Kunst des Intarsien- und Marketeriestils als eine der maßgeblichen Wiegen des barocken Möbelbaues für den gesamten süddeutschen Raum verstanden werden. Diese Traditionen setzten sich im Verlauf des 18. Jahrhunderts fort.

Nicht zu unterschätzen ist auch die weitgehend einheitliche klimabedingte Vegetation, die im gesamten südwestdeutschen Raum ein ähnliches Materialangebot bewirkt. Die reiche Holzartenvielfalt und die Übersetzung französischer, meist in tropischen Hölzern gehaltener Schmuckformen in einheimische Materialien, läßt wesentlich kontrastreicheren Marketerieschmuck zu. Daneben ist hier die Kunst beheimatet, hochentwickelte Massivmöbel herzustellen. Selbst das regionale Landmöbel erscheint in Südbaden, im Elsaß, nahezu der gesamten Schweiz, im alemannischen Bodenseegebiet bis nach Oberschwaben und Hohenlohe oft als qualitätsvolle, teils durch intarsierten oder geschnitzten Dekor aufgewertete Handwerksarbeit, bezeichnend für das gesamte Gebiet und häufig in edleren Hart- oder Obsthölzern ausgeführt.

So ist es nicht erstaunlich, daß durch diese weitreichenden Verflechtungen in der württembergischen Enklave Montbeliard (Moempelgard), der Franche Comté, der Werkstätte des Ebenisten Abraham Nicolas Couleru zahlreiche im französischen Stil gehaltene Möbel für den württembergischen Hof gefertigt werden. Sie treffen dabei, als Mischung deutscher Bodenständigkeit, mit eben jenen Stilformen den aktuellen Geschmack jener weit entfernten Landesherren.

Württemberg, Hohenlohe, Schwaben
Ähnlich der südwestdeutschen Grenzgebiete verläuft die Entwicklung des Möbelbaues im mittleren süddeutschen Raum während des 17. Jahrhunderts. Auch hier bestimmt die Marketerie- und Intarsienkunst der Renaissance den technischen und stilistischen Fortschritt. Der in weiten Gebieten des alemannischen und bayerischen Schwabens beherrschte Umgang mit den ähnlich zum Südwesten zur Verfügung stehenden Holzsorten erzeugt neben der allgemein geläufigen, realen Abbildung der zur Verfügung stehenden Dekorformen eine nuancenreiche, plakative Marketeriewirkung. Sie scheint sich immer wieder zu verselbständigen. Zahlreiche Erzeugnisse Oberschwabens und Hohenlohes belegen diese Beobachtung. Beliebt ist die Verbindung aus geometrischem Marketeriehintergrund, einem Gefüge aus Feldersegmenten, mit darauf applizierten Fassadenelementen an Truhen, Schränken und Wandvertäfelungen. Eingebunden in die üblichen Dekorationsformen liegt der Schwerpunkt der Dekoration auf der ausgewogenen Ausarbeitung des Fassadenschmuckes. Fast nie verzichtet man auf einen Marketeriehintergrund, der sich hier, im

Gegensatz zu anderen deutschen Provinzen, ohne Korrespondenz zum applizierten Gefüge als eigenständige Dekoration versteht. Unterstützt wird diese auffällige Vorliebe von der Dominanz des über Ulm und die Donauwege importierten »ungarischen Eschenfurniers«, das als fremdländische Spezialität dem Drang nach variantenreicher Furnierwirkung entspricht. Besonders in den Fensternischen und Ädikulen jener Möbel des gesamten württembergischen und schwäbischen Raumes findet sich dieses einzigartig gemaserte, helle Furnier. Neben den stets kontrastreichen Marketeriehintergründen gehören die charakteristischen Sägeapplikationen mit einer relativ strengen und sachlichen Gliederung der Fassadengestaltung zur Eigenart jener hochbarocken Möbelformen, heutzutage als »Ulmer Typus« zusammengefaßt.

Diese lokale Eingrenzung kann jedoch nur als vereinfachende Vorstellung einer weitläufigen Region gesehen werden, deren Grenzen im Norden irgendwo im hohenlohischen Raum nach Franken, im Westen durch den Schwarzwald nach Baden und im Osten entlang der schwäbisch-bayerischen Grenze gezogen werden dürften. Neben Ulm und vor allem Augsburg sind hier zahlreiche kleinere Herrschaftsorte als Produktionszentren zu erkennen, die entsprechend der kleinflächigen Aufgliederung zersplitterter Besitzverhältnisse die zahlreichen Schloßbauten der süddeutschen Gebiete beliefern. Aber der eigentliche Einfluß geht neben den verbreiteten handwerklichen Traditionen und der im Westen geltenden Anbindung zur Schweiz und nach Baden von diesen beiden Reichsstädten aus.

Neben der auf das Holzmaterial bezogenen formalen Entfaltung, die als flächendeckende Entwicklung gesehen werden muß, strahlt Augsburg in stilistischer Hinsicht als altes reichsstädtisches Zentrum, als europaweit operierender Handelssitz seiner berühmt gewordenen Kaufmannsfamilien, sowie als Heimat einer einzigartigen Kunsthandwerkerschaft auf die gesamte Region seine von fremdländischen Einflüssen und auswärtigen Auftraggebern geprägte Ausdruckskraft aus. Der gesamte süddeutsche Raum wird entscheidend von den in Augsburg erfolgreich hergestellten und vertriebenen Möbelerzeugnissen beeinflußt. Die mannigfaltigen Inspirationen und Impulse, die von hier ausgehen, schlagen sich schließlich auch auf die süddeutschen Schloßbauten des beginnenden 18. Jahrhunderts nieder. Ein Grund für den einzigartigen Erfolg und das Fortbestehen als Zentrum, neben Möbeln auch für zahlreiche andere kunsthandwerkliche Produkte, mag in der traditionell hier gepflegten Verarbeitung von exotischen Materialien und der Herstellung einer breiten Palette von Erzeugnissen liegen, die nahezu konkurrenzlos am Markt angeboten werden können. Dieses für damalige Zeiten ungeheure Potential an kunsthandwerklichen Kapazitäten schlägt sich natürlich auf die stilistische und technische Entwicklung des hier geschaffenen Möbelwerkes nieder. Boulle-Technik (traditionell schon an Kunstschränken und anderen kostbaren Möbeln der Renaissance angewandt), getriebene Silberarbeiten und die Anfertigung ganzer, in entsprechend ausgeformtem Silberblech eingekleideter Möbel, Perlmutt- und Elfenbeinarbeiten, Edelsteinlagen, Ver-

und andere Veredelungsformen bilden ideale technische Voraussetzungen für die lokale Möbelproduktion. Dadurch bleibt diese Stadt auch im 18. Jahrhundert erfolgreich, kann ihren Platz als wichtiges Möbelzentrum behalten und bereichert Spätbarock- und Rokokoformen in ihrem unverkennbaren Sinne. In nahezu allen Einrichtungen der großen Bauprojekte des 18. Jahrhunderts zeigen sich die hiervon ausgehenden Impulse.
Neben dem hochbarocken Prunk der schwäbischen Einrichtungsgegenstände, der sich auch in den nördlichen Randgebieten wiederfindet, scheint sich vor allem in Württemberg eher eine sachlichere, beinahe ärmliche Dekorationstechnik zu etablieren. Man ist geneigt, in den Marketerieformen der württembergisch-schwäbischen Kerngebiete, die plakativ gegliederte Kleinflächigkeit der Hintergrunddekoration zu einer kargen, ungelenken Ausstattung zu reduzieren, die altbekannte Sparsamkeit dieser Volksgruppe zu erkennen. In der Tat wirken jene Möbelstücke auf das Wenigste beschränkt. Selbst die äußere Form bleibt weit hinter der allgegenwärtigen Bewegung des nun aufkommenden Rokoko zurück. Unberührt hiervon bleiben natürlich die zeitgleichen Schloßausstattungen von Bruchsal, Rastatt, Ludwigsburg, Weikersheim und andere. Diese entsprechen in gleichem Maße dem modernen, französisch dominierten Geschmack, wie dies andere zeitgenössische Einrichtungen tun. Hier erfolgt der Bezug der benötigten Repräsentationsmöbel über die weitaus leistungsfähigeren Werkstätten der Ebenisten mit höfischen Privilegien, die meist unter dem Eindruck internationaler Strömungen und durch Mitarbeit fernab geschulter Gesellen ihre aktuellen Erzeugnisse herstellen. Auch über exklusiv im Auftrag der Zünfte operierende Agenten, die das eine oder andere Mal derartige Brückenschläge zwischen ländlichen Herrschaftssitzen und den geläufigen städtischen Produktionszentren ermöglichen.

Bayern
Der Einfluß des nahen Augsburg, die Verbindung nach Tirol, das sich neben Oberschwaben als wichtige Heimat der Kunst edler Holzmarketerien hervorhebt, sowie traditionell fränkische und böhmisch-österreichische Möbelkunst inspirieren die bayerischen Schreiner im 17. Jahrhundert. Die Schwerpunkte liegen weniger in der Entwicklung der prächtigen, die Flächen überziehenden Marketeriedekorationen, als vielmehr in der qualitätvollen, technisch variantenreich umgesetzten Dreidimensionalität. Neben Augsburg scheint sich auch Nürnberg in der zeitgemäßen Fassadengestaltung hervorzutun. Besonderes Augenmerk der Entwürfe liegt in den immer wiederkehrenden, zahlreichen Abwandlungen der dekorativen Bestandteile einer Fassadenarchitektur. Die kubisch bewegte Gliederung, eine gewisse Vorliebe für die aus dem Norden abstammende Bossengliederung, die exakt dosierte Beigabe korrespondierenden Schnitzwerkes und die vielgestaltige Abwandlung der Säulenschäfte fügen sich im bayerischen Raum zur wirkungsvollen barocken Ästhetik. Sie lassen schon früh das später entstehende Spielerische des 18. Jahrhunderts erkennen.

Gerade die unterschiedlichsten Variationen der Säulengestaltung lassen die Wertschätzung technischer Spielarten in der Möbelgestaltung erkennen: Vollsäule und Pilaster als Ausgangsformen; hin zum steigenden Pilaster, dem stilisiert gewundenen Pilaster; zur gewundenen und gestreckt gewundenen Vollsäule; zur wohl schwäbischen Knödelsäule; zur wellenförmig profilierten oder geflammten Rundsäule und zu Kombinationen innerhalb des Verlaufs dieser Abwandlungen. Der Reichtum an Inspiration, Ausdrucksform, handwerkliche Bereitschaft, sich in raschen Schritten weiterzuentwickeln sowie einmal Erreichtes zu schätzen ermöglichen stets neue Impulse.

Die bayerischen und angrenzenden Möbelzentren Nürnberg, Regensburg, Passau, München, Augsburg, Ulm bringen auf der Basis dieser weit verbreiteten Flexibilität eigene, jeweils charakteristisch abgewandelte Dekorationsformen hervor, besonders gut ablesbar am Typus des Fassadenschrankes. Diese erleichterte, kleinräumige Möglichkeit der Zuordnung ist für die Geschichte des deutschen Barockmöbels eine Besonderheit. Ein Anspruch auf verläßliche Regelmäßigkeit ist jedoch auch hier nicht zu stellen. Der Verlauf der stilistischen Entwicklung der bayerischen Möbelkunst ist gleichzeitig von einer bodenständigen Logik und Regelmäßigkeit geprägt. Es scheint so, als bleibe das bürgerliche Möbel weitgehend von einschneidenden, alles verändernden Impulsen unberührt. Das liegt an den überwiegend provinziell ausgerichteten, kleinstaatlichen Herrschaftsgebieten. Trotz ihrer landesfürstlichen Ränge bleiben sie fremdländischen Einflüssen des sich öffnenden Europas verschlossen. Wie gänzlich anders dagegen ist die Rolle der Reichsstädte Augsburg und Nürnberg. Sie sind eingebettet in ländlich geprägte Kulturlandschaften und nehmen durch Weltoffenheit und daraus resultierenden Handelsbeziehungen hierzu fast gegensätzliche Positionen ein. Vor allem der Münchner Hof bedient sich bereits im 17. Jahrhundert dieses Angebotes und wird gegen Ende des Jahrhunderts zu einem führenden Zentrum deutscher Möbelkunst. Eine ganz wesentliche Rolle spielt dabei der langjährige Aufenthalt des Kurfürsten Max Emanuel von Bayern in den Niederlanden und Frankreich. Seine persönliche, interessenmäßige Ausrichtung dahin läßt bereits früh Arbeiten im »französischen Geschmack« entstehen. Er gilt seit 1714 als einer der maßgeblich Verantwortlichen für den Siegeszug der französischen Innenarchitektur im gesamten süddeutschen Raum. Hinzu kommt die Berufung einiger durch ihn schon vorbereitend ausgebildeter Handwerker, die unter seiner Federführung die modernen Errungenschaften am bayerischen Hof umzusetzen haben. Darunter Joseph Effner, der Hofkistler Johann Adam Pichler, Johann Puchwieser, sowie François Cuvilliés, die allesamt jenen, der französischen Hofkunst gegenüberstehenden, bayerischen Hofstil prägen. Entscheidend ist die Tatsache, daß die qualitative Erhebung der für die Schloßeinrichtungen hergestellten Furniermöbel über die übrige regionale Möbelproduktion keineswegs mit den Leistungen der in den anderen, französisch inspirierten Dekorationstechniken hergestellten Einrichtungsgegenständen zu vergleichen ist. Vor allem die Wertschätzung der Boulle-Technik ist durch eine Vielzahl nachgewiesener Möbel belegt und ein Schwerpunkt in der Produktion von mindestens vier für München angenommenen Werkstätten. Die Vielzahl der in bayerischen Schlössern erhaltenen, in diesem Stil gefertigten Möbel scheint die modische Verschleppung dieser Dekorationsform im gesamten bayerischen Raum zu verdeutlichen. Gleichzeitig läßt es den Schluß zu, daß neben München und dem viel älteren hierfür bekannteren Augsburg noch einige andere Werkstätten in Erwägung gezogen werden müssen. Auch die stilistischen und technisch-dekorativen Unterschiede sind so mannigfaltig, daß dieser Gedanke naheliegend erscheint.

Schließlich geht vom bayerischen Hof in einer zweiten Phase die dominante Beeinflussung des bayerischen und auch teils österreichischen Rokoko aus. François Cuvilliés tritt durch Entwürfe von geschnitzten und gefaßten Wandvertäfelungen der bayerischen Schloßausstattungen, aber ebenso durch Vorlagen für entsprechend ausgeführte Möbel hervor. Er verbindet den eigenen, naturalistisch inspirierten Schnitzstil mit filigran anmutender, französisch beeinflußter Formgebung sowie der allgegenwärtigen monochromen Farbfassung zusammen mit vergoldeten plastischen Ausarbeitungen. Diese anspruchsvolle Umsetzung der Fassungstechnik an hochstehender Raumkunst prägt neben der profanen Möbelproduktion auch weitgehend die sakralen Einrichtungen der bayerischen Kirchenausstattungen jener Zeit. Nicht zuletzt durch eine solche, von energischem Ausdruck dominierte Formensprache wird auch das Möbelwerk der angrenzenden Donaumonarchie von frankophilen Einflüssen durchsetzt. Die Verschmelzung zwischen dieser modernen und nunmehr hoffähigen Dekorationsmode mit jenen, den Traditionen verbundenen Stilformen der böhmischen Produktionszentren erzeugt im Österreich der Donauregion mit Wien sowie dem kleinstaatlichen Böhmen mit seinem Kunstzentrum Prag im Möbelbau ein nuancenreiches Spektrum barocker Schaffenskraft.

Österreich, Böhmen
Die Kontakte zu Bayern und zum übrigen süddeutschen Raum bestimmen in erster Linie die konservativ beherrschten Möbel des 17. Jahrhunderts. Vergleicht man wiederum die Behältnismöbel hierbei miteinander, kann eine Unterscheidung in brauchbarer Weise nur in zwei klar festzustellenden Punkten getroffen werden: Die Beibehaltung der bewährten, althergebrachten, der Renaissance noch entstammenden Schmuckformen scheint nahezu über das gesamte Jahrhundert ihre Auswirkung zu behalten. Eine Vorliebe in den Zierformen der Marketerien ist die abstrakt dekorierende Maureske, die sich an Füllungsfeldern, Fensternischen und Säulenschäften wiederfindet. Dabei wurde auf eine kontrastreiche Herausstellung des Dekors Wert gelegt. Holzsorten mit stark unterschiedlicher Farbigkeit, teilweise noch unterstützt durch darauf abgestimmte Beizverfahren, kommen dabei vorrangig zur Anwendung. Ein weiterer Beleg für die nur zaghafte Öffnung gegenüber verändernden Einflüssen ist die beliebte und auch ausgesprochen erfolgreiche Produktion von Ka-

binettmöbeln. Ihre differenzierte Entwicklung gegenüber den übrigen europäischen Produktionszentren bringt Formen hervor, die sich weit über die Blüte dieser Möbeltypen hinaus in der Gunst der Auftraggeber behaupten.

Als wichtigstes Zentrum ist neben Prag Eger zu nennen, die böhmische Stadt, die sich vor allem durch die Herstellung von Steinmosaiken und Pietra-Dura-Tafeln, aber auch damit verzierten Kabinettschränken und später modereren Möbelformen hervortut. Hier wird die Reliefmarketerie oder Intarsie entsprechend italienischer Vorgängertechniken wohl erneut entwickelt. Ihr Reiz ist im bildhauerisch ausgearbeiteten Relief abzubildender dekorativer Inhalte begründet. Eger stattet vornehmlich Kabinett- und Kunstschränke mit diesen Holztafeln aus. Wegen der vergleichsweise günstigen Kosten bei solch aufwendig ausgestatteten Objekten, können bis weit ins 18. Jahrhundert hinein Fertigung und Absatz aufrecht erhalten werden. Gerade der Reiz dieser konkurrenzlosen Dekorationsform führt zu reger Nachfrage, selbst an den Höfen des europäischen Hochadels. Durch die monarchischen Verbindungen Österreichs mit Italien und bestehende Bande durch zahlreiche italienische Lehen ist sein barocker Einfluß entscheidend für die stilistische Entwicklung der österreichischen, aber auch böhmischen Möbelkunst bis in die 30er Jahre des 18. Jahrhunderts. Der augenfälligste Unterschied besteht in der allgemein abzulesenden Vorliebe für amorphe, durch üppige Akanthusdekorationen geprägte Entfaltung der Schmuckelemente, aber auch der statischen Strukturen. Eine klare Formgebung, wie sie besonders im nach Frankreich hin orientierten süddeutschen Raum zu beobachten ist, kann für das großflächige Herrschaftsgebiet der Donaumonarchie nicht festgestellt werden. Durch die weit ins Land reichenden höfischen Strukturen und den Reichtum des Hoch- und Landadels, sowie die überaus intensive Bautätigkeit einzelner Herrschaften erschließt sich der ursprünglich zentral begrenzte Hofstil die Städte und somit bürgerliche Vorstellungen. Das nach Italien gerichtete Augenmerk und die daher tiefbarocken Schöpfungen der österreichischen Ebenisten kommen jenen mit ursprünglichen Werten behafteten Aktivitäten der städtischen Möbelproduktionen entgegen. Vor allem in Böhmen herrscht eine Vorliebe für behäbige Schmuckformen in Verbindung mit dem Hang zum mystisch Bodenständigen. Besonders das bürgerliche Möbel dieser im deutschen Osten angrenzenden Region unterscheidet sich vor allem im 18. Jahrhundert durch diese fremdartigen Strömungen. Nach deutschen Vorstellungen wenig harmonische und ungewöhnliche Kombinationen bei der Holzwahl werden gepflegt. Auch die Thematik des bäuerlichen Lebens, ansonsten nur ungern dargestellte Inhalte, wird miteinbezogen. Auf die ergänzenden Einflüsse der übrigen, angrenzenden Regionen muß hingewiesen werden, von denen Franken, Sachsen und Thüringen zu den inspirationsreichsten und mit am höchsten in der deutschen Möbelkunst stehenden gezählt werden müssen. Im Verlauf des 18. Jahrhunderts bereinigen sich die übergangsweise durch italienische Impulse aufgelösten Strukturen.

Wiederum beeinflussen Traditionen, aber auch die enge Verbindung des Hauses Schönborn mit Franken, die weitere stilistische Entwicklung Österreichs. Die Präsenz italienischer Dekorationen wird zurückgedrängt. Nunmehr finden sich zahlreiche im süddeutschen Raum ausgebildete Schreiner im Möbelwerk Österreichs wieder. Eine Vorliebe des 18. Jahrhunderts ist das im bayerischen und schwäbischen Süden beliebte gefaßte Mobiliar. Vor allem der Hof in Wien unter Leopold I. und später Karl VI. ist den Schloßausstattungen in jener Technik zugetan, welche die Schmuckformen hervorzuheben versucht. Daneben wird das Bandelwerk zum alles beherrschenden Schmuckelement der marketierten Möbeloberflächen und Reliefschnitzereien. Besonders der kaiserliche Hof unter Maria Theresia begünstigt diese Dekorationsformen. Heutzutage als "Maria-Theresia-Stil" bezeichnet, finden fein ausgearbeite, nuanciert mit Bandelwerk und Rocaille-Einlagen geschmückte und durch figürliche Darstellungen bereicherte Einrichtungsgegenstände regen Anklang bei Herrschaften und Bürgertum. Österreichische Möbel beeindrucken immer wieder, ähnlich dem böhmischen Formenschatz, durch prächtig bewegte Schauseiten. Die Möbelform über das übliche in Deutschland geltende Maß an räumlichen Variationen hinauszuführen, bestätigt sich immer wieder an österreichischem Mobiliar des 18. Jahrhunderts. Weniger die moderne französische Leichtigkeit, als vielmehr die Berücksichtigung der Tektonik des Objektes und eine enge Anlehnung an konstruktive Vorgaben wird zum Kriterium der Formgebung. Mit Vorliebe wird die Fläche gebaucht und/oder gefaltet, Schanzenstrukturen oder bastionsartige Ausformungen ergeben die Umsetzung von Formempfinden. Viel weniger dagegen wird das Spiel mit der Silhouette, die bombierte Seitenlinie oder die gewölbte Wirkung gesucht. Trotz dieses Sich-Verschließens gegenüber modernen Strömungen gelangt die österreichische Möbelkunst zu einer Blüte und qualitativen Bedeutung, die zum besten gehört, was Europa zu bieten hat.

Techniken und Materialien

Technik und Konstruktion

Einmalig in der Möbelgeschichte ist die technische Entwicklung während des 17. und 18. Jahrhunderts im Möbelbau und vollzieht einen umfassenden Zugewinn an schreinerischen Möglichkeiten. Die umwälzenden Veränderungen der fortschreitenden stilistischen Schöpfungen sind von zahlreichen technischen Errungenschaften begleitet, die diesen Anforderungen gerecht zu werden versuchen. Schließlich findet die entscheidende Wandlung der konstruktiven Bedürfnisse mit der einschneidenden Formenevolution zwischen klassischer Barockzeit und dem spielerisch geprägten Rokoko statt.

Der technische Stand im frühen 17. Jahrhundert läßt sich am einfachsten dadurch beschreiben, daß die formale Aussage des Möbels gleichzeitig eine technische Ablesbarkeit zuläßt, sich im wesentlichen auch daran orientiert. Es herrscht das Wechselspiel zwischen Technik, Form und Dekor vor. Das »Machbare« bildet die Basis für den ästhetischen Fortschritt. Damit bleibt ein Maß an technischer »Transparenz« erhalten. Die Handschrift der handwerklichen Herstellung ist Bestandteil der optischen Wirkung. Diese Tatsache bleibt weitgehend charakteristisch für das 17. Jahrhundert.

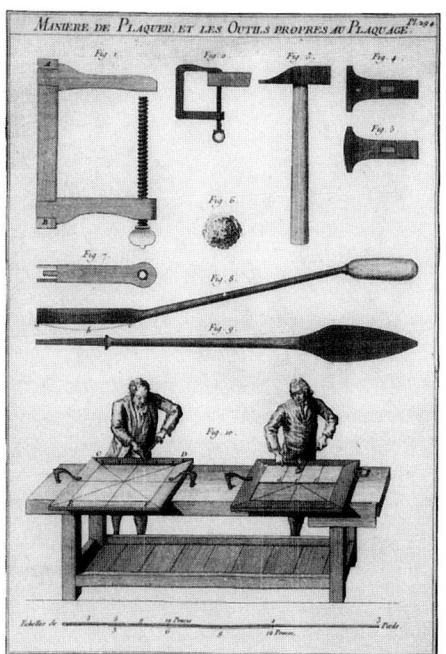

Werkzeuge zur Herstellung eines Furnierfeldes. Handpressen, Furnierhämmer, Wärmeisen. – Aufreiben der Furniere. (Roubo, Pl. 294).

Die schreinerischen Techniken durchlaufen zwar eine Reihe von Veränderungen, die grundlegenden Standards bleiben jedoch nach wie vor erhalten. Mit dem Einsetzen umfassender stilistischer Veränderungen gegen Ende des 17. Jahrhunderts, die nun nicht mehr den Möglichkeiten des Handwerkers gerecht zu werden versuchen, nimmt der Druck auf die Phantasie zur Lösung neuer technischer Herausforderungen stark zu. Dadurch verschwindet die strenge statische Ordnung konstruktiver Regeln und Muster und weicht zunehmend praxisfernen Varianten, die lediglich den formalen Notwendigkeiten zu entsprechen haben. Gleichzeitig wird die Ablesbarkeit der konstruktiven Elemente in den Hintergrund gedrängt. Das Möbel scheint nicht mehr durch das bearbeitete Material und die Nachvollziehbarkeit seiner handwerklichen Herstellungsschritte zu wirken. Eine zeitlose Momentaufnahme von Form und Struktur ergibt den häufig gegossen erscheinenden Gesamteindruck. Nicht nur ruhig und harmonisch geformtes Mobiliar mit Schwerpunkt in der Form, auch die prächtig verzierten und mit applizierten Schnitzereien oder reichem Bronzewerk ausgestatteten Möbel der Spätzeit teilen dieses Merkmal der zurückgedrängten Konstruktion mit jenen Objekten, bei denen die ästhetische Wirkung hauptsächlich durch einkleidenden Marketerieschmuck erzielt wird. Dies geschieht im 18. Jahrhundert bei furnierten Möbeln in solcher Form, daß sogar die Struktur der »abgebildeten« Konstruktionselemente (Rahmen- und Bandeinlagen, Füllungsfelder, Parketterien) in krassem Gegensatz zu den häufig brettverleimten Trägerflächen steht.

Parallel zur abnehmenden Bedeutung der Konstruktion als Bestandteil des formalen Konzeptes läßt sich eine größere Wertschätzung rein technischer Elemente feststellen. Damit sind in erster Linie verdeckte Mechaniken, Doppel- oder Verwandlungsfunktionen, verbesserte Beweglichkeit von Laufflächen und Drehteilen sowie größere Beständigkeit der schwundempfindlichen Korpusteile gemeint. Besonders die Weiterentwicklung von teils hochkomplizierten Mechaniken wird seit Mitte des 18. Jahrhunderts vorangetrieben. Berühmte Beispiele hierzu finden sich in dem Werk der Roentgenmanufaktur. Aber auch andere deutsche Schreiner verlegen den Beweis ihrer Leistungsfähigkeit teilweise in die Mechaniken. Ungewöhnliche Lösungen der Oberflächengestaltung werden gefunden. Zur Verwendung kommen komplexe Materialien und besonders im Rokoko die Abstimmung der Holzstrukturen mit metallenem Beschlagwerk. Selbst die Flächen werden französisch beeinflußt, durch applizierten Zierat ausgeschmückt. Höhepunkt dieser Techniken finden sich im Werk Camlys und Hoppenhaupts. Hier bilden appliziertes Gitterwerk oder Perlmuttparketterien den Flächenschmuck, prächtiges, plastisch ausgeformtes und vergoldetes Bronzewerk rundet die Gestaltung ab.

Eine detaillierte Darlegung der Entwicklung der schreinerischen Techniken ist nur in einem groben Überblick zu bieten. Das zu Beginn des 17. Jahrhunderts zur Verfügung stehende technische Wissen verfügte über nahezu alle grundlegenden Holzverbindungen und Konstruktionsformen. Brettverbindungen entstehen durch breitenverleimte Paneele von beachtlicher Breite, die ein Stehen durch sorgfältige Holzwahl, Engjährigkeit und entsprechende Lagerung gewährleisteten. Die Bretter werden stumpf gefügt und verleimt. Einzelne Korpusteile werden längs durch eingeschlagene Holznägel verbunden. An den Querseiten wird meist offen gezinkt. Charakteristisch für frühe Zinkungen sind V-förmige Zapfen und sehr breite Schwalbenschwänze, die man sich wiederum wegen der guten Holzwahl in dieser Form leisten konnte. In der Weiterentwicklung rücken im Verlauf des 18. Jahrhunderts die Zapfen enger zusammen, das Verhältnis von Breite zu Zapfenzahl wurde größer, die Zapfen selbst verbreitern sich zu kleinen Pyramidenstümpfen. Grundsätzlich verbessert sich die Passung und die Zinkenverbindungen werden besser verputzt. Die Breite der Holzpaneele der Brettflächen nimmt ab.

Bei den Eckverbindungen sind geläufige Konstruktionsformen Schlitz und Zapfen an Rahmenecken, eingestemmte, abgesetzt eingestemmte und verkeilte Zapfenverbindungen an den Pfostenecken. Gehrungszapfen an Eckstollen bilden sich erst im Verlauf an Barockmöbeln aus. Häufig werden diese Zapfenecken statt von Keilen durch Holzdübel gesichert. Im 17. Jahrhundert entwickeln sich dann gegratete und überplattet gegratete Rahmenecken aus. Überplattungen, die einer plan abschließenden Eckverbindung mit darauf angebrachten Applikationen oder Überfurnierungen dienen, gehören schon zu Beginn zum Erfahrungsschatz der technischen Möglichkeiten. Nuancen und Verfeinerungen, insbesondere zur verbesserten Stabilität ergaben sich erst durch die verstärkten Forderungen der Ästhetik nach flächig abschließenden Konstruktionen. Damit ent-

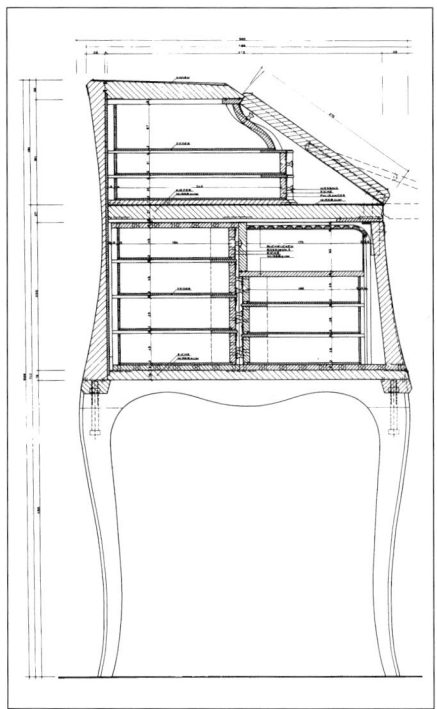

Oben und oben rechts: Schnittzeichnungen eines Pultschreibtisches von Abraham Roentgen, Neuwied

unten: Laufrahmen und Laufleisten der Schubkastenführung an einer Rokoko-Komode.

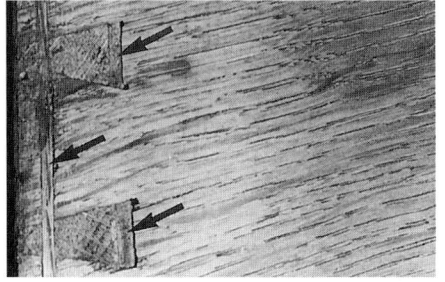

Techniken und Konstruktion 45

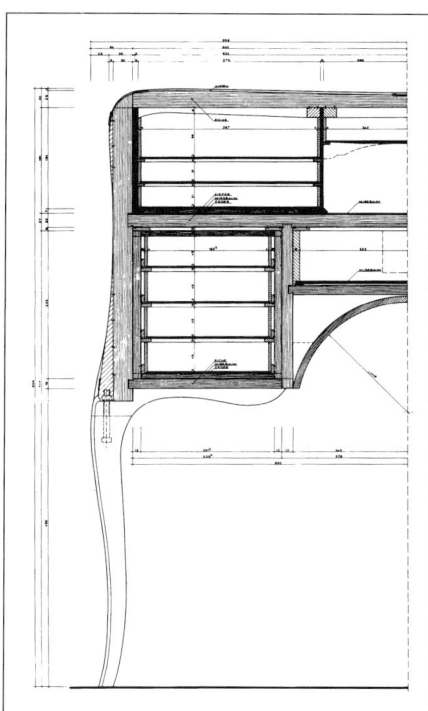

linke Seite ganz unten: Halbverdeckte, aufgedoppelte und ausgekeilte Schubkastenzinkung.

unten: Funktionsmechanismen an einem Verwandlungstisch.

wickeln sich bei dieser Technik zahlreiche Neuerungen, die im einzelnen hier nicht durchgesprochen werden können.

Ähnlich verhält es sich mit den Füllungen, die früher noch ablesbar eingefalzt oder eingenutet waren, als solche jedoch meist durch den geläufigen Versatz erkennbar sind. Auch diese werden nunmehr verstärkt Bestandteil der Fläche und dienen mehr und mehr lediglich als Trägerflächen für darauf anzubringende Dekorationsformen. Durch die beliebte Fassadengliederung in der ersten Hälfte dieser zwei Jahrhunderte werden stumpf aufgeleimte Architekturelemente und Profile, Säulen, Pilaster u.a. lediglich einfach appliziert und fügen sich Stück für Stück ineinander. Auch die beliebten, oft vielfach gebrochenen Profilkröpfungen erlauben es, die Gestaltung der Schauseiten eher in Baukastenform durchzuführen. Mit diesen im 18. Jahrhundert weiter zurückgedrängten Dekorationsformen geht die verstärkte Suche nach differenzierteren Herstellungsmethoden einher, die häufig zur Einbeziehung der konstruktiven Elemente in die Dekoration führt. Dadurch muß schon auf dem Papier das Konzept der Möbel detaillierter geplant, die einzelnen Herstellungsschritte schon von der Materialvorbereitung her differenziert durchgespielt und die Einzelteile exakt vorgearbeitet werden. Große Improvisationen am Objekt, die vormals noch möglich waren und heute noch oft an entsprechenden Stücken ablesbar sind, sind an den technisch anspruchvolleren Möbeln des 18. Jahrhunderts nicht mehr möglich. Die Technik des Gratensin mit brettverleimten Flächenstücken, eingeschobenen Stabilisierungsleisten, Laufleisten der Schubkästen oder Zwischenböden und -fächer ist eine alte Technik, bei der keine zusätzliche Entwicklung möglich ist. Sie entwickelt sich aus dem Einnuten in einen rechteckigen Querschnitt und bezeichnet einen schwalbenschwanzförmigen Nut quer zur Faserrichtung der Bretter, die auch einseitig konisch vorkommt. Neben den bekannten offenen Zinkungen als Eckverbindung von Brettseiten entwickeln sich einseitig verdeckte, ganz verdeckte (unsichtbare) Zinkungen und auch sog. Trichterzinkungen, die einseitig oder beidseitig schräge Brettstöße ermöglichen. Diese äußerst anspruchsvollen Zinkentechniken werden nur an aufwendigen, äußerst anspruchsvollen Objekten angewendet.

Die technische Entwicklung der beweglichen Teile, wie Schubkästen, Laden, Türen und Züge, hat zu Beginn des Möbelbarock die wesentlichen Schritte bereits gemacht. Die Reduzierung der Gleitreibung durch richtig proportionierte Laufsohlen und Gleitleisten ist zwar noch nicht gänzlich ausgereift, aber die Funktionalität der beanspruchten Teile ist weitestgehend gegeben. Auch Drehzapfenbänder oder gekröpfte Türbänder erfüllen ihre Aufgabe angemessen. Wesentliche Entwicklungsschritte finden in der Technik während des 17. Jahrhunderts nicht statt. Bei den Türanschlägen sind lediglich besonders weit vorgekröpfte Bänder zu nennen, die es den reich gestalteten Fassadentüren zwischen voll vorgestellten Säulen ermöglichen, über einen weit vorgesetzten Drehpunkt ganz aufzuschlagen. Die Verfeinerung der Schubkästen besteht im 18. Jahrhundert hauptsächlich darin, daß vom stumpf aufgeleimten Schubkastenboden allmählich zu eingefalzten, mit aufgeleimten Laufsohlen (englisch)

46 Techniken und Materialien

und schließlich zu eingenuteten Böden übergegangen wird. Hierbei vollziehen sich diese technischen Entwicklungen, wie im übrigen bei allen anderen Details, nur schleppend. Vorreiter sind die anspruchsvollen Hofmöbel, deren Auftraggeber stets empfänglich für technischen Fortschritt sind. Die Abstände, in denen dann Neuerungen vom breiten Handwerk übernommen werden, lassen sich aus heutiger Sicht bis zu einem halben Jahrhundert bemessen. Ländliche Schreiner bleiben sogar bis ins 19. Jahrhundert im Rahmen ihrer überlieferten Techniken, manche Errungenschaft wird nie übernommen.

Oberflächen

Der Begriff der Oberfläche versteht sich nicht, wie immer wieder angenommen, als Beschreibung einer reinen Oberflächenbehandlung, sondern er umfaßt den gesamten Maßnahmenkatalog von Arbeitstechniken, die bei der Herstellung einer Möbeloberfläche notwendig sind. Es ist die Möbeloberfläche als gestalterische Summe unterschiedlicher Arbeitsschritte zu verstehen. Von der Vorbereitung der Konstruktion für Furnierungen oder andere Fassungstechniken über die Ausführung sämtlicher Beschichtungsformen, deren Vorbereitung für Farb- oder Lacküberzüge bis hin zu deren Aufbringung und differenzierten Abschlußarbeiten.
Selbstverständlich kann nur über das Verständnis für ein solch komplexes Gefüge eine Beurteilung der Möbelkunst und ein Einordnen und Verstehen eines einzelnen Möbelstückes möglich sein. Leider können nur die bekannten Techniken und Oberflächenformen beschrieben werden. Auch können vorbereitende Arbeitsschritte und Formen der Ausführung durchgesprochen werden. Das umfassende Verständnis für das jeweilige Gefüge läßt sich aber auf theoretischem Wege nicht vermitteln. Hier stößt die sprachliche Formulierbarkeit an ihre Grenzen. Trotzdem hoffe ich, im folgenden einen groben Überblick geben zu können.
Unter die Vorbereitungsarbeiten des Möbels für spätere Arbeitsschritte fallen verschiedene Formen von konstruktiven Maßnahmen, die eine hierdurch bedingte Schädigung der aufgebrachten Oberflächengestaltung zu vermeiden suchen. Hierzu gehören die bereits im Kapitel über Konstruktion angesprochenen Gestaltungsformen von Möbelflächen als schichtverleimte Schauseitenflächen bei gerundeten, geschwungenen, gebauchten und/oder bombierten Möbeln. Auch die Rahmen und Füllungsfelder bei geraden Flächen gehören hierzu. Nach Fertigstellen der konstruktiven Voraussetzungen erfolgen weitere Bearbeitungsschritte, wie das Verputzen, Glätten und Schleifen als abschließende Vorbehandlung für die folgenden Veredelungsformen der Schauseiten. Von der Ausführung solcher Säuberungsarbeiten hängt ganz entscheidend das Gelingen aller weiteren Arbeitsschritte ab. Auch die Haltbarkeit von Furnierungen, Marketerien und anderen Oberflächengestaltungen wird von der Qualität der Vorarbeiten beeinflußt.

unten: Schwenkmechanismus mit differenzierter Ausstattung an einer sogen. Verwandlungskommode.

rechte Seite: Werkzeuge und Herstellung von Sägefurnieren. (J. A. Roubo, 1769 – 1774)

Die Veredelung des Trägerholzes umfaßt im Verlauf von Barock und Rokoko eine scheinbar unüberschaubare Vielfalt an Dekorationstechniken, die nach qualitativer Wertung geordnet und aufgeführt werden sollen: Hierbei unterscheidet man grundsätzlich zwei Gruppen dieser Techniken. Diese sind zum einen das Applizieren von weiteren Materialien zu zusammengefügtem Schmuck und zum anderen das Fassen von Möbeloberflächen für eine mono- oder polychrome Farbgestaltung sowie zur Veredelung über verschiedenartige Metalleffekte. Die Applikationstechniken können sich auf das schlichte Anbringen von vorgefertigten Dekorationselementen wie Profilen, Gesimsen, Säulen, Postamenten und anderen architektonisch vorgegebenen Formen beschränken. Sie können aber auch weiterführend durch geschnitzte Formstücke und andere entsprechend hergestellte Schmuckformen ergänzt werden. Desweiteren gehört hierzu die in massive Partien eingelegte Holzintarsie sowie sämtliche Formen von furnierten Holzstrukturen. Vom schlichten Einkleiden einer Schauseite durch ein edleres Furnierholz bis hin zum Aufbringen von hochkomplizierten Marketeriebildern als Zusammenfügearbeit unterschiedlicher Holzsorten und Strukturen.

Ergänzend kommt im 17. und im anfänglichen 18. Jahrhundert die Verwendung sogenannter komplexer Materialien bei der Herstellung des Marketeriedekors hinzu. Von der Betonung der herauszustellenden Akzente bis zur flächigen Ausgestaltung der Schauseiten, stets erfordert die Verarbeitung von solchen edlen Metallfurnierungen sowie die Verwendung von Schildpatt, Elfenbein, Perlmutt, Horn, Halbedelsteinen und anderen holzfremden Materialien außergewöhnliche Arbeitstechniken und sichere Handhabung der Arbeitsmittel. Auch die Auswahl der Leime zur Befestigung dieser Materialien und das ausreichende Aufrauhen oder rückseitige Gravieren von oberflächenvergrößernden Strukturen gehören mit zur erforderlichen Kenntnis der ausführenden Kunsthandwerker. Schließlich beschränkt sich die Dekoration des Möbels nicht auf den Materialschmuck und seine unterschiedlichen Kombinationsformen. Häufig werden die Wirkungen durch bereichernde Verschönerungen wie Gravuren, aufgetuschte oder gemalte Konturierungen und Binnendekore sowie Färbungen und Brannteffekte verstärkt. Die Virtuosität in solch differenzierten Gestaltungsformen erreicht zweifelsfrei während des 18. Jahrhunderts einen solchen Höhepunkt, daß Einrichtungsgegenstände oft die Schwelle zur reinen Darstellung überschreiten und in vielen Fällen die Funktion eines »Bildträgers« übernehmen. Das zeitgemäße Begehren, die Disziplinen in der Gestaltung bis an die Grenze des Machbaren auszureizen, sowie durch jedwedes denkbares Material zu beflügeln, schließt die Oberflächengestaltung des eigentlich eher zum Gebrauch bestimmten Mobiliars ganz selbstverständlich mit ein.

Als abschließender Arbeitsgang, der zumindest bis zur Mitte des 18. Jahrhunderts vorrangig dem Schutz und der Konservierung des Objektes zu dienen hat und erst später schwerpunktmäßig die Verschönerung der Schauseiten zur Aufgabe hat, ist der behandelnde Überzug der Oberfläche mit Lack oder Wachsmaterialien zu nennen. Vorbereitung der

oben: Vorlage und gestufte Zusammenfügung eines Marketeriebildes.

unten: Marketerie-Ecke aus gesägtem und graviertem Zinn.

rechte Seite: Historische Quellen über Lackierkunst.

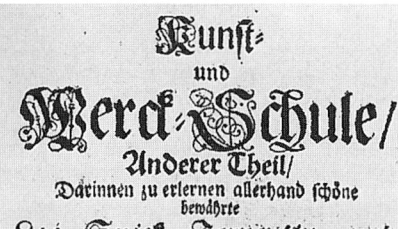

Oberfläche für diese Maßnahme ist wiederum das Glätten und Ebnen, von deren Ausführung die folgenden Arbeitsschritte anhängig sind. Häufig wird zuvor, neben dem schon erwähnten konsequenten Durchfärben einzelner Partien, die Oberfläche durch wäßrige, alkoholische oder ölige Farblasuren und durch ausschließlich chemische Färbemethoden, bei denen die Beizstoffe mit den Inhaltsstoffen der Hölzer ohne Pigment zu abgetönten Farbnuancen führen (Beizen), flächig auf den gewünschten Farbeffekt eingestimmt. Dabei spielen im 18. Jahrhundert modische Strömungen (Holzsortenfarben wie Mahagoni und andere Exoten) und die Abstimmung auf das übrige Ambiente eine immer größere Rolle. Auch aus dem 17. Jahrhundert sind ausreichend flächige Einfärbungen nachgewiesen, die wohlgemerkt stets transparent ausgeführt werden und hauptsächlich sich die Oxidationsverfärbungen von öligen Substanzen zu Nutze machen. Aber auch frühe Wasserbeizverfahren gehören zum verfügbaren Wissen, von denen als verbreitetstes Beispiel die alkalische Reaktion einer Pottaschentunke auf gerbsäurereichen Hölzern wie Eiche erwähnt sei, das eine Verbräunung des behandelten Holzes zur Folge hat. Nach solchen Obeflächenvorbehandlungen erfolgte der Auftrag des eigentlichen Schutzüberzuges, der sich im 17. Jahrundert fast ausschließlich als Ölharz oder noch häufiger als Wachsüberzug nachweisen läßt. Ebenfalls bekannt sind wäßrige Leimlasuren, die sich wegen ihrer hohen Empfindlichkeit gegen Feuchtigkeit kaum erhalten haben, jedoch häufig in den Befunduntersuchen alter Oberflächen zumindest spurenweise zu finden sind. Daß solche »Leimlacke« in reiner Form ohne anschließenden Wachsüberzug verarbeitet werden, ist durchaus denkbar und in manchen Gebieten mit Rohstoffmangel erklärbar. Zumindest geben häufig stark versprödete Oberflächen mit weitgehend unberührter Erhaltung hierauf neben spannungsreichen Ölharzlasuren Hinweis.

Von weitaus geringerer Bedeutung, wie immer wieder behauptet, sind in der Frühzeit Alkohollacke. Wegen der aufwendigen Verarbeitung, der schwierigen Beschaffung und der komplizierten Pflege, gelangen sie, einhergehend mit den veränderten ästhetischen Ansprüchen des 18. Jahrhundert, zu breiter Verwendung, abgesehen von einer geringeren konservierenden Wirkung. Der Glanzeffekt in Verbindung mit einem kontrastreicheren Tiefenlicht, das besonders Marketerien eine prächtigere Ausstrahlung durch das stärkere Hervorheben der einzelnen Holzsorten verleiht, dient in breiter Front erst ab dem 2. Drittel des 18. Jahrunderts der ästhetischen Gestaltung von Möbeloberflächen. Diese zuerst mit dem Pinsel oder Lappen flächig aufgetragenen Alkohollacke, bei denen verschiedene darin lösliche Harze als Bindemittel unter verhältnismäßig rascher Trocknung verarbeitet werden, erfahren erst im 18. Jahrhundert ihren Höhepunkt als Ballenpolituren, die unvergleichlich ebenmäßige und verdichtete Glanzüberzüge ergeben. Dieses Politurverfahren, dessen Auftrag mit lackgetränkten Ballen unter Verwendung von Öl als Gleitmittel erfolgt, hat mit der erst gegen Ende des 18. Jahrhunderts eingeführten Schellackpolitur ihren bekanntesten Vertreter. Seine Erwähnung gilt fälschlicherweise heutzutage als Kriterium für Qualität des Objektes

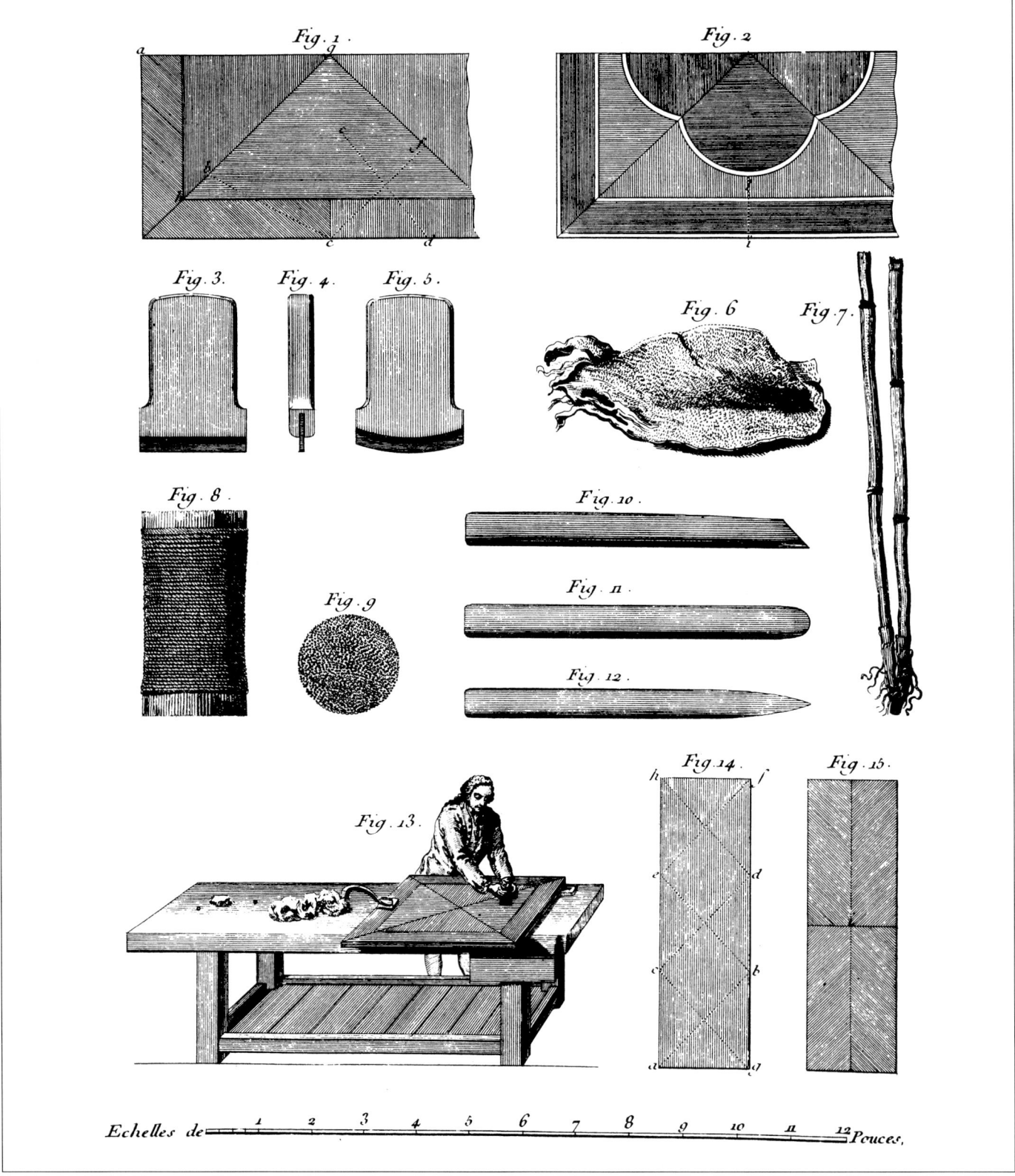

oder für die Ausführung einer Restaurierung. Leider gibt es wenige Beispiele im Umgang mit antikem Mobiliar, die in solcher uniformer Kategorisierung so entschieden an den individuellen Gegebenheiten eines Kunstobjektes vorbeisteuert wie diese unwissende Verallgemeinerung! Für das 18. Jahrhundert ist die Schellackpolitur in Deutschland als authentischer Überzug meines Wissens an keinem einzigen Objekt nachgewiesen.

Dies hält Sammler und Händler trotzdem nicht davon ab, die für barocke Einrichtungsgegenstände ungeeigneten Alkohollacke als Kriterium für Wert und Bedeutung eines Möbelstückes herzunehmen. Letztlich soll darauf hingewiesen werden, daß für das breite Verständnis der Zeit der aufgebrachte Überzug hauptsächlich dem Schutz und Erhalt jener oft filigran ausgeführten Oberflächen und ihrer Materialien im 18. Jahrhundert zu dienen hat und lediglich als erfreulicher Nebenfeffekt diese verstärkende Wirkung des Dekors erzeugt wird. Eine Bewertung historischer Überzüge sowie Erhaltungszustand und deren Bedeutung für das Kunstobjekt findet sich darüberhinaus im Kapitel über Patina.

Sonstige Materialien und Fassungen

linke Seite: Historische Glättwerkzeuge und Schleifmaterialien. (Roubo)

unten: Schwarzlack-Kommode, Seitenteil. (Jean Lapie, Paris, 1762 – 1770)

Neben den verschiedenen Holzarten, die, regional unterscheidbar nach favorisierten Holzarten, der Konstruktion und der ästhetischen Gestaltung der Schauseiten dienten, wurden eine Anzahl holzfremder Materialien verwendet, deren Auftreten keine regional bezogenen Rückschlüsse zulassen. Vielmehr orientiert sich die Verarbeitung jener Materialien vorrangig an modischen und stilistischen Einflüssen. Mit dem Prunk solcher kostbaren Materialien und ihrer exotischen Herkunft stellen sich Weltoffenheit und Reichtum zur Schau. Das ursprünglich dem täglichen Gebrauch dienende Möbel erfährt eine erhebliche Wertschätzung, die es in den Bereich des reinen Kunstobjektes rückt. Im frühen 17. Jahrhundert, der Blütezeit der sogenannten Kunstschränke, wird die aus Holz gefertigte Konstruktion zum Objektträger kostbarer und kunstvoll ausgearbeiteter Zwischenprodukte. Sie ordnen sich in ein mannigfaltig konzipiertes und von unterschiedlichen Handwerksrichtungen hergestelltes Gesamtwerk ein. Eine Verselbstständigung der Dekorteile aus fremden Materialien und die Nachvollziehbarkeit ihrer gesonderten Herstellung sind das bezeichnende Charakteristikum solcher Kunstmöbel.

Eine Renaissance erfahren diese Materialien dann gegen Ende des 17. Jahrhunderts bis hinein in die 30er Jahre des folgenden Jahrhunderts. Hierbei ist das auslösende Moment der aus Frankreich stammende Boulle-Stil, der in den deutschen Regionen durch ähnliche bereits stattgefundener Vorläufertechniken zu einer verbreiteten Interpretation von Kunst und Kultur am Mobiliar führt. Besonders süddeutsche Zentren, wie zuerst Augsburg und dann Bamberg, Ansbach, München und nach neueren Untersuchungen Salzburg treten durch die Fertigung in diesem Stil gehaltener Einrichtungsgegenstände hervor. Im Verlauf des 18. Jahrhunderts verlieren diese Materialien allmählich an Bedeutung. Sie tauchen lediglich noch an einigen besonders kostbaren Ausnahmestücken auf.

Ihre entsprechend der Dekorationen grundlegend verschiedenen Umsetzungen erreichen ein noch höheres Maß an technischem Aufwand. Hoppenhaupt und Camly in Berlin sind hierbei stellvertretend als Hersteller dieser aufwendigen Möbel zu nennen, neben einigen anderen, teilweise unbekannt gebliebenen Schreinern, deren einzigartiges Werk noch heute durch einige Objekte erlebbar ist. Dabei besteht die Schwierigkeit in der Spätzeit darin, daß teilweise steife Materialien wie Perlmutt, Glas und Elfenbein nicht mehr wie früher auf weitgehend gerade und plane Möbeloberflächen aufgebracht werden, sondern daß Bewegung und allseitige Verformung der Schauseiten damit in Einklang zu bringen ist. Nicht zuletzt deshalb bleibt oft nur der Weg über ein dreidimensional abgestimmtes Konzept, das sich aus Marketerie, Applikation und verzahntem Aufbau zusammensetzt. Als Höhepunkt für diese Schmuckformen kann neben anderem eine filigrane Rokokokommode der Hessischen Schlösser und Seenverwaltung in Bad Homburg genannt werden. Ihre Oberfläche setzt sich aus einer Kombination von farbig hinterlegtem, transluzidem Perlmutt und netzwerkartig gegliederten Pfauenfedern aus getriebenem und polychrom gelüstertem Silberblech zusammen. Ein Beispiel für die Bereitschaft, vor keiner Materialkombination, keiner Materialbearbeitung und keiner Dekortechnik haltzumachen.

Manchmal ergeben sich derartig abstruse Auswüchse, daß das Objekt über den Status des reinen Experiments nicht hinauskommt. Im folgenden seien nun die besonders populären Materialien und ihre Bearbeitung einführend beschrieben.

Bleche: Silber, Messing, Zinn, Kupfer

Vor allem in der bereits erwähnten Boulle-Technik kommen gehämmerte oder gewalzte Bleche als Elemente der Marketerie zur Anwendung. Ihre Verarbeitung entspricht der Zusammensetzung von Holzmarketerien und ist lediglich als schillernde »Inkrustation« zu verstehen. An überwiegend holzfurnierten, kostbaren Möbeln werden besonders in Zentralfeldern, Kartuschen und anderen Marketeriedetails, die hervorgehoben werden sollen, Metalleinlagen verwendet. Neben Messing, Zinn und Kupfer wird hauptsächlich an frühen Objekten des 17. Jahrhunderts Silberblech als applizierter, oft getriebener oder geprägter Schmuck angebracht. Selbst ganze Möbel werden mit getriebenem und ziseliertem Silberblech überzogen. Augsburger Silbermöbel waren im ausgehenden 17. Jahrhundert ein Exportschlager. Auch die beliebten Wellenleisten werden von geprägter Silbereinfassung dekoriert. Die Flächen der flach eingelegten oder in Marketerien gefügten Bleche erhalten häufig Binnengravuren, die die Aussage der jeweiligen Form zur Rocaille, zur Volute, zu Bandelwerkschmuck oder gar figürlicher Darstellung vervollständigen. Leider sind heute selten originale Binnengravuren wegen allzuvielen schleifwütigen »Restauratoren« erhalten.

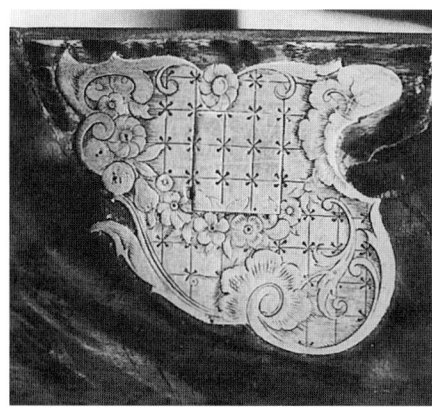

Eingelegtes Schlüsselschild mit bündig schließender Schloßblende aus graviertem Messing.

Schubkastenfeld aus gesägtem und graviertem Zinn in Palisander.

Schildpatt, Horn
Beide Materialien werden hauptsächlich in Zusammenhang mit Boulle-Dekor verwendet. Zum einen das aus dem Panzer der Karettschildkröte gewonnene Schildpatt, dessen Wert nach alten Quellen durchaus »mit Gold aufzuwiegen« ist, zum anderen das einfache, transparent gearbeitete Rinderhorn, dessen gelbliche Einfarbigkeit durch zahlreiche Rezepte zu einer schildpattartigen Struktur verändert werden kann und viel häufiger als allgemein erkannt, als Schildpattersatz verarbeitet wurde. Beide Materialien können entweder durch Hinterlegen farbiger Kitte oder entsprechend eingefärbter Papiere nuanciert werden, passend zum gewünschten Ausdruck der Möbeloberfläche. Auch metallisierende Effekte und Schimmer werden durch Hinterlegen von Blattmetallen (Gold, Silber, Schlagmetalle als Edelmetallersatz), manchmal auch gelüstert, erzielt.

Perlmutt
Die unzähligen exotischen Perlmuttsorten entsprechen in ihrer Kostbarkeit nahezu dem Schildpatt und finden sich an marketierten Möbeloberflächen in noch seltenerem Maß. Perlmutt dient im 18. Jahrhundert, am Möbel stärker verbreitet als früher, hauptsächlich der Akzentuierung von einzelnen, meist punktförmigen Dekorpartien. Lediglich einige wenige herausragende Hofmöbel des 18. Jahrhundert sind üppig und teilweise großflächig deckend aus Perlmutt gearbeitet.
Perlmutt, wie übrigens auch Schildpatt und Horn, wird oft vergleichbar zu den Metalleinlagen graviert und die Gravuren durch farbige Verfüllungen hervorgehoben.

Elfenbein
Besonders wertvoll und schon seit der Renaissance als Edelmaterial beliebt wird ebenfalls Elfenbein sowohl bei der Dekoration von Marketerien als auch als dreidimensional ausgearbeitete Applikation verwendet. Profile, vegetabile Formen, Säulchen, Griffe und Knöpfe, sowie figürlicher Schmuck finden sich als kostbare Ausstattung an Einrichtungsgegenständen beider Jahrhunderte. Als Flächendekor findet es sich ebenso an Wappen und Figurenkartuschen der niedersächsischen Hof- und Bürgermöbel sowie an mittel- und süddeutschen Raumausstattungen. Durch den starken Kontrast zur holzfarbenen Umgebung hebt es die zu unterstreichenden Dekorpartien besonders gut durch geschwärzte Gravuren unterstützt hervor. Die üppige, flächige Verarbeitung, wie sie noch im 16. Jahrhundert an den Kunstschränken des Augsburgers Angermaier vorkommt, läßt sich jedoch im abgehandelten Zeitraum nicht mehr feststellen. Im 18. Jahrhundert kommen neben dem als Elfenbeinersatz verwendeten Bein Ersatzstoffe wie gemahlene Knochenkitte und aus Italien der Meerschaum zum Einsatz. Ihre abweichende oder überhaupt nicht vorhandene Struktur machen eine Unterscheidung leicht möglich.

Bernstein

In den Gebieten des Ostseeraumes ist Bernstein seit je her ein beliebtes Schmuckmaterial, das häufig an Kästchen und Kabinetten angebracht wird. Der wohl berühmteste Vertreter ist das seit dem Kriegsjahr 1945 verschollene Bernsteinzimmer, dessen Wandpanelee über und über mit Bernsteinfeldern ausgeschmückt waren. Interessant ist, daß Bernstein als reines Marketeriematerial meines Wissens nicht verwendet wurde, sondern immer durch Struktur oder ausgearbeitetes Relief zur Wirkung gelangte. Stets erscheinen von Bernstein überzogene Objekte etwas derb oder brüchig. Die amorphe Struktur des Materials scheint seinen Ursprung den verarbeitenden Kunsthandwerkern aufgezwungen zu haben. Auch lassen sich durch die unterschiedliche Farbigkeit der einzelnen Bernsteinstücke keine einheitlichen Dekorationen verwirklichen: Ein weiterer Grund für die stets in seiner Ursprünglichkeit akzeptierte Wirkung dieses Materials.

Pietra-dura, Halbedelsteine

Zentren der Steinmarketerie sind Florenz und Prag. Von hier kommt auch der überwiegende Teil der eingeführten, vorgefertigten Dekorfelder. Damit gelangt ein bereits vollendetes Halbprodukt über weite Strecken zu seiner Verarbeitung an Einrichtungsgegenständen und anderen Objekten. Ganz nebenbei entsteht eine der frühen, erfolgreich funktionierenden Warenverkehrsformen mit Halbprodukten.

Diese Steinmarketerietafeln werden dann in das auf sie abgestimmte oder für sie entworfene Möbel eingepaßt. Mit der veränderten Formgebung der Möbel des 18. Jahrhunderts verschwinden schließlich Steinmarketerien ganz aus dem Repertoire der geläufigen Dekorationsmittel, da die flach gefertigten Tafeln nur in entsprechend angelegte Schauseiten einfügbar sind. Auch die Verwendung von Halbedelsteinen, allen voran Lapislazuli, verläuft analog zur Mode der Steinmarketerien. Besonders Kabinettschränke und andere Kunstkammermöbel werden an Zentralfeldern von Türen und Schubkästen mit Einlagen aus Halbedelsteinen verziert. Schließlich bevorzugt das 18. Jahrhundert flexible exotische Materialien sowie stärker auf reine Holzstrukturen bezogene Farbigkeiten, die schließlich das »Aus« für »Steininkrustationen« bedeuten.

Glas

Vom Material her erfordert Glas, und für den Bereich der Einrichtungsgegenstände ganz besonders das Spiegelglas, ähnliche Formvoraussetzungen wie alle übrigen steifen Materialien. Nur unbewegte Schauseiten und Flächen eignen sich für das Anbringen verspiegelter Glasplatten, deren Reiz hauptsächlich in ihrem oft meisterlich rückseitig gravierten Dekor liegt. So kann man annehmen, daß Blüte und Niedergang von glasbesetzten Schmuckmöbeln mit jenem in ähnlichen Flächenmaterialien gefertigten Mobiliar vergleichbar sind. Jedoch scheint die sehr späte Mode der verglasten Oberfläche, deren frühe Stücke erst aus dem 18. Jahrhundert stammen, solch durchschlagenden Erfolg an einigen Höfen zu haben, daß sich die Form des Zieratenträgers den Möglichkeiten und Bedingungen dieses Materials unterordnet. Vor allem die Glasmanukfaktur von Lohr, die den kurfränkischen Hof mit seinen Schlössern und Landsitzen versorgt, wird zum hiesigen Zentrum jener venezianischen Mode. Die Qualität der Gravuren, Schmuckformen und figürlichen Ausschmückungen ist von derartiger Feinheit, daß Konkurrenz erst gar nicht antritt. Auch das schmückende Eglomisé (die Hinterlegung von Blattmetallen in Verbindung mit rückseitig aufgemaltem Dekor) bereichert das vorhandene Potential der verspiegelten Effekte um eine weitere Stufe. Eindrucksvollstes Beispiel für ein vollständiges Raumambiente dürfte das Spiegelkabinett der Würzburger Residenz gewesen sein. Neben Lohr unternehmen aber auch einige andere kleine Glasmanufakturen in Ostdeutschland und im Norden den Versuch, Glasschmuck und Einrichtungsgegenstände zu verbinden. Dabei gelingt es der Manufaktur Gruenenplan bei Braunschweig, das wohl bedeutendste Spiegelmöbel auf deutschem Boden herzustellen. Eine dazugehörige Standuhr in Eglomisé-Technik ruht bis heute in den Tafelschubkästen des Württembergischen Landesmuseums.

Fassung
Von den transparenten Oberflächendekorationen, bei denen die Materialien und Hölzer ablesbar und durch Struktur sowie Kombination miteinander wirken, unterscheidet man sämtliche Formen von Fassungstechniken. Unter Fassung versteht man den einkleidenden Überzug der Holzkonstruktion mit verfüllenden Kittmassen, die nach vielschichtigem Auftrag und mehrmaligem Zwischenschleifen durch geschlossene Ebenmäßigkeit als Grundlage für weitere Dekorationen dienen. Am weitesten verbreitet sind polychrome Farbfassungen bei den Dekormalereien, aufgemalte Marmorierungen, einfarbige Strukturierungen. Selbst gegenständliche Themen werden geschaffen. Jedoch sind polychrome Farbfassungen im Gegensatz zu den schlichten Bemalungen der Bauernmöbel nicht als vereinfachte Dekorationsform zu verstehen. Sie gelten seit Ende des 17. Jahrhunderts als kostbarer Oberflächenschmuck an Einrichtungsgegenständen. Meist wird die Fassung für Objekte gewählt, bei denen Polimentvergoldungen oder gefärbtes Poliersilber sowie andere Strukturen angebracht wurden, die im Originalmaterial in vielen Details nicht umsetzbar sind. Oft handelt es sich dabei um Möbelstücke, bei denen durchaus auch sakrale Einflüsse oder stilistische Anregungen aus den von architektonischen Akzenten geprägten Raumdekorationen übernommen werden sollen. Dazu gehören neben Metallfassungen auch die Poliermarmorierung, die reinen, manchmal gebrochen abgetönten Polierweißfassungen sowie Farbfassungen, bei denen Partien graviert, punziert oder phantasiereich strukturiert werden. Selbst Blaumalereien, die an Delfter Fayencen erinnern, werden in dieser Technik gefertigt. Besonders der gesamte süddeutsche Raum pflegt die Fassungstechnik als Dekorationsform des zeitgenössischen Mobiliars. Als berühmteste gefaßte Möbel dürften wohl die nach Entwürfen von François Cuvilliés verfertigten Stücke gelten.

Eine ausgesprochen exotische Variante der unterschiedlichen Fassungsarten ist die für Deutschland eher unbedeutende Lacktechnik, die als »Chinalack« oder »Lackchinoiserie« über Holland und England im späten 17. Jahrhundert nach Europa gelangt und vor allem dort sowie in Frankreich der zeitgemäßen Mode nach exotischen Dekorationsformen entspricht. Hauptsächlich Sachsen und Norddeutschland öffnen sich dieser schwierig herzustellenden Oberflächentechnik. Ihren reliefartig strukturierten Darstellungen in Verbindung mit eingestreutem Metallpulver und sogar eingedrückten Perlmuttstückchen im filigranen asiatischen Malstil ist ein nur bescheidener Verkaufserfolg beschieden. Die in Deutschland hergestellten Lackmöbel lassen die sehr wichtige Pastosität vermissen. Sicher hängt dies mit dem fehlenden Kenntnisstand der fernöstlichen Rezepturen und Arbeitstechniken zusammen. Trotzdem erlauben die hier belegten Lackmöbel einen Einblick in die hiesige Umsetzung jener Objekte, deren Ausführung weitgehend auf der Basis einheimischer Möglichkeiten beruhen.

Regionale Verwendung der Holzarten

Neben den stilistischen Entwicklungen der einzelnen Regionen und ihren dekorativen Besonderheiten, den jeweilig besonders gepflegten Möbelformen und spezifisch hervorgebrachten Typen sowie bestimmten charakteristischen technischen Details, eignet sich auch die Verwendung bestimmter Materialien für eine regionale Zuordnung. Es sind im Möbelbau die verarbeiteten Holzarten, die jene Rückschlüsse zulassen. Beim bürgerlichen Möbel, dessen Kostbarkeit in weit größerem Maße von den finanziellen Möglichkeiten des Auftraggebers abhängig ist, läßt sich diese geographische Bindung an die zur Verfügung stehenden Holzarten beobachten. Teure exotische Holzsorten, die jeweils nur über die überregionalen Handelsplätze beziehbar sind, können vornehmlich nur von jenen Schreinern verwendet werden, die entsprechend potente Auftraggeber zu ihrer Kundschaft zählen. Damit erschließt sich der Beurteilung von Möbelobjekten ein weiteres Unterscheidungsmerkmal für ihre jeweilige gesellschaftliche Bestimmung. Im Gegensatz zum rein höfischen Möbel, dessen Holzausstattung überregional von den aktuellen Modeströmungen und aktuellen, weltweiten Bezugswegen bestimmt wird, ist bei Einrichtungsgegenständen, die für das Bürgertum gefertigt werden, eine relativ enge Bindung an mitteleuropäische, sogar regionale Holzsorten feststellbar. Hier unterscheidet man jene lokal vorkommenden Hölzer für die Fertigung der Konstruktion und solche, die als Furniere ein schlichtes Kleid oder selbst einen prächtigen Marketeriedekor abgaben. In manchen Regionen ist auch die Konstruktion als Massivbauweise Schauseitengestaltung zugleich.
Klimatische Verhältnisse und Bedingungen des Bodens bilden in weit größerem Maße als heutzutage, wo der Waldbestand mit seinen verbreiteten Monokulturen in erster Linie von rein ökonomischen Überlegungen

abhängig ist, die Voraussetzungen für die verwendbaren Holzarten. Auch lassen sich häufig an der Vielfalt der Hölzer bäuerliche Strukturen ablesen, die sich wiederum im Möbelbau niederschlagen. Diese historischen Kenntnisse ergeben damit in den meisten Betrachtungen lokaler Möbelwerke ein stimmiges Bild. Es erklären sich so die unterschiedlichsten regionalen Ausprägungen in Form und Dekor. Viele Holzarten geben dem Schreiner Richtlinien in Bearbeitung und Technik vor. Nicht jedes Holz ist als Konstruktionsholz geeignet. Genauso wie viele Holzarten für das Herstellen von Furnier entweder ungeeignet sind oder den gewünschten schmückenden Effekt nicht ergeben. So sind die Handwerker gezwungen, jeweils das Beste aus dem Vorhandenen zu machen. Das regionale Holzvorkommen bestimmt indirekt die Form und Dekorschöpfungen, es hemmt die ästhetischen Entfaltungsmöglichkeiten und zwingt zu Kompromissen oder es beflügelt die Phantasie der Künstler. Entsprechend präsentieren sich die deutschsprachigen Möbellandschaften. Zumindest im bürgerlichen Gebrauchsmöbel, abgesehen vom bäuerlichen Mobiliar, dessen enge Bindung an lokale Holzsorten ohnehin charakteristisch ist, gibt es Gegenden mit sachlichen, blassen, hauptsächlich durch Strukturen wirkenden Holzoberflächen. Massige, schwere Massivholzkonstruktionen, plastisches, prächtig ausgearbeitetes Schnitzwerk, hochentwickelter Marketeriedekor, raffinierte Fassadengestaltungen eigenständig gereifter Möbelformen: von jedem etwas oder alles in einem. Eine Vielgestaltigkeit und ein Ideenreichtum, die sämtliche stilistischen Schöpfungen, auch die jeweiligen Materialbesonderheiten der deutschsprachigen Regionen mit all ihren lokalen Eigenarten wiederspiegelt. Eine detaillierte Auflistung der regionalen Holzartenverwendung würde mit den dazugehörigen Begründungen den hier zur Verfügung stehenden Rahmen sprengen. Trotzdem soll der Versuch unternommen werden, einen groben Überblick zu ermöglichen. Gemeinsamkeiten in den verwendeten Holzarten der norddeutschen Gebiete sind im klimatischen Zusammenhang zu sehen. Hohe Niederschläge an der Küste, in Niedersachsen, auch in den norddeutschen Regionen Mecklenburg, Brandenburg und Pommern sowie das etwas rauhe Klima im Ostseeraum beeinflussen die traditionelle Vegetation. So gelangen besonders Eiche, Birke, Ahorn und Esche zur Verwendung. Niedersachsen kann als zusammenhängender Raum für die beliebte Verarbeitung von Eiche in den beiden besprochenen Jahrhunderten angesehen werden. Das bäuerliche, aber auch das bürgerliche Mobiliar wird sehr häufig in Massivbauweise in diesem Holz gefertigt. Daneben kommt bei furnierten Möbeln Fichten- und Tannenholz zum Einsatz, das im gesamten Harzgebiet, aber auch in Brandenburg wächst. Die Furnierhölzer sind natürlich Nußbaum (meist aus dem Süden bezogen), Ahorn, Mooreiche und als Charakteristikum bei Bandeinlagen sehr häufig Esche. Die Verwendung von Esche als Marketerieholz, die oft den Platz der in Süddeutschland verwendeten Pflaume einnimmt, kann in vielen Fällen als zusätzlicher Anhaltspunkt bei Herkunftsbestimmung einzelner Möbel gewertet werden. In den östlichen Gegenden Brandenburgs sowie in Mecklenburg und den übrigen Ostseegebieten wird wiederum Eiche reichlich verarbeitet. Selbst klassisch bürgerlich geformtes Mobiliar – man denke dabei vor allem an die Hallenschränke der Hansestädte – wird in diesem Holz hergestellt. Häufig gesellt sich hierzu besonders dunkel gemaserter Nußbaum als Furnierholz. Besonders Birkenholz und Ahorn sind hier als Besonderheit bei der Gestaltung von Möbeloberflächen zu erwähnen. Birke als verhältnismäßig weiches und empfindliches Holz, anderswo nahezu überhaupt nicht als Möbelholz beliebt, wird wegen seines großen Angebots seit jeher benutzt. Vor allem Marketeriefelder besitzen davon häufig an den Flächen gemaserte Einlagen. Auch der Ahorn unterstreicht das meist lichtere Gesamtbild, oft in starkem Kontrast zu den massiven Proportionen jener barocken Möbel. Eine Eigenart greift vor: immer wieder finden sich seit dem frühen 18. Jahrhundert Truhen, Kommoden und Schreibmöbel, manchmal auch Schränke, die in hellem Holz (Ahorn oder Birke) durchgehend ohne Feldergliederung furniert sind. Sie unterstreichen die räumliche Wirkung des jeweiligen Möbels auf ausnehmend ruhige und daher für die Zeit ungewöhnliche Weise. Hierfür scheinen englisch-nordische Einflüsse oder schlichtweg die Not fehlender Materialvielfalt verantwortlich zu sein.

Schleswig-Holstein weist ähnliche Materialanwendung auf. Auch hier hat man das Gefühl eines Dranges, aufgehelltes Erscheinungsbild anzustreben, ein großer Unterschied zu den nahen Hansestädten Hamburg und Bremen. Dies geschieht besonders bei den charakteristischen Dielenschränken mit gesprengtem Giebel, deren Struktur häufig von hellem Nußbaum bestimmt ist. Auch die hier verwendete Eiche ist von lichterem Wuchs und setzt keine vergleichbaren Kontraste. Die Möbel des 18. Jahrhunderts ähneln dann wieder den hanseatischen Erzeugnissen, an denen mehr und mehr sich englische Einflüsse durch flächig verarbeitetes Nußwurzelfurnier ablesen lassen.

Dieselben Holzsorten, vornehmlich Eiche und ein besonders dunkler, manchmal kaukasischer, rötlich gefärbter Nußbaum, bilden die Grundmaterialien im westlichen grenznahen Niedersachsen, das sich eng an die stilistischen Gegebenheiten Hollands hält. Auch das nördliche Westfalen ist in diesem Sinne mit hinzuzurechnen. Die dadurch hervorgerufene, düstere Ausstrahlung dieser Möbel wird durch teilweises Schwarzlackieren der Konturen oft noch verstärkt. Selbst die applizierten Schnitzereien aus Eiche oder Nußbaum sind zusätzlich ebenso abgedunkelt. Im 18. Jahrhundert kommt schon früh von den Holländern aus Indien oder Südamerika importiertes Mahagoni hinzu, das manchmal das Nußholz ersetzt. Als Blindholz bleibt im 17. Jahrhundert die Eiche im Mittelpunkt. Nur selten werden Fichte oder eher noch Kiefer verarbeitet. Dies ändert sich im Verlauf des 18. Jahrhunderts, da mit dem stetigen Abholzen der Eichenwälder für den Schiffsbau im gesamten norddeutschen Raum Eiche allmählich knapper und damit kostbarer wird.

Die Übergänge nach Thüringen und dem übrigen Mitteldeutschland sind, zumindest was die Verwendung der Eiche angeht, fließend. Ihre Bedeutung reicht weit in den Süden bis hinunter nach Hessen und Franken. Fast ganz Thüringen und das nördliche Sachsen verwenden verhältnismäßig

viel Eichenholz, wobei hier eine mit manchen fränkischen Regionen vergleichbare Besonderheit anzumerken ist: selbst bis in die Mitte des 18. Jahrhunderts findet sich hier dieses Holz auch an furnierten Oberflächen, nicht nur bei den teils mächtigen Hallen- und Dielenschränken, ebenso an Kommoden und Schreibmöbeln, sowie an manchen Kleinmöbeln. Ergänzend kommt wiederum das Nußholz in all seinen Erscheinungsformen als Halbmaser-, Fußmaser- und Wurzelholz vor. Daneben wird an Marketerien meist konturierend, wie in anderen Gebieten, auch Ahorn verwendet. Eibenholz, mit seiner feinjährigen nadelholzartigen Struktur, bereichert die Palette der mitteldeutschen Holzarten. Desweiteren Kirschbaum, besonders in Sachsen, sowie Pappel, Esche, Rüster (Ulme) und manchmal Erle. Vor allem Sachsen und desweiteren Schlesien besitzen von Natur aus einen Reichtum an verschiedenen Holzsorten, der strukturell, aber auch klimatisch bedingt ist. Dadurch entwickeln sich früh verbreitete qualitätsvolle Marketerietechniken, die aus dem Spiel mit kontrastreichen, lokal zu beziehenden Holzarten schöpfen. Die Feinjährigkeit der im Vergleich zu südlichen Gebieten langsamer wachsenden Hölzer erzeugt hier einen besonderen Reiz, der in der homogenen Farbigkeit begründet ist. Die Kontraste erscheinen etwas härter, die Strukturen grenzen sich deutlicher ab.
Ähnlich hierzu verhält es sich in Franken. Auch hier begünstigt das rauhe Klima ähnliche Erscheinungsbilder in der Marketerie. Einheitlich ist die Tatsache, daß durch den Reichtum an Nadelhölzern wie Tanne, Fichte, Kiefer und Lärche Eiche als Blind- oder Trägerholz weitgehend wegfällt. Trotzdem behauptet sie sich weiterhin bei ländlichen Massivmöbeln. Neben den homogen feinjährig gewachsenen Stammhölzern stehen auch viele dieser Sorten in Form von Wurzel- oder Winterknollenschnitten zur Verfügung, die ebenfalls im Marketeriedekor Verwendung finden. Hierbei sind Nuß-, Rüster-, Myrrhen-, Eschen- und Pappelmaser zu nennen. In Franken kommen bei Bandeinlagen Birnbaum und Pflaume hinzu.
Ein ähnliches Holzartenspektrum wie in Franken steht in Hessen, dem südlichen Westfalen und in der Pfalz zur Verfügung. Einziges Kriterium zur Unterscheidung lokaler Hölzer ist der etwas schnellere Wuchs, wobei auch immer noch innerhalb dieser Regionen Unterscheidungen in Bezug auf die Bodenverhältnisse gemacht werden müssen. In den westdeutschen Gebieten verändert sich jedoch das Bild der Marketerien.
Häufig sind hier statt der heller rahmenden Nußbaumsorten dunklere Hölzer verwendet worden, die gröbere Kontraste bewirken. Besonders die Eigenart der Parketterietechnik verlangt eine eher zusammenfassende Anlage der Furniere. Die Fähigkeit, gleiche Hölzer durch unterschiedliche Faserrichtungen zueinander zu stellen und damit eine Schattierung innerhalb des Dekors hervorzurufen, belegt den ausgereiften Umgang mit Holzstrukturen und hat hier ihren Ursprung bereits im 17. Jahrhundert. Ein eigenständiger Möbeltyp, der dies auch lediglich durch Aneinanderreihen verhältnismäßig kleiner Furnierstücke in Verbindung mit dreidimensionaler Bewegung außergewöhnlich vermittelt, ist der Wellenschrank aus Frankfurt und Mainz. Der Südwesten Deutschlands mit

Baden und dem angrenzenden Schweizer Raum ergänzt das behandelte Gebiet durch eine sehr ähnliche Holzartenpalette. Auch hier ist das Spiel der Kontraste seit Anfang des 18. Jahrhunderts vergleichbar beliebt. Nußbaummaserstrukturen häufig die Binnenflächen und schlichtere sowie hellere Holzsorten die Rahmeneinfassungen. Jedoch liegen besonders im badischen Raum deutliche Schwerpunkte in der Verwendung von Obsthölzern. Schon früh finden sich an Hintergrundmarketerien der Fassadenschränke Birnbaum und Kirsche. Auch Pflaumenbaum wird für die Akzentuierung besonders bei Bandeinlagen verwendet. Dies erklärt sich aus den traditionell verbreiteten Obststreuwiesen wegen des ausgesprochen milden Klimas. Dagegen findet sich nahezu keine Eiche in Marketeriedekor und selbst bei Bedarf eines stabilen Holzes in Konstruktion und Verschleißflächen erfüllen diese Aufgabe meist die ebenfalls sehr widerstandsfähigen Obstholzsorten. Selbst Profile, Appliken und Drehteile werden gelegentlich daraus hergestellt, und natürlich prägt es ebenso als Furnierholz die Gestaltung der Flächen.

Württemberg und Südwürttemberg mit dem Bodenseeraum, ihren ähnlichen landwirtschaftlichen Kulturlandschaften und mildem Klima sind vergleichbar reich gesegnet mit Obsthölzern und Nußbaum. Grundsätzlich neigt die Dekoration zu flächigen, hauptsächlich über Holzstrukturen wirkenden Gliederungen, mit vorrangiger Verwendung des bewegten Nußholzes. Aber auch die Obsthölzer mit dem verhältnismäßig häufig in Marketerien oder an massiven bäuerlichen Möbeln verwendeten Apfelbaum prägen das Erscheinungsbild der Oberflächen mit. Die Eiche findet sich hier ebenfalls wieder. Vor allem im nördlichen Württemberg und in Hohenlohe. Weiterhin ist die oft auch eingefärbte Pappel (meist bei Grünfärbungen) als gerne verwendetes Marketerieholz zu nennen. Strauchhölzer wie Elsbeere, Flieder und Thuja, mit denen der gesamte südwestdeutsche Raum gesegnet ist, werden verhältnismäßig oft verarbeitet. Selbst außerhalb der großen Zunftzentren in ländlich geprägten Gebieten lassen sich Experimente mit verschiedenen Hölzern häufig beobachten. Neben den Weichhölzern als Konstruktions- oder Möbelholz der Bauernmöbel, wird Rotbuche als Konstruktionsholz benützt, die in den Mischwäldern der gesamten Region wächst.

Diese findet sich dagegen in Bayern nahezu überhaupt nicht. Ausschließlich Fichte und Tanne, aber auch Kiefer dienen hier als allgemein verwendetes Gebrauchsholz. Ansonsten ähnelt die zur Verfügung stehende Palette an einheimischen Hölzern derer Frankens. Nußbaumarten in unterschiedlichen Färbungen dienen als Flächen- und Rahmenholz bei furnierten Möbeln. Zwetschge, Ahorn, Mooreiche und Kirschbaum sind die übrigen, beliebten Zierhölzer des gängigen Marketeriedekors. Daneben ist auch am bürgerlichen und höfischen Mobiliar die Technik der Überfassung von Nadelhölzern und Linde für Bayern charakteristisch. Polierweißfassungen mit Teilvergoldungen und monochrome Farbfassungen gehören mit in die Palette schreinerischer Dekorationstechniken.

Österreich und das deutschsprachige Donaugebiet bilden in Bezug auf die Materialwahl mit Bayern ein fast einheitliches Gebiet, lediglich die Kontraste des Furnierdekors erscheinen schroffer, bedingt durch sehr dunkle Nußsorten und meist licht angelegte Bänder und Adern. Die Flächen scheinen auch etwas phantasieloser dekoriert zu sein. Bewegtes und geschwungenes Bandelwerk, für Bayern und Franken ein unverzichtbares Zierelement, wird hier geometrisch streng versachlicht. Schlichte Rahmenfelder mit rechteckig umschließenden Faden- und Bandeinlagen gestalten – übrigens ähnlich wie in Württemberg – die im Ganzen durch strenge Formgestaltung wirkenden Möbel.

Abschließend stellen Böhmen und die übrigen angrenzenden deutschsprachigen Gebiete ein unverwechselbares Charakteristikum dar: sehr häufig rückt an die Stelle des allerorts üppig verwendeten Nußbaumes die Eiche als untypisches Furnierholz. Sie bildet Rahmeneinfassungen und auch Flächendekor. Sie kann dagegen im Wechsel zum Nußholz Bandelwerk und Parketterien gestalten. Würfel und Rautenfelder setzten sich häufig aus schattiert angeordneter Eiche zusammen. Daneben finden sich ebenso oft, dunkel gewachsen, Zwetschge und Kirschbaum sowie eingefärbter Ahorn im Furnierbild jener östlichen Möbel. Neben diesem Überblick über lokal verwendete einheimische Holzarten seien noch die exotischen Edelhölzer erwähnt, die den Oberflächendekor der deutschen Hofstile erst möglich machten. Sie lassen sich auf regionale Vorlieben in der Verwendung nicht festschreiben, sondern bilden eine einheitliche, fast an allen Hofwerkstätten zur Verfügung stehende Sortenpalette, die die internationalen modischen Strömungen überhaupt erst möglich macht. Der Einfluß jener faszinierenden Holzstrukturen und die daraus resultierenden Gestaltungsmöglichkeiten der Hofstile können nicht ausreichend genug herausgestellt werden. Beliebt waren sämtliche allmählich erhältlichen Palisandersorten in allen Farbvariationen und Strukturen, wobei besonders ostindische und später südamerikanische Arten hervorzuheben sind. Auch Violettholz, als Veilchen und Amaranth bezeichnet, Königholz (rote Palisandersorten aus Südamerika), Padouk (Rotholz) und das häufig verwendete Rosenholz (eine Schwerholzsorte wie Palisander ebenfalls aus Ostindien und Südamerika stammend und nicht das Holz des Rosenstrauches) bereichern das Materialangebot an fremden Hölzern. Das Ebenholz findet im 17. Jahrhundert noch reichliche Verwendung an Kabinettmöbeln und anderen frühbarock geprägten Einrichtungsgegenständen. Im 18. Jahrhundert verschwindet es dann fast ganz aus den zur Wahl stehenden Holzarten und findet sich nur vereinzelt im Furnierdekor des bürgerlichen Möbels. Nicht alle, teils nur vereinzelt auftauchende Holzarten, können näher beschrieben werden. Dieser Überblick soll lediglich als Beitrag zum Verständnis deutscher Möbelkultur verstanden werden.

Patinabegriff und Werterhaltung durch schonende Konservierung und Pflege

Patina am Kunstobjekt

Die Geister scheiden sich bei der Beschreibung der Alterung von Metalloberflächen. Zwangsläufig ergeben sich immer wieder unterschiedliche Auffassungen über wünschenswerte Erhaltungszustände von antikem Mobilar. Die Standpunkte, die sich aus jeweiligen persönlichen Sehgewohnheiten, dem Umgang mit natürlicher Alterung, der Toleranz gegenüber einem Kunstobjekt, sowie zeitgemäßen Vorstellungen von idealer Erhaltung ergeben, beeinflussen die vom Kunstmarkt geforderte Erwartungshaltung. Diese Strömungen unterliegen den momentanen gesellschaftlich geprägten Idealen von Ästhetik und Wert. Aus dem steten Wandel ergibt sich ein ständig erneuernder Zwang nach Anpassung der Kunstobjekte an den jeweils geltenden Zeitgeschmack. Dies klingt hypothetisch und ein wenig abstrakt, ist jedoch eine durch zahlreiche Restaurierungsgeschichten von Kunstobjekten belegte Beobachtung, mit deren Hilfe sich sogar untersuchte Überarbeitungen zeitlich einordnen lassen.

oben und rechts: Beispiele von Lackschäden durch Blasenbildung bzw. Mikrokrakeli, Spannungskrakeli im Streiflicht.

Jede Epoche hat ihre eigene unverkennbare Handschrift in Bezug auf Zeitgeschmack und Ästhetik. In gleicher Weise fallen auch restauratorische Maßnahmen aus. Damit einhergehen die jeweiligen Materialmoden und die bei Restaurierungen verwendeten Stoffe, die sich immer wieder am Neuesten orientierend, variantenreiche Restaurierungsergebnisse bringen. Beliebt ist auch immer wieder die jeweils gültige Vorstellung der Menschen vom Originalzustand, in dem sich ein Objekt wohl befunden haben mag, über das es eine Entscheidung in Bezug auf Überbearbeitung, Reparatur oder Restaurierung zu treffen gilt. Besonders gern wird versucht, jenen vermeintlichen Urzustand herbeizuführen. Unterfangen, die in den wenigsten Fällen gelingen können, da zu viele Komponenten spekulativ sind oder die entsprechenden Untersuchungsmittel für solche Bestimmungen gar nicht zur Verfügung stehen. Selbst die an manchen Museen gut ausgerüsteten Werkstätten und angegliederten Labors vermitteln nur selten Ergebnisse, die diese komplizierten Fragen lösen. Landläufig wird deshalb so entschieden, wie man sich subjektiv einen Original-Idealzustand wünscht oder gerne vorstellen möchte. Er müßte dabei in das persönliche Bild von Gepflegtheit und Geschmack passen. Alle Beweggründe, die von Wunschvorstellungen und persönlichen Idealen herrühren, mögen ihre Berechtigung im Umgang mit alten Kunstobjekten haben. Schließlich ist viel Geld im Spiel und die Menschen leben sehr oft mit ihnen in engem Kontakt.

Nicht zu vergleichen mit einer Museumssituation. Eine Tatsache muß gleich als Ermahnung oder vielleicht auch nur als Erinnerung verdeutlicht werden: Dem Kunstobjekt, dem gealterten Gegenstand, der Vergangenes wiederspiegelt, werden die meisten Denkansätze und Ansprüche niemals gerecht. Es sind lediglich zahlreiche Interpretationen und individuelle Auffassungen, die eine Entfremdung von der letztlich einzig richtigen Forderung herbeiführen. Man muß heutzutage akzeptieren lernen, daß

Alterung und damit verbundene Schäden hingenommen werden müssen. Nur dies macht einen abgelaufenen Zeitraum ablesbar und so, neben dem optischen Erscheinungsbild, die lebendige Information des zeitlichen Verlaufs erlebbar.

Dieser Inhalt muß als Patinabegriff verstanden werden, als Einblick in die Geschichte des Objektes, als Faktor, der das Kunstobjekt als einzigartiges Werk herausstellt und deshalb auch Beständigkeit und Wert entscheidend mitbestimmt. Die Uniformierung durch den Zeitgeschmack, worüber heute in exklusiver Form Kunstmessen ein erschreckendes Zeugnis ablegen, vernichtet überdauerte Werte. Beweis ist hierfür, daß Kunsthändler mit Vorliebe unberührte Objekte zu hohen Preisen ankaufen, da solche Objekte keine Zweifel über ihre Authentizität aufwerfen und natürlich als sichere Bank gelten. Nur leider geschieht danach meistens dasselbe Unglück mit solchen Objekten, da anscheinend, wie häufig argumentiert, die »stumpfe Masse« der kaufenden Kundschaft nach wie vor diese Verirrungen fordert.

So einfach kann es wohl aber nicht sein. Einige wenige im Kunsthandel engagierte Einzelkämpfer belegen die Tatsache, daß mit Sachkenntnis und sorgfältigem Umgang Interesse und Wertschätzung an Kunstobjekten mit erhaltener Patina geweckt werden können. Nicht selten erzielen jene Objekte in authentischem Zustand oder Erhaltungsgrade, die als solche interpretiert werden können, beachtliche Preise. Besonders öffentliche Sammlungen oder Privatsammler legen mehr und mehr Wert auf entsprechende Objekte.

Damit läßt sich mit absoluter Sicherheit prognostizieren, daß proportional zur anhaltenden Vernichtung von überdauerter Patina, ihre Kostbarkeit und damit ihr realer Wert zunehmen wird. Es würde nicht verwundern, wenn in absehbarer Zeit die seltene Fähigkeit von entsprechend ausgebildeten Restauratoren, den Patinaeffekt künstlich herbeiführen zu können, das zukünftige Brot jener Zunft darstellen wird. Schon heute stellt die Reduzierung von »Restaurierungsorgien« oder die vermeintliche Rückführung in jenen beschriebenen Urzustand einen beträchtlichen Teil des allgemein vergebenen Auftragsvolumens dar. Bald schon wird die mechanische Bearbeitung zu Tode geschliffener Furnieroberflächen, die Nachgravur und das Nachbrennen von entsprechend dekorierten Marketeriedetails (oft heute schon), sowie das Dazuretuschieren von Unregelmäßigkeiten, »Fliegenschissen« und gewolkten Fleckenmustern sowie die poröse unregelmäßige, ausgeriebene Wachspolitur zum Arbeitsumfang erteilter Aufträge gehören.

Damit versteht sich Patina als Summe der jeweiligen ineinander verzahnten Alterung von Einzelmaterialien, die letztlich ihr Bild ergeben. Dies sind nicht nur die Altersspuren an den Holzoberflächen, sondern ebenso die veränderte Farbigkeit der Hölzer, die der Färbestoffe und Überzüge, sowie ihre Beschädigungen, die durch Gebrauch abgenutzten konstruktiven und technischen Elemente, durch Trockenheit oder Feuchtigkeit verursachter Schwund oder Quellschäden, ja selbst verändernde Eingriffe, bis hin zu massiven Beschädigungen durch unsachgemäß ausgeführte Restaurierungen. Nicht zuletzt gehören auch sämtliche, an einem Objekt ausgeführten Pflegemaßnahmen, ebenso eine »Pflegegeschichte« mit zu jener alles umfassenden Aussage über ein gealtertes Objekt. Zahlreiche Faktoren einer gegenwärtigen Form der Erhaltung liegen bereits in der Herstellung begründet. Es gibt Arbeitsschritte, die, je nach Qualität ihrer Ausführung, Folgereaktionen am Objekt zwangsläufig ergeben oder hervorrufen, deren alleinige Durchführung schon, abgesehen von ihrer fachgerechten Verwirklichung, dies als Folge hat. Auch diese, in der Natur des Handwerks begründeten Konsequenzen sind real am augenblicklichen Gesamtzustand beteiligt. Dadurch sind es nicht nur die gewünschten Erhaltungen, die unter Patina zu verstehen sind, derartige ideale Zustände, die den zeitlichen Hergang einfach konsumierbar machen, sondern genauso sämtliche Verirrungen, Fehlinterpretationen oder ungünstige Aufbewahrungsstätten, die sämtliche unbeliebten Folgen mit einschließen.

oben und rechts: Quell- und Hitzeschäden an Lackoberflächen im Streiflicht.

Man könnte Patina daher in zwei Bereiche teilen: den wünschenswerten, erfreulichen und den unerwünschten, dessen Makel Aussage und Charakter des Objektes verzerren. Wo sind hierbei die Grenzen zu ziehen? Was kann akzeptiert werden und wo sollte korrigierend eingegriffen werden, um ein vermeintlich besseres Ergebnis zu erzielen? Geholfen wäre dem Verständnis für Patina zuerst dadurch, wenn man dazu übergehen könnte, Entscheidungen im Sinne des Objektes zu überdenken. Wenn man einen Zustand mit Sinn für ablesbare Altersspuren und anderen aussagekräftigen, durch Alterung und Pflege hervorgerufenen Veränderungen beobachten würde. Alle Subjektivität sei dabei gestattet, solange nur ein gewisses Maß an Ehrfurcht und Bereitschaft zu kritischem Überdenken vor allzu schnell gefaßten Entscheidungen dem Objekt entgegengebracht wird, solange Toleranz vorhanden und die Erkenntnis möglich ist, daß nicht der augenblickliche Mensch die Hauptperson ist, sondern daß jeder nur ein verhältnismäßig unwichtiger Faktor im Verlauf eines über viele Generationen hinweg erhaltenen Kunstgegenstandes sei.

Dies alles gilt es zu berücksichtigen, wenn heute Entscheidungen über restauratorische Eingriffe getroffen werden. Und dabei sind selbstverständlich alle Bereiche eines Objektes mit einzubeziehen. Niemals dürfen der Ausbildungsstand des Restaurators oder seine besonders hervorzuhebenden Fähigkeiten das Kriterium für den Umgang mit Patina sein. Es muß gefordert werden dürfen, daß nicht nur »sagenhafte« tischlerische Fähigkeiten oder konservatorisches Halbwissen bewiesen werden, sondern daß genauso sehr einer alten Papierauskleidung, einem zu regenerierendem Lackkraquel oder einer komplizierten Reinigungssituation an unwichtigen Rückwandpartien, sowie empfindlichen Lacken und Überzügen gerecht zu werden versucht wird. Jedes fachliche Detail, jede spezielle Situation sollte mit gleicher, sachlicher Distanz und Objektivität angegangen werden. Der Erhalt von Patina geschieht nicht lediglich über die auszuführende Hand in der mystisch erleuchteten Werkstatt mit geheimen Essenzen und Mixturen, er geschieht zuvorderst in den Köpfen der Menschen.

Klimakunde

Für den Erhalt antiken Mobiliars sind die klimatischen Bedingungen wichtig, unter denen es aufbewahrt wird. Da Möbel hauptsächlich aus Holz gearbeitet sind, unterliegen sie den Gesetzen, die dieses Material vorgibt. Natürlich gewachsen und in seiner Struktur völlig inhomogen, hat Holz neben seinen rein statisch-physikalischen Eigenschaften die Besonderheit, in hohem Maße von den umgebenden klimatischen Bedingungen abhängig zu sein. Es ist in der Lage, in nahezu unveränderter Dynamik Wasser aufzunehmen oder abzugeben. Es gelten für diesen Vorgang die Umstände des Dampfdruckes, dessen Gefälle nach der einen oder anderen Richtung eine angleichende Feuchtigkeitssättigung des darin aufbewahrten Holzmaterials oder umgekehrt sein Abgeben von Feuchtigkeit an das weniger gesättigte Umgebungsklima vorgibt. Dadurch stellt sich das Holzmaterial stets entsprechend seiner losen gebundenen Wassermenge auf den momentan herrschenden Dampfpartialdruck ein. Solange es sein Trocknungsgefälle durch Abgabe lose gebundenen Wassers der Umgebungsfeuchtigkeit anpassen kann, ist die Gefahr einer Schädigung der Holzstruktur nicht gegeben. Erst wenn die zweite Trocknungsstufe erreicht wird, und zwar die Abgabe des in den Zellen fest gebundenen Wassers, setzt der schädigende Holzschwund ein. Verarbeitetes Holz ist in der Regel auf ein gefordertes Maß heruntergetrocknet, was auch bei der Herstellung alter Möbel bereits geschehen ist. Jedoch galten in der Vergangenheit weitaus andere Rahmenbedingungen für den geforderten Trocknungsgrad des Möbelholzes. Genau hier liegt die Problematik, mit der man sich bei der Aufbewahrung historischer Holzobjekte auseinandersetzen muß.

Die klimatischen Raumbedingungen in der Vergangenheit unterscheiden sich wesentlich von den heutigen. Schon häufig durch weniger ausgleichende Bauweisen, besonders aber durch intensivere Heizmethoden entstehen im bewohnten Bereich Klimaverhältnisse, die unweigerlich zu einer Schädigung alter Holzstrukturen führen, die auf ein höheres Feuchtigkeitsniveau eingestellt sind. Fälschlicherweise wird häufig angenommen, Temperaturschwankungen würden Holz beziehungsweise Trocknungsschäden verursachen. Diese hängen jedoch entscheidend mit dem Raumklima zusammen. Entscheidend ist immer das Maß der relativen Luftfeuchtigkeit. Diese steht und fällt natürlich mit der Raumtemperatur, da die Luft auf unterschiedlichem Energieniveau auch unterschiedliche Wassermengen bindet. Es ist ohne weiteres möglich, Holzobjekte beliebigen Temperaturen auszusetzen, solange der Feuchtigkeitsgehalt der Luft konstant gehalten wird. Der ideale Bereich liegt zwischen 45 und 55 Prozent. Kann diese Linie nicht einigermaßen eingehalten werden, stellen sich über kurz oder lang unweigerlich die befürchteten Schwundschäden ein. Die Unterschiede im Außenklima wirken sich im Winter durch hohe Trockenheit und im Sommer durch hohe Feuchtigkeit aus. Hinzu kommen während der Übergangszeiten starke Schwankungen, die bei schlechter Isolierung gegen außen oder durch allzu häufiges abruptes

Lüften während der Wintermonate innerhalb kürzerer Zeit teils gravierende Schadensbilder hervorrufen können. Hierbei sind eine Reihe von Auswirkungen zu nennen: In erster Linie wirkt sich die beschriebene Situation auf die Veränderung der Holzstruktur an sich aus, die sich auf die jeweiligen Verhältnisse durch Quellen oder Schwinden einstellt. Durch diese manchmal beachtlichen Bewegungen können Strukturverschiebungen innerhalb der einzelnen Materialgefüge entstehen. Sie können in den Übergängen nicht absorbiert werden und führen zu Rissen, Ablösungen und Brüchen. Aber nicht nur diese mechanischen Veränderungen prägen das Schadensbild. Hinzu kommen Veränderungen der Einzelmaterialien durch ihre unterschiedliche Reaktion auf den sich stets ändernden Feuchtigkeitsgehalt der Luft.

Um annähernd Idealwerte der relativen Luftfeuchtigkeit konstant über das Jahr hinweg halten zu können, benötigt man in diesem Fall die Unterstützung künstlicher Luftbefeuchtung. Dies ist mit einem mobilen Gerät ohne allzu großen Aufwand möglich. Bei moderner Heizanlage ist es eigentlich unmöglich, auf andere Art und Weise solch günstige Bedingungen zu schaffen. Deshalb ergeben Feuchtigkeitsmessungen während der Heizperiode meist Werte zwischen 20 und 30 Prozent.

Holz kann bei einem Gefälle der relativen Luftfeuchtigkeit von 55 nach 20 Prozent bis zu 10 Prozentpunkten quer zur Faserrichtung und bis zu fünf radial (d. h. in Richtung vom Stammkern zur Rinde) schwinden. Selbst ausgeklügelte Konstruktionen zur Minderung von Schwundschäden und Verhinderung des Verwerfens können das Möbel vor einer umfassenden Schädigung nicht bewahren.

Außer der künstlichen Befeuchtung können zusätzliche Präventivmaßnahmen getroffen werden: kein Überheizen der Aufbewahrungsräume. Man erzielt so keinen hohen Feuchtigkeitsentzug. Verdampferschalen tragen ebenso wie Pflanzen zu einer besseren Befeuchtung bei. Möbel sollten niemals in die Nähe von Öfen und Heizkörpern gestellt werden. Außerdem kann übermäßiges Lüften das Raumklima zusätzlich belasten. In jedem Fall entsteht durch Lüften ein regelrechter Klimakollaps, der oft zu unmittelbar entstehenden Schäden führen kann. Beachtet man so gut wie irgend möglich diese Gegebenheiten, sind die Voraussetzungen für den Erhalt von altem Mobiliar wesentlich verbessert.

Original und Kopie

Eine der wohl wichtigsten inhaltlichen Fragen, die man sich bei der Lektüre von Fachliteratur für den Umgang mit antikem Mobiliar stellt, dürfte in den überprüfbaren Unterscheidungsmerkmalen zwischen Original und Fälschung bzw. Kopie liegen. Gerade diese Informationen erscheinen besonders wichtig. Hierzu wurden in der Vergangenheit zahlreiche Versuche in verschiedenen Publikationen gemacht. Antworten konnten aber stets nur durch Kategorisieren von Sachverhalten gegeben werden. Ebenso im Anführen von unzweifelhaften Indizien und Sachverhalten. Es zeigt jedoch der Umgang mit der Fülle von unterschiedlichen Akzenten in den einzelnen Objekten, deren Abstammung in vielerlei Begründungen zu finden ist, daß keine allgemein gültigen Inhalte hierfür zu gebrauchen sind. Sie sind lediglich über Texte mitteilbar.

Die verschiedenartigen spezifischen Eigenarten sind zu unterschiedlich. Allein die denkbaren Möglichkeiten machen verwertbare Aussagen nahezu unmöglich. Veränderter Gebrauch eines Originals; veränderte ästhetische Erwartungen an ein Original; die damit verbundene Aufwertung durch zusätzliche Furnierungen, Marketerien u. a.; Umbauten, Reduzierungen (aus einer Kommode zwei Pfeilerkommoden mit nahezu kompletter Originalsubstanz); umfangreiche Restaurierungen (bei sehr frühen Objekten auch tolerierbar im Sinne eines Originals); antike Stilmöbel als Kopien einer vorangegangenen Epoche mit schwierig einordenbarer Alterung. Zahlreiche andere Variationen lassen es nicht zu, eindeutige Grenzen zu ziehen. Ohne ausgiebige Diskussion an einem strittigen Objekt ist selbst unter Fachleuten ein Aufklären der Fakten unmöglich. Deshalb ist es leider nicht möglich, unzweifelhafte Indizien zu nennen. Die einzige Faustregel, die hier mit auf den Weg gegeben werden kann, liegt im Abwägen der ablesbaren Fakten sowohl pro als auch contra des zu erörtenden Sachverhaltes. Nach meiner Erfahrung entstehen dabei nie heikle Balancen. Stets ergibt sich bei gründlicher Überprüfung eine weitgehend eindeutige Situation. Man sollte nicht den Fehler machen, sich auf Gefühle zu verlassen und in ihrem Sinne nach Bestätigungen zu suchen. Gerade bei sachlicher Distanz, bei der nüchtern jedes Detail ausgewertet wird, finden sich im Nachhinein jene Intuitionen oft bestätigt. Ohne allerdings einen Fachmann zu hören, der bei der Anschaffung von kostbaren Gegenständen zur Seite steht, der auch in der Rolle des seriösen Verkäufers sein darf, halte ich große Anschaffungen für riskant. Wichtig ist auch die gezielte Fragestellung, aus der man Kompetenz und Unabhängigkeit heraushören kann. Wichtig ist die Möglichkeit, Zeit für eine Entscheidung zu bekommen. Verkäufe, die sehr rasch geschehen sollen, sind nur unter Fachleuten üblich. Wichtig sind Angaben über Art und Umfang einer vorangegangenen Restaurierung, in der häufig augenfällige Spuren verwischt werden können. Ein hilfreicher Aspekt sind vorhandene Patina, Alters- und Gebrauchsspuren. Qualität und Originalität verträgt dies. Aber darüberhinaus können keine verläßlichen, gültigen Ratschläge erteilt werden, die es möglich machen, Unterscheidungen zwischen originalen und zu einem späteren Zeitpunkt gefälschten und nachempfundenen Möbeln zu treffen. Selbst im Angebot des Handels auch bei seriösen Adressen finden sich Möbelstücke, die unwissentlich keine Originale sind. Auch die Depots der Museen, oder gar manches ausgestellte Stück würde einer kritischen, mit wissenschaftlichen Methoden durchgeführten Untersuchung nicht standhalten.

Abschließend sei noch der Gedanke erlaubt, ob eine tatsächlich hervorragend gearbeitete Kopie, deren Ermittlung auf Grund entsprechend einfühlsamer Ausführung oder bereits durch Alterung nicht mehr eindeutig möglich ist, vielleicht eher als authentisches Stück verstanden werden darf. Ein solches Möbelstück, das aus diesen Gründen in die Tiefen der

Originalität abtaucht und eigentlich durch keinen noch so intimen Kenner der Materie jemals wieder bloßgestellt werden kann, wird für alle Zeiten als echt behandelt. Kein unangenehmer Gedanke, schließlich bereichert es die begrenzte Anzahl der erhaltenen Ware, ermöglicht das eine oder andere Geschäft und erfreut schließlich einen privaten Interessenten oder gar eine öffentliche Sammlung. Keinem widerfährt ein realer Schaden, da selbst im Falle einer Wiederveräußerung durchaus mit einer angemessenen Bewertung gerechnet werden darf.

Die dargelegten Schwierigkeiten im Umgang mit der Problematik mögen in gewissem Maß erschreckend sein. Sie bringen jedoch keinen anderen Sachverhalt zum Ausdruck, wie er in jeder anderen Branche unter anderen Gesichtspunkten ebenso gut herrschen dürfte. Es ist das menschliche Unvermögen, tatsächlich sachlich und ohne Verquickung von persönlichen Interessen und Wunschvorstellungen, mit überlieferten Kunstformen umzugeben. Der Markt ist offen, jeder kann darin mitmischen, ungeachtet seiner Ausbildung und Fähigkeiten. Selbst die erworbenen Erfahrungen werden in die passende Richtung gelenkt und aus dem einen oder anderen Objekt wird gerade das gemacht, was man gerne wünscht. Die Tatsachen sind eindeutig Faktoren, die dieses Gefüge mitprägen. Die profunde, fachkundige Beratung und die Möglichkeit, bleibende Ansprechpartner zu haben, gehören ebenso zur Beurteilung von antikem Mobiliar, wie es persönliche Sachkunde und die Fähigkeit zu beobachten und untersuchen sein sollten.

Technische Fachbegriffe

Absperren	Aufdoppelung einer quer verlaufenden Holz- oder Furnierschicht, um ein Verwerfen oder Reißen der sichtbaren Holzpartien zu verhindern
Alabaster	Kristalliner Gips
Anobien	Überbegriff für verschiedene Holzschädlinge, die als Käfer und Larven für beachtliche Fraßschäden in der Holzstruktur verantwortlich sind: Totenuhr, Klopfkäfer und bunter Klopfkäfer
Aufdoppelung	Plan aufgebrachte (aufgeleimte) zusätzliche Holzlage
Befeuchtung	Künstliche Feuchtigkeitszufuhr für das Klima in Räumen mit entsprechend aufzubewahrenden Kunstgegenständen
Blattgold	Auf eine Stärke von 1/8000 mm ausgeschlagenes Metallgold
Blindholz	Äußerlich nicht sichtbares Trägerholz für Furniere oder andere Dekorationsformen (Konstruktionsholz)
Bolus (Poliment)	Feine Tonsorten als Golduntergrund
Craquelé	Netzwerk von feinen Spannungssprüngen in Lackmaterialien
Falz	Rechteckiger Kanteneinschnitt in Längsrichtung
Farbhölzer	Meist exotische Holzsorten mit starker Farbigkeit oder färbenden Wirkungen aus Farbholzsud
Farblacke	Farbig eingefärbte Lacke, die in Lasurtechnik flächig einfärbend wirken
Fassung	Siehe Materialerklärungen
Feder	Konstruktionsteil für Längsverbindungen als Gegenstück zur Nut
Füllung	Flächiges, brettverleimtes Konstruktionsteil, das in Falz oder Nut eines Rahmens beweglich geführt ist, um Schwund- oder Rißschäden zu verhindern
Gehrung	Stoßfläche zweier Konstruktionselemente im Winkel zwischen 1–89°
Goldener Schnitt	Kriterium für die Bestimmung von Proportionen; Zwei Längen verhalten sich im Verhältnis a : b wie b : (a+b) zueinander
Grat	Konstruktionsverbindung von Brettflächen: längliche Vertiefung meist quer zur Faser mit trapezförmigem, zur Brettoberfläche hin sich schließendem Querschnitt, auch als einseitiger Grat gearbeitet: eine Querschnittseite verläuft im rechten Winkel
Gravur	Kerblinie in Oberflächen durch Spanabnahme (im Gegensatz zu Ziselierung)
Holzfeuchtigkeit	Innerhalb der Holzstruktur eingebundene Wassermenge
Holznagel	Konisches Stiftchen zur Sicherung von Holzverbindungen (Dübel)
Hirnholz	(Stirnholz) quer zur Faserrichtung geschnittenes Holz
Jahrring	Wuchskante des Holzes innerhalb eines Jahreszyklus
Keil	Sicherungsstift an Holzkonstruktionen zur Sicherung der Stabilität
Korpus	Der Möbelkörper von Kastenmöbeln
Legierung	Bei Beschlägen: Mischung verschiedener Metalle
Maserholz	Stark bewegte, wolkig gezeichnete Holzstruktur; man unterscheidet zwischen Wurzel, Halb- und Fußmaser, sowie anderen Unregelmäßigkeiten im Wuchs
Niello	Metallpaste zum Ausfüllen von Metallgravuren auch als Begriff für die gesamte Technik
Nut	Konstruktionsverbindung von Brettflächen: längliche Vertiefung meist quer zur Faser mit rechtwinkligem Querschnitt; in der Nut wird die Feder geführt.
Öllacke	In trocknenden Ölen gelöste Harze
Ölvergoldung	Mittels eines rasch trocknenden Öles (Anlegeöl) angelegtes Blattgold, das unpoliert bleibt
opak	Undurchsichtig
Patina	Siehe Kapitel über Restaurierung
Perlmutt	Technisch verarbeitete Innenschicht von Schalen verschiedener Muscheln
Pigment	Pulverisierter Farbstoff
Poliment	Siehe Bolus
Polimentvergoldung	Auf Poliment aufgelegtes Blattgold mit anschließender Politur mittels geformten Achatsteinen
Politur	Durch entsprechendes Arbeitsverfahren aufgebrachtes Lackmaterial von dichter, geschlossener Regelmäßigkeit (Glanz)
polychrom	Vielfarbig
Prismierung	Geschrägte Korpusecke
Punzen	Strukturwerkzeug für Metalle
Punzierung	Strukturhintergrund auch an Holzflächen
Pyramidenfurnier	Entsteht durch den sog. Pyramidenschnitt: an Angabelungen von Ästen oder im schrägen Winkel zur Wuchsrichtung geschnittenes Holz
Radial	(Radialschnitt beim Holz) strahlenförmig von der Mitte

Rahmenkonstruktion	Seit dem Mittelalter verwendete Konstruktionsform, bei der ein aus Kanthölzern gefertigtes Rahmengestell mit Füllungen flächig geschlossen wird
Regenerieren	In der Restaurierung: Wiederbeleben von alten Lackoberflächen
Schellack	Ausscheidungsprodukt der Lackschildläuse in Thailand, Indien und Hinterindien
Schlagleiste	Bedeckt an der Schließkante von Türen aufgedoppelt den Türspalt
Sprosse	Kantholz zur Stabilisierung offen gestalteter Konstruktionselemente
Tangential	(Tangentialschnitt beim Holz) parallele Schnittkante zur rechtwinklig zum Radius verlaufenden Berührungslinie
transluszid	Durch Lichtbrechung hervorgerufener, regenbogenfarbiger Schimmer von transparenten oder halbtransparenten Materialien
Zapfen	Bei Holzverbindungen ein- oder durchsteckbares Konstruktionsteil (oft vom Keil gesichert)
Zarge	Randeinfassung, Rahmenblende
Zinkungen	Eckverbindung von Brettflächen, bei der unterschiedliche Zinkenformen ineinandergreifen. Man unterscheidet: Fingerzinken – rechtwinklig, regelmäßige Abstände Schwalbenschwanzzinken – trapezförmig, unterschiedliche Abstände Schräge Zinken – eines der beiden Eckstücke ist geneigt Trichterzinken – beide Eckstücke sind zueinander geneigt Halb verdeckte Zinkung – nur von einer Seite sichtbare Zinkenkonstruktion verdeckte Zinkung – verdeckte Zinkenkonstruktion
Ziselierung	Kerblinie in Eintreibetechnik

Glossar

Abakus	Abdeckplatte des Kapitells
Abgesetzt	Zurückspringend, zurücktretend, unterbrochen
Akanthus	Zierblatt einer im Mittelmeerraum heimischen Blattpflanze
Agraffe	Spange, ornamentales Verbindungsstück in der Architektur
Allegorie	Sinnbildliche Darstellung abstrakter Begriffe
Ante	Wandpfeiler
Applike	Aufgesetztes Zierstück
Arabeske	Rankenornament im arabisch-maurischen Stil
Architrav	Waagerechtes Konstruktionselement als aufgelegte Verbindung von zwei Säulen
Archivolte	Rundbogenstirnteil
Arkade	Auf Säulen oder Pfeilern ruhende Bogenreihe
Atlant	Figürlicher Gebälkträger
Baldachin	Überdachung, Traghimmel
Balustersäule	Kegel- oder Vasenähnliche Drehsäule
Balustrade	Aus Balustersäulen zusammengesetztes Geländer
Basis	Säulenfuß
Bastionsfüllung	Füllungsfeld in Form von Schanzenbefestigungen
Bergère	Armlehnsessel mit umfassender, vollgepolsterter Lehne
Bordüre	Bandverzierung, Saum
Bosse	Kissenfeld; erhabenes, facettenähnliches Zierstück
Chiffonière	Pfeilerkommode mit zahlreichen übereinanderliegenden Schubkästen
Colorit	Farbgebung
Diamantquader	Facettenartig zugespitzter Quader
Docke	Baluster
Draperie	Stoffbehang
Eierstab	Leiste einer abwechselnd eiförmigen und pfeilspitzen- bzw. blattspitzenartigen Formenfolge
Emblem	Sinnbildliche Darstellung
Entasis	Schwellung (z. B. an Säulen)
Etagère	Offenes, durch Fächer geteiltes Regalmöbel
Fadeneinlage	Dünne, linienförmige Einlagenader als Intarsie oder Marketerie
Faltstern	Sternförmige, schattierend abgestufte Einlage
Feston	Schmuckornament in Girlandenform oder auch als Behang aus Blüten-, Blatt- oder Fruchtbündeln
Filetband	Diagonal gestreiftes Einlageband
Fries	Ungeschmückter oder ornamental geschmückter und horizontaler Gliederung dienender Flächenstreifen
Füllhorn	Blumen- und Fruchtgefülltes, meist gewundenes Horn als Symbol von Reichtum und Überfluß
Gesims	Meist profiliertes, horizontal verlaufendes und aus der Fläche ragendes Element zur Gliederung von Fassaden und Schauflächen
Giebel	Dachförmiger Abschluß an Möbelflächen
Girandole	Mehrarmiger Leuchter
Groteske	Phantastisches Ornament, aus Pflanzen, Tier- und Menschengestalten gebildet
Guèridon	Meist hoher, schlanker Leuchtertisch, Ständer
Halbsäule	Halb aus der Wand hervortretende Säule
Herme	Konische Pilasterstützen, meist figürlich ausgebildet
Hohlkehle	Rinnenartige Vertiefung, Rundrinne
Inkrustation	Einlage nicht verwandter Materialien, Mosaik
Intarsie	Einlegearbeit von verschiedenen Holzsorten in einen massiven Holzträger
Jardiniere	Blumentischchen, Blumenschale
Kannelierung	Flächengliederung durch senkrechte Rundrillen
Kapitell	Oberer Säulenabschluß in verschiedenen Ordnungsformen
Karnies	S-Profil, Profilabfolge von Kehle und Rundung
Kartusche	Rollenartig verzierte Umrahmung, Umrahmungsornament
Karyatide	Figürlicher Gebälkträger
Kissenfüllung	Erhabene, kissenförmig überstehende Füllung
Knauf	bekrönender Knopf oder Zapfen
Kymation	Blattwelle, Karnies
Lambris	Wandverkleidung aus Holztafeln, Brüstungstafeln

Lambrequin	Ausgeschnittene, mit Fransen und Quasten versehene Behangteile
Lisene	Flaches, senkrechtes Wand- oder Fassadenfeld ohne Säulenelemente
Lunette	Halbkreisförmige oder rundliche Bogenöffnung
Lyra	Leier, im ausgehenden 18. Jahrhundert aufkommende Zierform
Mäander	Stets »wiederkehrendes«, in sich verschlungenes Ornamentband der Antike
Marketerie	Furnierzusammenfügearbeit aus verschiedenen Holzsorten oder holzfremden Materialien als Oberflächenschmuck
Maskaron	Plastisches, maskenförmiges Schmuckelement
Maßwerk	Gotisches Ornament, Kreisbogenverschneidung
Maureske	Arabeske
Metopen	Rechteckige Friesfelder zwischen den Triglyphen
Nase	Vorsprung (z. B. beim Maßwerk)
Obelisk	Spitzsäule
Palmette	Palmwedelförmiges Blattornament
Panneau	Paneel, Füllung, Tafel
Parketterie	Dekorfeld in wiederkehrender Regelmäßigkeit von beliebiger Ordnung (Parkett)
Perlstab	Zierstab in Form von aneinandergereihten angeschnittenen Oval- oder Rundkügelchen
Pilaster	In Säulenform gegliederter Wandpfeiler von rechteckigem Querschnitt
Pfosten	Senkrechter Rund- oder Rechteckträger
Polychromie	Vielfarbigkeit
Polygon	Vieleck
Prie-de-Dieu	Betschränkchen
Profil	Im Querschnitt bewegte oder gegliederte Längsleiste
Psyche	In einer Gestellkonstruktion drehbar aufgehängter Spiegel
Quaste	Schnurbüschel, Troddel
Rapport	Wiederholung eines Musters
Relief	Aus der Fläche hervortretendes, plastisches Bildwerk
Risalit	Vorsprung, Vorbau
Rocaille	Muschelartiges Ornament, typisch für das Rokoko
Rosette	Röschen, rosenartige Verzierung als Kreisornament
Rundstab	Im Halbkreisquerschnitt vorspringendes Profil
Schanzenfüllung	Bastionsfüllung
Schlußstein	Keilstein in der Bogenmitte
Servante	Rückseitig verspiegeltes Regalmöbel für Dekorationsgegenstände
Stele	Griech. Grabstein, Zierform meist an Fassadenmöbeln oder architektonischen Schauseiten
Stilisieren	Nach den Anforderungen des Stils verändern, Vereinfachung von Naturformen und Zierelementen
Tabernakel	Altarhäuschen, Schränkchen oder Nische für das »Heiligste«
Tabouret	Sitz ohne Lehne
Tambour	Säulentrommel, zylindrisches Säulenschaftstück
Textur	Textilähnliches Gefüge
Triglyphe	Dreischlitz, kannelierte Stütze im Fries des Hauptgesimses
Verkröpfung	Profilführung um Kanten und Ecken
Vertico	Halbhoher Kredenzschrank
Volute	Spiral- oder schneckenförmig eingerolltes Zierelement
Wulst	Großer Rundstab
Zahnschnitt	Leiste oder Band, das durch würfelförmige Quader und regelmäßige Zwischenräume gegliedert ist
Zwickel	Raum zwischen Bogenecke und rechteckiger Einrahmung

Farbbildteil 73

F1

F2

F1 Braunschweiger Aufsatzkommode
mit feinem Bandelwerk-Dekor und figürlichen Elfenbeineinlagen.

F2 Halbschrank.
Schlesien (?). mit prächtigem Zinn- und Elfenbeindekor.

F3 Salontisch.
Hohenlohe. Marketeriedekorationen und florale Ausschmückung auf der Platte.

F4

F4 Stollenkabinett.
Thüringen. Mit Tabernakelgliederungen. Bodenständiger Marketerie-Dekor.

F5 Pultschreibkommode.
Werkstatt des Mathäus Funk, Bern.

F5

F6 Einer von drei **Rokoko-Eck-Aufsatzschränken.**
Thronsaal der fürstbischöflichen Residenz, Kempten. (etwa 1760)

F7 und 8 Details des **Eckaufsatzschrankes** (F6).
Marketeriefeld mit eingeriebener Zinkpaste an einer Tür. (F7). – Plastische Ausarbeitung der Schreibplatte. (F8)

Farbbildteil 79

F7

F8

80 Farbbildteil

F9

Farbbildteil 81

F9 Dielenschrank.
Süddeutsch (1730 – 1740)
Mit Wandelwerk und figürlichen Einlagen.
(Museum der Stadt Amberg)

F10 und 11 Detail
des Dielenschrankes auf der linken Seite.
(F9)

F11

F10

F12 Kommode
eines Paares. Wohl München oder Bayreuth.
Süddeutsch, etwa 1725. Boulle-Dekor in Kombination mit Amaranth und Padouk.

F13 und 14 Details süddeutscher Boulle-Marketerien
an einem Augsburger Tisch (Etwa 1715)

Farbbildteil 83

F13

F14

F15

F16

F 15, 16, 17 Frankfurter Wellenschrank.
Anfang des 18. Jahrhunderts.
Gesamtansicht und Details.

F17

F18 Tabernakelnische an einem Aufsatzkabinett.
Um 1690. Beispiel für die Kombination teilweise exotischer Materialien: Schildpatt, Schildpatt-Relief, Elfenbein, teils graviert, polichrom hinterlegtes Horn, Narwalzahn, Zinn, Polimentenvergoldung.

F 19 Säulenanordnung und Kranzprofil-Kröpfung an einer süddeutschen Standuhr von etwa 1730.

F20, F21, F22 Möbelbeschläge.
Schlüsselschilder und Zuggriffe. (Erste Hälfte bis Mitte 18. Jahrh.)

F20

F21

F22

F23, F24 Beispiele für restaurierfähige Furnieroberflächen mit gleichzeitigem Erhalt der Origiallacke und somit der authentischen Patina.

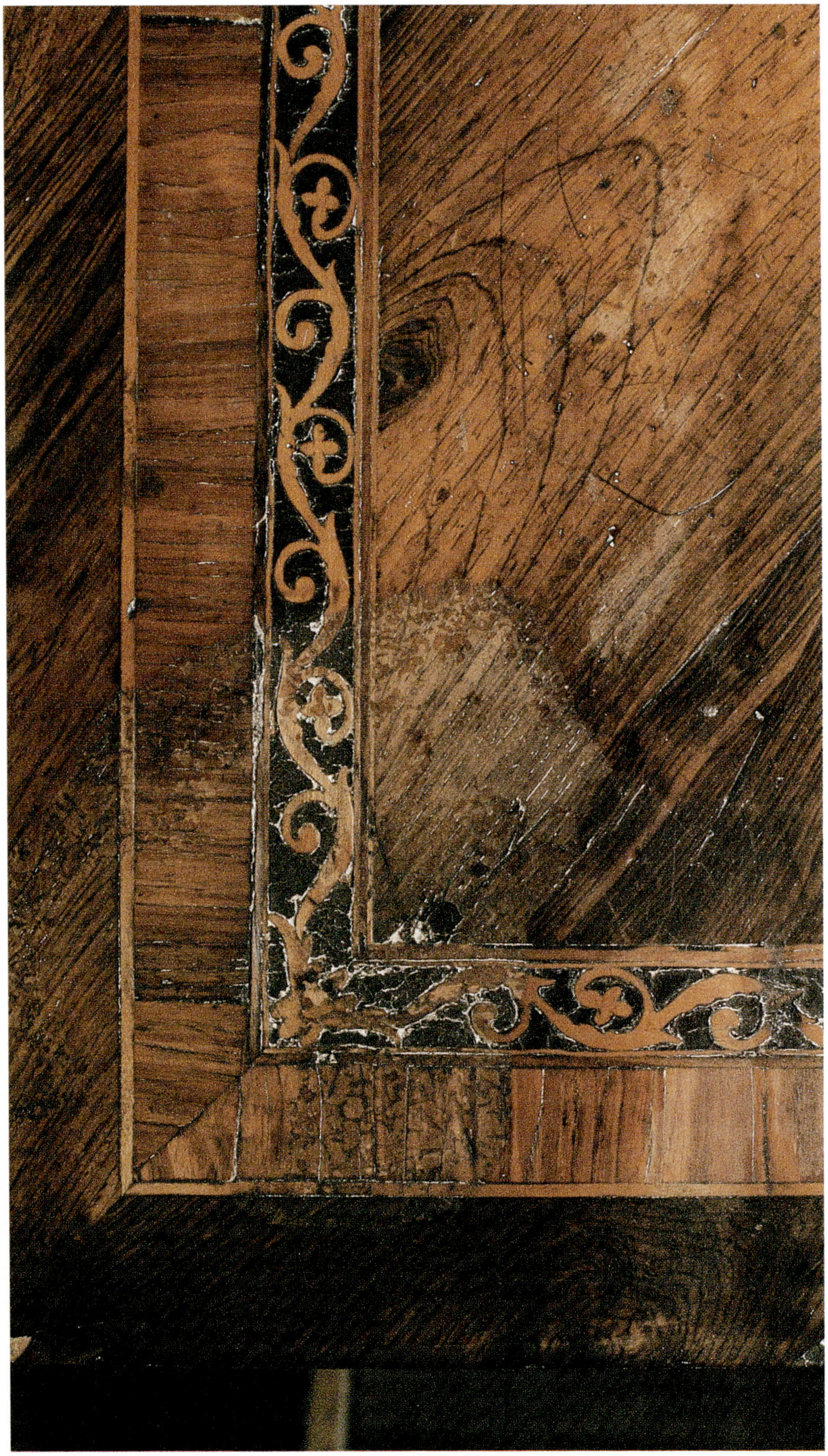

F23

F24

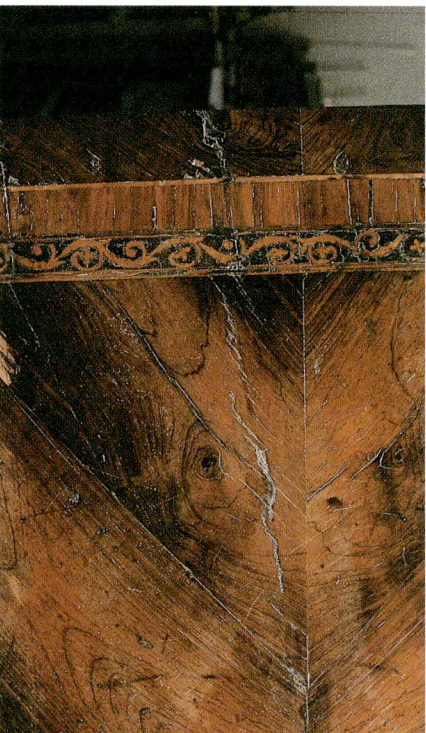

1

SCHRÄNKE

Doppelschränke, Stollenschränke, Überbauschränke, Sakristeischränke, Vitrinen als Schrankvitrinen oder Bibliotheksschränke, Halbschränke, Anrichten

In der ausgehenden Renaissance, mit der Jahrhundertwende vom 16. ins 17. Jahrhundert, vollzieht sich die Entwicklung des zweitürigen Dielenschrankes, abgeleitet vom massigen, trägen Doppelschrank.
Der Doppelschrank stellt nichts anderes als zwei übereinandergestellte Truhenmöbel dar, die vorn erschlossen werden. Nun vollzieht sich mit dem Dielenschrank der weitere Schritt zu einer einfacheren Handhabung. Der gesamte zur Verfügung stehende Stauraum wird über zwei großflächige Türen zugänglich gemacht. Gründe für diese Entwicklung mögen die fortgeschrittene Technik im Möbelbau, aber auch die geänderten Anforderungen an ein solch dimensioniertes Behältnismöbel sein. Dieser entscheidende Schritt zum ersten großdimensionierten Kastenmöbel mit ungeteiltem Korpus vollzieht sich sicherlich nicht aus formalen oder gar stilistischen Überlegungen. Die stilistische Veränderung bei der Gestaltung der Schauseiten vollzieht sich erst durch die neue Großflächigkeit der Frontalansicht. Bei frühen zweitürigen Dielenschränken zeigt sich deutlich, daß diese das Gestaltungskonzept der vorangegangenen Doppelschränke fast unverändert übernehmen. Nach wie vor weisen sie eine nicht notwendige zweigeschossige Gliederung auf.
Der neue Schranktyp unterscheidet sich technisch vom Doppelschrank durch die vertikale Zweiteilung des Korpus und erfüllt damit die ureigene Forderung nach Mobilität in anderer Form, jedoch in ausreichendem Maß. Hierfür sind konstruktive Entwicklungen notwendig, die an anderer Stelle behandelt werden. Kleider in einen Schrank zu hängen ist keine Errungenschaft des 17. Jahrhunderts. Viel früher

schon diente der durchgehend zu öffnende Schrankkasten der Aufhängung von Gewändern, wie sie im sakralen Bereich verwendet wurden. Zahlreiche Sakristeischränke der Spätgotik und Renaissance zeugen davon. Jedoch gilt für sämtliche dieser frühen großräumigen Möbel, daß sie meist fest oder zumindest fortdauernd in ein Raumgefüge eingebaut sind. Somit muß hier die Forderung nach Mobilität nicht erfüllt werden, wie dies bei bürgerlichen Einrichtungsgegenständen der Fall ist.

Desweiteren hat die geänderte Mode mit ihren voluminösen Kleidungsstücken der Barockzeit maßgeblichen Einfluß auf die Möbelentwicklung. Konnte man sich früher noch mit der gefalteten Aufbewahrung von Gewändern begnügen, hätte diese Methode bei den empfindlichen Textilien rasch zu Unansehnlichkeit geführt. Diese mußten gehängt werden, um brauchbar bleiben zu können. Formal vollzieht sich die weitere Entwicklung weg von der horizontal ausgerichteten Fassadengliederung hin zur barock durchgestalteten Front im dritten Drittel des 17. Jahrhunderts.

Die konsequente Fassadenansicht, vertikal zweigegliedert und höchstens von durchgehenden Pilaster- oder Rundsäulen flankiert, tritt zurück und weicht letztlich einem Gesamtkonzept, das sich vornehmlich der geometrisch geprägten Dekoration widmet. Mehr und mehr treten durchgehende Füllungsfelder mit Schanzen und dreidimensional wirkenden Bossen, Medaillonflächen oder aber nur schlichte Rahmenfelder an die Stelle der filigran durchgegliederten Fassaden.

In den großräumigen Dielen und Hallen der Bürgerhäuser hält dieses Möbel seinen Einzug als »Dielenschrank« und verdrängt mehr und mehr den Doppelschrank, der sich letztlich bis in die siebziger Jahre des 17. Jahrhunderts halten kann, aber schon um 1650 seltener hergestellt wird. Dies gilt jedoch lediglich für die fortgeschrittenen Zentren. In ländlich geprägten Gebieten existiert wie immer das bekannte Gefälle mit seiner stilistischen und formalen Verschleppung. Neben dem zweitürigen »Dielenschrank« existieren jedoch auf den Gesamtzeitraum von Barock und Rokoko gesehen noch eine Reihe von Sonderformen, die zusätzlich zum Schrank anderem Zweck und oft differenzierter Verwendung dienen. Hierzu zählt besonders der »Stollenschrank«, der den zweitürigen Korpus verkleinert aufweist und auf einem offen konstruiertem Unterbau als Stollengestell ruht. Daneben auch der sehr häufig auftretende Überbauschrank, der sich in verkleinerter Form und nicht mehr horizontal ausgerichtet vom Doppelschrank ableitet. Hierbei mag die französische »Tresur« Pate gestanden haben, die schon viel früher für eine andere Verwendung als der herkömmliche Doppelschrank gedacht war. Die besser gegliederten Stauräume, die verschieden dimensionierten Türfächer des Unterteils und des Überbaus, dessen abschließendes Kranzgesims vorne auf vorgestellten Säulen oder Pfeilern ruht, und die zwischen den Geschossen häufig eingearbeiteten Schubkästen lassen eine spezielle und besser ordnende Verwendung zu. Nicht zuletzt deshalb dient der Überbauschrank häufig als Geschirr- und/oder Wäscheschrank. Selten wird der Schrank »geöffnet«, das heißt verglast oder vergittert. Er wird dann als Vitrine oder Bibliotheksschrank verwendet. Diese Aufgabe übernehmen häufig die zweigeteilten Aufsatzmöbel. Durch ihr größeres Maß an Flexibilität kombinieren sie das schlichte Behältnismöbel mit der Verwendung als »Schaukästen«.

1 Hallenschrank.
Zweitüriger, prismierter Korpus auf entsprechendem Sockelgeschoß mit zwei angedeuteten Scheinschüben. Eiche, Nußbaum, Esche und Ahorn. Augsburg, Anfang 18. Jahrh.
220 x 197 x 56 cm. **30 000,–/38 000,–**

2 Hallenschrank.
Zweitürig. Sockelzone mit zwei Schubkästen. Gekehlter, geschwungener Sprenggiebel. Füllungen mit Blattwerkrelief, Blumengirlanden und Obstkorb. Eiche. Schleswig-Holstein oder Dithmarschen, Ende 18. Jahrh.
241 x 194 x 67 cm. **15 000,–/18 000,–**

3 Dielenschrank.
Zweitüriger, an den Ecken gebrochen gerundeter Korpus mit vielfach profiliert abgetrepptem Sockel. Mächtiger, durch umlaufenden Stirnwulst abgesetzter Kranz mit weit hochspringendem Profilgiebel. Kiefer. Norddeutsch, 1. Hälfte 18. Jahrh.
208 x 203 x 72 cm. **12 000,–/15 000,–**

4 Schrank.
Auf kantigen, verkröpften Füßen profilierte, gewellte Basis. Gerader, zweitüriger Korpus mit abgeschrägten Ecken. Profilierter, geschweifter, gesprengter Giebel mit Urnenvase und Appliken. Nußwurzel, Nußbaum. Lübeck, Schleswig-Holstein, Mitte 18. Jahrh.
255 x 192 x 70 cm. **22 000,–/28 000,–**

5 Dielenschrank.
Hohes Sockelgeschoß mit durchgehender Schublade. Türen nach oben rundbogig abschließend. Abgeschrägte Ecken mit aufgelegten Pilastern in Voluten eingerollt. Mit Muschelkapitell. Rechteckige Füllungen mit Blüten- und Rocaillenschnitzerei. Sprenggiebel mit Muschelkartusche. Nußholz. Schleswig-Holstein, Mitte 18. Jahrh.
287 x 220 x 80 cm. **22 000,–/28 000,–**

6 Hallenschrank.
Ähnlich wie oben. Nußholz mit Zinn- und Elfenbeineinlagen. Friesland, Anfang 18. Jahrh.
241 x 180 x 65 cm. **18 000,–/25 000,–**

7 Schrank.
Schräge Ecklisenen. Im Sockel zwei Schubkästen. Zwei gebogte Türen. Drei Pilastervorlagen. Getrepptes Gesims. Gesprengte Volutengiebel. Aufgelegte Rocaillenschnitzereien. Nußholz. Schleswig, um 1750.
243 x 210 x 82 cm. **22 000,–/28 000,–**

2

3

4

5

6

7

Schränke

8

9

10

11

12

13

8 Schrank.
Gerader zweitüriger Körper mit abgeschrägten Ecken und hochschwingendem gesprengtem Gesims. Geschwungenes, zweischübiges Sockelgeschoß. Reich eingelegter Groteskendekor mit stehendem Asklepios und Hygieia in Medaillons darüber. Nußbaum mit Elfenbeineinlagen. Norddeutsch/Bremen (?), um 1780.
240 x 220 x 76 cm. **35 000,–/45 000,–**

9 Dielenschrank.
Ähnlich wie oben. Nußholz furniert. Schleswig, um 1760.
273 x 211 x 70 cm. **18 000,–/22 000,–**

10 Schrank.
Zweischübiges, durch Postamente gegliedertes Sockelgeschoß. Allseitige, erhabene Kissenfüllungen. Front unterteilt durch vorgestellte Halbsäulen. Abschließendes, weit vorkragendes Kranzgesims. Nußbaum. Elfenbeineinlagen. Norddeutsch, 2. Hälfte 17. Jahrh.
235 x 190 x 85 cm. **12 000,–/17 000,–**

11 Hallenschrank (Schapp).
Zwei Türen zwischen Lisenen. Stark profiliertes getrepptes Gesims. Giebelschnitzerei mit bekrönter Wappenkartusche. Zweischübiger Sockel auf gekanteten Kugelfüßen. Allseitig Bastionsfüllungen. Frontal in den Zwickeln und auf den Lisenen reiche Akanthuslaubschnitzerei mit Blüten, Figuren, Löwen- und Engelsköpfen. Nußholz. Danzig, Anfang 18. Jahrh.
240 x 270 x 90 cm. **25 000,–/35 000,–**

12 Hallenschrank.
Hohes Sockelgeschoß. Zwei Türen mit hochprofilierten, spitz zulaufenden Schanzenfeldern. In den Türecken Darstellung und Elemente der Jahreszeiten. Auf Mittel- und Seitenpilaster reiche Blüten- und Akanthusschnitzereien mit Putten, darüber Kapitelle. Reich profiliertes Kranzgesims. Eiche. Danzig, Anfang 18. Jahrh.
266 x 240 x 83 cm. **22 000,–/26 000,–**

13 Hallenschrank.
Verkröpfter Sockel mit Schubkasten. Zwischen drei Pilastern mit Akanthuskapitellen und Puttenköpfen zwei reich profilierte Türen. Hohes, abgetrepptes Gesims. Nußfurnier. Danzig, Anfang 18. Jahrh.
253 x 208 x 75 cm. **25 000,–/30 000,–**

14 Schrank.
Zweischübiger Sockel. Zweitüriger Korpus mit verzierten Kassettenfüllungen. Abgetreppter profilierter Kopf, von Schnitzerei bekrönt: Adler und Wappen haltende Putten, von Ranken umgeben. Eiche. Nordostdeutsch, 18. Jahrh.
248 x 173 x 71 cm. **8 000,–/12 000,–**

15 Schrank.
Zweischübiger, prismierter Sockelkasten auf Birnenfüßen. Darüber entsprechender doppeltüriger Korpus. In den Türen durch mehrfach kurz gekröpftes Profil umfaßte Ovalfüllungen. Wuchtiger, weit ausladender Kopf mit typischem, abgeplattetem Giebel. Eiche. Nordostdeutsch, 18. Jahrh.
212 x 191 x 75 cm. **14 000,–/16 000,–**

14   15

16 Hamburger Schapp.
In der Front dreifach gegliederter Sockelkasten mit durch zwei Bastionsfüllungen angedeuteten Scheinschüben unterteiltem Vollschub. Reich geschnitzte korinthische Pilaster-Säulen. Dazwischen auf den beiden Türen vielfach profiliert abgesetzte, ovale Schanzenfüllungen mit aufgesetztem, figürlich sowie floral geschnitztem Kranz. Wuchtiger, vielfach abgetreppter und weit vorkragender Profilkranz mit mittiger Schnitzwerk-Kartusche.
Nußbaum auf Eiche. Hamburg, um 1700.
244 x 270 x 97 cm. **28 000,–/35 000,–**

16

Schränke

17

18

17 Schrank.
Zwei Türen mit profilierten Rahmungen im Bastionsstil. Front durch drei vorgestellte Rundsäulen mit korinthischen Kapitellen gegliedert. In den Füllungszwickeln florale Schnitzerei. Hoher verkröpfter und kassettierter Sockel. Entsprechend dem Sockel gegliedertes, abgesetztes Kranzgesims. Nußholz. Norddeutsch, um 1700.
225 x 220 x 85 cm.   **22 000,–/28 000,–**

18 Schrank.
Zwei Türen, flankiert von floral und figürlich geschnitzten Pilastern mit Engelskopfkapitellen. Allseitig profilierte Bastionsfüllungen. Profiliertes vorkragendes Gesims mit geschnitzter Kartusche. Zweischübiger Sockel auf gedrückten Kugelfüßen. Nußholz. Norddeutsch, um 1700.
215 x 215,5 x 85,5 cm.   **15 000,–/18 000,–**

19

20

19 Hallenschrank, sog. Schapp.
Dreifach gegliederter Sockelkasten mit Vollschub. Doppeltürige Front durch drei Pilasterlisenen unterteilt. Wuchtiger, weit vorkragender, sog. Kranz mit figural geschnitzter Stirnkatusche. Auf den Türfeldern tiefe, von Flammleisten umfaßte Schanzenfüllungen. Palisander auf Eiche. Nordd./Holland, 1. Hälfte 18. Jahrh.
201 x 201 x 82 cm.   **12 000,–/15 000,–**

20 Hallenschrank, sog. Schapp.
Sockel mit zwei Schubladen. Zweitüriger Korpus, in der Mitte und seitlich mit figürlich dekorierten Volutenkapitellen auf Flachpilastern. Beide Türen mit Bastionsfüllungen und intarsierten Sternen. Mächtiges, gerades Profilgesims mit reich geschnitzten Kartuschen. Nußbaum auf Eiche. Hamburg um 1700.
230 x 165 x 65 cm.   **16 000,–/22 000,–**

21

22

21 Schrank.
Durch geschnitzte Pilasterlisenen schauseitig gegliederter, flächiger Korpus auf umlaufendem Sockelprofil. Vorkragend abgetrepptes Kranzgesims. Nußholz. Norddeutsch, um 1700.
221 x 208 x 76 cm.   **8 000,–/10 000,–**

22 Schapp.
Flacher, zweischübiger Sockelkasten mit dreiseitig applizierten Kissenfeldern. Entsprechend dem Sockel gestalteter, doppeltüriger Korpus mit ebensolcher Frontgliederung und weit vorstehenden Bossen auf den Rahmentüren und den ebenso gearbeiteten Seiten. Die Bossen und der Stirnfries sind mit floraler Blattwerkschnitzerei besetzt. Mächtiger, karniesartig gegliederter, weit

vorkragender Kranz. Palisander auf Eiche.
Friesland, 17. Jahrh.
205 x 198 x 78 cm. **12 000,–/15 000,–**

23 Dielenschrank.
Ähnlich wie oben. Eiche, Nußbaum, Palisander. Niederrhein. 17. Jahrh.
215 x 216 x 86 cm. **12 000,–/15 000,–**

24 Schrank.
Dreifach gekröpfter, durch entsprechendes Simsprofil abgesetzter Sockel. Doppeltüriger Kastenkörper, flankiert von Pilasterlisenen und gleicher Schlagleiste. Mächtige, von Flammleisten umfaßte Kissenfüllungen in den Türen. Überkragender, mehrfach profilierter und passiger Kopf. Nußbaum.
Norddeutsch, 1. Hälfte 18. Jahrh.
205 x 206 x 77 cm. **16 000,–/20 000,–**

23

24

25 Schrank.
Ähnlich wie oben. Erhabene, kassettenförmige Bossengliederung. Nußholz massiv.
Niederrheinisch, 17. Jahrh.
192 x 218 x 90 cm. **12 000,–/18 000,–**

25

Schränke

26

27

26 Fassadenschrank.
Eingeschossiger, zweitüriger Kasten auf hohem Sockel. Drei Pilaster auf Maskarons fassen die Türen ein. Reiche Architekturgliederung mit Rundbogennischen. Reich gegliedertes Gesims mit geflügelten Engeln. Datierung »1672«. Nußbaum. Norddeutsch, 17. Jahrh.
242 x 216 x 74 cm. **18 000,–/22 000,–**

27 Fassadenschrank.
Gestrecktes, zweischübiges Sockelgeschoss. Doppeltüriger, fassadenförmig gegliederter Korpus mit hohen Fensternischenfeldern entsprechend den Lisenen begrenzt von Halbsäulen. Architravartig abgesetztes Gesims und flach vorkragendes Kranzprofil. Nußholz, Ahorn, Eiche, Esche. Norddeutsch, 17. Jahrh.
204,5 x 195 x 59 cm. **15 000,–/20 000,–**

28 Dielenschrank.
Frontal gebrochen geschnitzter Postamentsockel. Zweitüriger Korpus mit erhabenen Kissenfüllungen und begrenzenden, gestreckten Spiralsäulen. Abgesetzte Stirnwulst und flach vorkragendes Kranzprofil. Nußholz. Norddeutsch, Ende 17. Jahrh.
229 x 219 x 77 cm. **20 000,–/25 000,–**

Schränke

29 Schrank.
Profilierter Sockel. Zwischen drei Säulen mit Akanthuskapitellen zwei Türen mit erhabenen profilierten Füllungen. Nußbaum. Norddeutsch, 2. Hälfte 17. Jahrh.
219 x 192 x 71 cm. **10 000,–/13 000,–**

30 Schrank.
Zweischübiger, in der Front dreifach gegliederter Sockelkasten. Doppeltüriger Korpus, entsprechend dem Sockel durch reliefgeschnitzte Pilastersäulen gegliedert. Stilisierte korinthische Kapitelle. Abschließender Kopf mit umlaufendem, passig gekröpftem Blattwerkkranz. Die Türen mit gestreckten, profilumfaßten Schildfüllungen. Nußbaum, Eiche, Ahorn und Apfel. Norddeutsch/Niedersachsen, 2. Hälfte 17. Jahrh.
218 x 174 x 56 cm. **12 000,–/15 000,–**

31 Dielenschrank.
Durch Blattrosetten dreifach gegliederter Sockelkasten. Darüber entsprechend drei Pilasterlisenen mit floralem Flachrelief. Vielfach profilierte und reich gekröpfte Schanzenfüllungen verzieren die Rahmentüren. Bekrönender, gekehlt vorspringender und entsprechend der Frontgliederung gekröpfter Kranz. Eiche. Niedersachsen, 1. Hälfte 18. Jahrh.
211 x 195 x 76 cm. **10 000,–/15 000,–**

32 Schrank.
Sockel auf fünf gedrückten und profilierten Kugelfüßen. Zwei Türen mit deutlich abgesetzten Schanzenfüllungen, flankiert von pfeilförmig auslaufenden Lisenenfüllungen. Weit ausladendes, abgesetztes und gewelltes Gesims. Eiche. Deutsch, um 1730.
227 x 243 x 53 cm. **14 000,–/18 000,–**

33 Schrank.
Hoher Sockel mit zwei Schubkästen. Zwei flächige Rahmentüren mit figuralen Szenen. Abgetrepptes Gesims. Weichholz. Norddeutsch, 18. Jahrh.
210 x 200 x 68,5 cm. **7 000,–/10 000,–**

34 Schrank.
Sockel mit kaschierten Schubkästen. Zwei Türen. Pilastervorlagen mit korinthischen Kapitellen. Sog. getrepptes Gesims. Allseitig Füllungen. Eiche. Norddeutsch, Anfang 18. Jahrh.
216 x 205 x 78 cm. **18 000,–/20 000,–**

29

30

31

32

33

34

35

36

37

38

39

40

35 Schrank.
Sockelgeschoß mit zwei nebeneinanderliegenden Schüben. Eingelegte Faltblumen. Zweitüriger Korpus mit neben der abgesetzten Prismierung verlaufenden Blumenrankenreliefs. Weit vorkragendes, mehrfach profiliertes und gekröpftes Gesims. Eiche, Kirschbaum, Mooreiche und Ahorn. Westfalen, Ende 18. Jahrh.
189 x 205 x 76 cm. **10 000,–/14 000,–**

36 Schrank.
Zwei Türen. Abgeschrägte profilierte Ecken. Profiliertes verkröpftes Gesims. Türfüllungen mit Rocaillenschnitzerei. Eiche. Westd./Moselgebiet (?), 18. Jahrh.
190 x 202 x 72 cm. **10 000,–/15 000,–**

37 Schrank.
Zweitüriger gerader Korpus mit sechs rechteckigen Füllungen und Blattschnitzereien. Abgeschrägte Ecken. Architrav mit zwei großen plastischen Blattvoluten. Profiliertes, nach unten geschwungenes Gesims. Eiche. Aachen, 1. Hälfte 18. Jahrh.
204 x 155 x 46 cm. **18 000,–/25 000,–**

38 Schrank.
Breiter Sockel, drei Schubfächer. Zweitürig. Diagonales Netzwerkrelief mit Rosettenfüllung. Vorkragendes Profilgesims. Reiches Schnitzwerk. Eiche. Aachen, 2. Hälfte 18. Jahrh.
248 x 193 x 76 cm. **16 000,–/20 000,–**

39 Schrank.
Rahmenförmig profilierter Korpus in Kassettenbauweise. Dekorierend geschnitzte, flächige Rahmentüren. Entsprechend dem Sockel vielfach profiliert vorkragendes Kranzgesims. Eiche. Westdeutsch, 18. Jahrh.
225 x 218 x 75 cm. **15 000,–/18 000,–**

40 Schrank.
Zweitüriger gerader Korpus mit Füllungen auf kantigen profilierten Füßen. Rocaillen- und Rosettenschnitzereien. Abgeschrägte Ecken. Gerades, profiliertes, verkröpftes Gesims. Eiche. Aachen, 2. Hälfte 18. Jahrh.
216 x 168 x 72 cm. **8 000,–/10 000,–**

Schränke 99

41 Schrank.
Zwei Türen, oben geschweift, mit profilierter Rahmung. Abgeschrägte Ecken mit vorgelegten geschnitzten Pilastern. Gekehltes, verkröpftes und geschwungenes Gesims mit Rocaillenschnitzerei. Eiche. Aachen, 18. Jahrh.
250 x 164 x 64 cm. **10 000,–/14 000,–**

42 Schrank.
Profilierter Sockel mit zweitürigem geradem Korpus. Auf den Türen Füllungen mit Rocaillenschnitzereien. Profilierter geschwungener Giebel. In der Mitte geschnitzte Blume und Kartusche. Eiche. Aachen, Mitte 18. Jahrh.
271 x 215 x 67 cm. **15 000,–/20 000,–**

43 Schrank.
Ähnlich wie oben. Eiche. Westdeutsch, Mitte 18. Jahrh.
238 x 160 x 55 cm. **12 000,–/15 000,–**

41

42

43

Schränke

44

45

46

48

47

49

44 Dielenschrank.
Hohes, durch Kassettenfelder gegliedertes Sockelgeschoss. Wellenförmig umfaßte Rahmentüren, begrenzt von Pilasterlisenen. Abgesetztes, profiliert vorkragendes Kranzgesims. Nußholz. Norddeutsch, 18. Jahrh.
214 x 196 x 72 cm.   **18 000,–/22 000,–**

45 Dielenschrank.
Profilierter zweischübiger Sockel mit erhabenen Kassetten. Zwei Türen, flankiert von lisenenartigen Säulen mit reich geschnitzten Akanthuskapitellen. Kopf mit Füllungen und ausladendem Profilkranz. Eiche. Nordd./Brandenburg, 18. Jahrh.
220 x 230 x 60 cm.   **15 000,–/20 000,–**

46 Schrank.
Zweitüriger Korpus auf hohem Sockelgeschoß mit Schubladen. Großes, gerades, profiliertes und verkröpftes Gesims. Die beiden Türen flankiert von Pilastern mit geschnitzten korinthischen Kapitellen und an Schleifen hängenden Früchtefestons. Türen und Schubladen mit Bastionsfüllungen. Eingelegte Figuren aus Elfenbein. Nußwurzel auf Tanne. Braunschweig, um 1710.
223 x 200 x 78 cm.   **25 000,–/32 000,–**

47 Schrank.
Zweitüriger Korpus auf Sockelgeschoß. Breites, verkröpftes, profiliertes Giebelgesims. Die Türen dekoriert mit profilierten Bastionsfüllungen. Darin in Elfenbein eingelegt allegorische Frauengestalten unter Lambrequinbaldachinen. Seiten- und Mittelpilaster mit eingelegten Elfenbeinornamenten und geschnitzten Akanthuskapitellen. Nuß, Nußwurzel und Elfenbein. Niedersachsen/Brandenburg, 1. Viertel 18. Jahrh.
227 x 200 x 73 cm.   **20 000,–/25 000,–**

48 Schapp.
Zweischübiger Sockelkasten mit dreiseitig applizierten Kissenfeldern. Zweitüriger Korpus mit vorstehenden Bossen auf Türen und Seiten. Weit vorkragender Kranz. Florale Blattwerkschnitzereien und Fratzenmasken. Palisander, teils schwarz gelackt, auf Eiche. Friesland, 1. D. 18. Jahrh.
205 x 198 x 78 cm.   **20 000,–/25 000,–**

49 Dielenschrank.
Zweitüriger Korpus auf hohem Sockelgeschoß mit zwei Schubladen. Breites, stark profiliertes Kranzgesims mit geradem kantigem Giebelfeld. Die Türen flankiert von Pilastern mit geschnitzten Kapitellen. Türen und Seiten mit Bastionsfüllungen.

Reich eingelegt mit allegorischen Frauenfiguren (Tugenden und Elemente), Blumen und Rosetten in Elfenbein. Die Türen mit Rankenkartuschen in ausgeschnittenem Messing. Im Giebelfeld in Elfenbein eingelegtes gekröntes Monogramm: E M C (?). Nußwurzel auf Tanne. Braunschweig, um 1700 – 1720.
257 x 225 x 80 cm. **30 000,–/40 000,–**

50 Schrank.
Zweitüriger gerader Korpus mit hohem Sockel, stark ausgeprägtem Gesimsprofil und abgeschrägten Ecken. Diese und die Mitte mit Lisenen und Pilastern besetzt. Türen mit Bastionsfüllungen. Nuß/ Nußwurzel. Mitteldeutsch, Anfang 18. Jahrh.
231 x 235 x 81 cm. **25 000,–/32 000,–**

51 Schrank.
Zweitürig mit einschübigem Sockel geschoß. Aufgesetzte Bastionsfüllungen. Gesprengter Giebel. Eiche. Thüringen, Mitte 18. Jahrh.
230 x 165 x 62 cm. **12 000,–/15 000,–**

52 Schrank.
Zwei Türen mit Bastionsfüllungen. Sockel mit zwei Schubladen. Profilgesims am Giebelfeld intarsiert mit Rocaillen. Drei Pilasterlisenen. Schloß mit geschnittener Messingplatte: RVK HEVDH 1774. Eiche, Nußwurzel. Ostdeutsch, Mitte 18. Jahrh.
256 x 175 x 60 cm. **25 000,–/35 000,–**

53 Schrank.
Profilierter, teils auskragender Sockel. Zwei Türen mit wuchtiger Schlagleiste. Diese und die abgeschrägten Ecken mit »Nasen«-Wülsten. Kopf mit ausladendem profiliertem Gesims. Nußbaum. Thüringen/Sachsen, 18. Jahrh.
210 x 200 x 77 cm. **15 000,–/18 000,–**

54 Wellenschrank.
Türen und Schlagleiste mit wulstartigen Füllungen. Abgeschrägte Ecken. Profilierter Sockel mit Kugelfüßen. Stark profiliertes, vorkragendes gestuftes Gesims. Nußholz. Sachsen, 1. Hälfte 18. Jahrh.
232 x 195 x 65 cm. **25 000,–/30 000,–**

55 Schrank.
Zweitüriger Korpus auf niedrigem profiliertem Sockelgeschoß. Geschweiftes profiliertes Kranzgesims mit breitem geradem Mittelteil. Die Türen mit profilierten Rechteckfüllungen. Reicher Marketeriedekor. Eiche, Nußwurzel. Mitteldeutsch, Mitte 18. Jahrh.
240 x 210 x 72 cm. **18 000,–/25 000,–**

50

51

52

53

54

55

102 Schränke

56 57

56 Schrank.
Zweitürig, abgeschrägte Ecken. Gestuftes, gekehltes Gesims, bogenförmiger Giebel. Breiter, gekröpfter Sockel. Dat. 1769. Eiche, beschnitzt mit Rocaillen und Rosetten. Ostdeutsch, 18. Jahrh.
215 x 220 x 75 cm.   **14 000,–/18 000,–**

57 Dielenschrank.
Flacher Sockelkasten auf gedrückten Balusterfüßen. Zweitüriger, schlichter Korpus mit typischem, hohem Bogengiebel. Passig umlaufendes, tief gekehltes Kranzprofil. Nußbaum, Ahorn, Zwetschge auf Eiche. Sachsen, wohl Leipzig, 2. Hälfte 18. Jahrh.
254 x 203 x 84 cm.   **15 000,–/18 000,–**

58 Schrank.
Zweitüriger Schrank auf Brettfüßen. Vorspringende Seiten und Mitte mit kannelierten Pilastern und korinthischen Kapitellen. Türen mit profilierten Rahmen. Geschwungener Giebel mit segmentförmigem, fächerartig furniertem Einsatz. Nußholz. Dresden, 18. Jahrh.
250 x 189 x 73 cm.   **28 000,–/35 000,–**

59 Schrank.
Nuß- und Wurzelholz furniert. Zwei Türen geschweift mit profilierten Füllungen und floralen Schnitzereien. Front durch drei Lisenen mit korinthischen Kapitellen gegliedert. Vorkragender Giebel und Sockel profiliert und verkröpft. Gedrückte Kugelfüße. Erg. Thüringen um 1730.
267 x 217 x 68 cm. **30 000,–/40 000,–**

60 Schrank.
Zweischübiges, gebrochen prismiertes Sockelgeschoß. Entsprechender, zweitüriger Korpus mit profiliert umfaßten Kassettenfeldern. Hochkragender Bogengiebel mit gekröpft umlaufendem Kranzprofil. Eiche und Nußholz. Mitteldeutsch, Mitte 18. Jahrh.
233 x 223 x 82 cm. **12 000,–/17 000,–**

61 Dielenschrank.
Zwei Türen. Verkröpft profiliertes Sockelprofil. An den Ecken gebrochen gerundeter Korpus. Geschwungenes Giebelgesims. Auf den Türen Bandelwerk und figürlicher Marketeriezierrat. Deutsch, um 1750.
228 x 185 x 78 cm. **20 000,–/25 000,–**

62 Schrank.
Zwei Türen. Abgeschrägte Ecken. Geschwungener gekehlter Giebel. Nußholz. Mitteldeutsch, Mitte 18. Jahrh.
245 x 210 x 75 cm. **18 000,–/23 000,–**

63 Dielenschrank.
(Nürnberger Kasten). Gerades Gesims mit hoher, durchbrochener Akanthusbekrönung, getragen von drei gewundenen Säulen auf geschnitzten Stützen. Auf beiden Türen verkröpfte Füllungen und Rankenwerk. Im Sockel zwei Schubladen. Nußbaum. Nürnberg, Mitte 17. Jahrh.
245 x 190 x 72 cm. **12 000,–/18 000,–**

64 Schrank.
Sockel mit Scheinschubladen. Zwei Türen mit gegliederten, reich ornamentierten Füllungen, flankiert von Halbsäulen. Kopf mit ausladendem Profil-Gesims. Eiche. Wohl Nürnberg, 17. Jahrh.
225 x 198 x 65 cm. **7 000,–/10 000,–**

59

60

61

62

63

64

104 Schränke

65

66

67

68

69

70

65 Schrank.
Zweitüriger Korpus auf geradem Sockelgeschoß mit zwei Schubladen. Gerades profiliertes Abschlußgesims. Die Türen flankiert von gedrehten Säulen auf reich geschnitzten Konsolen mit Blattmasken. Nußbaum, Nußwurzel auf Nadelholz. Franken, 4. Viertel 17. Jahrh.
208 x 199 x 69,5 cm. **15 000,–/18 000,–**

66 Schrank.
Zwei Türen, flankiert von gedrehten und geschnitzten Säulen. Vorkragendes Gesims und Sockel mit je zwei Schubkästen. Türfüllungen und Schubkästen mit reicher Zinneinlage. Nußholz. Nürnberg, um 1700.
240 x 185 x 75. **20 000,–/26 000,–**

67 Nürnberger Schrank.
Flacher, zweischübiger Sockel. Zweitüriger Kasten, in der Front dreifach gegliedert durch flächig marketierte Lisenen. Türen mit erhabenen, mittig taillierten Bastionsfüllungen. Vorne unterteilter Kranz mit vorkragendem, flach profiliertem Gesims. Durchbrochener, reich geschnitzter Rocaillenaufsatz. Nußbaum, Nußbaumwurzel, Eiche, Birke, Ahorn auf Fichte. Franken, 18. Jahrh.
244 x 171 x 74 cm. **10 000,–/14 000,–**

68 Hallenschrank.
Sockel mit zwei nebeneinanderliegenden Schubladen. Zweitüriger Korpus mit Säulen auf hohen Konsolen. Volutenkapitelle und Seitenpilaster. Gerades, verkröpftes Abschlußgesims. Nuß, Eiche. Würzburg, 2. Hälfte 17. Jahrh.
224 x 226 x 87 cm. **20 000,–/25 000,–**

69 Schrank.
Wuchtiger, zweischübiger Sockelkasten mit vorspringenden Basen auf gedrückten Kugelfüßen. Doppeltürige Front, durch drei Pilastersäulen unterteilt. Profilierter Kopf mit weit überstehendem, gewulstetem, entsprechend der Unterteilung gekröpftem Profilgesims. Eiche, Mahagoni und Rüster. Main-Franken, um 1750.
214 x 199 x 80 cm. **12 000,–/18 000,–**

70 Dielenschrank.
Zweitüriger Korpus mit dreifacher, kissenförmig gestalteter Lisenengliederung auf wuchtigem, einschübigem Wellensockel. Auf den Rahmentüren und den Seiten schlanke Schanzenfüllungen. Entsprechend dem Sockel gewelltes und gekehlt vorkragendes, bekrönendes Kranzgesims. Eiche, Nußbaum-Maser. Franken, 1. Hälfte 18. Jahrh.
215 x 213 x 74 cm. **14 000,–/18 000,–**

Schränke

71 Dielenschrank.
Zweischübiger, an den Ecken gebrochen abgeschrägter Sockelkasten. Entsprechend zweitüriger Korpus mit mittiger und flankierenden Pilasterlisenen. Die Türen mit vielfach gekröpften Schanzenfüllungen und seitlich geschnitzten Blattbandstäben. Abgesetzter Stirnwulst. Vorkragendes, profiliert abgetrepptes Kranzprofil. Eiche, Nußbaum, Ahorn, Mooreiche auf Tanne. Südd./Franken, um 1720.
227 x 196 x 63 cm. **12 000,–/15 000,–**

72 Schrank.
Profiliertes Sockelgeschoß. Gerader zweitüriger Korpus. In den verkröpften Füllungen intarsierte Ranken, Blüten und Muscheln. Rankenschnitzereien mit zwei plastischen Puttenköpfen. Abgeschrägte Ecken. Profiliertes gerades Abschlußgesims. Eiche, Nuß, Nußwurzel. Franken, 1. Hälfte 18. Jahrh.
200 x 194 x 72 cm. **15 000,–/18 000,–**

73 Schrank.
Zwei Türen mit kassettierten Füllungen. Abgeschrägte Ecken mit Profilleistenfeldern. Hoher Wellensockel mit Schubkasten. Eiche. Wohl Franken, 2. Hälfte 18. Jahrh.
192 x 177 x 64 cm. **8 000,–/12 000,–**

74 Schrank.
Ähnlich wie oben. Nußbaum. Franken, Mitte 18. Jahrh.
192 x 158 x 81 cm. **9 000,–/12 000,–**

75 Schrank.
Zwei Türen. Abgeschrägte Ecken. Gesims und Sockel profiliert und gekehlt. Frontal Bastionsfüllungen mit eingelegten Allegorien auf Zinnsockeln: Klugheit und Tapferkeit. Eiche, Nußholz. Franken, Anfang 18. Jahrh.
197 x 175 x 74 cm. **20 000,–/25 000,–**

76 Schrank.
Zweitürig. Abgeschrägte Seitenkanten. Hohes Sockelgeschoß mit zwei Schubladen. Hohes Gesims, gewulstet und profiliert. Türen mit aufgesetzten, hohen achteckigen Kissenfeldern. Nußholz. Franken, 18. Jahrh.
202 x 201 x 66 cm. **10 000,–/15 000,–**

71

72

73

74

75

76

Schränke

77

78

79

80

81

82

77 Schrank.
(sog. Wellenschrank). Ausladender Sockel. Zwei Türen mit horizontal streifig gegliederter »Wellen«-Front. Abschließendes Kranzgesims. Eiche. Wohl Franken, 18. Jahrh.
190 x 173 x 70 cm. **15 000,–/20 000,–**

78 Schrank.
Ähnlich wie oben. Zwei Türen und schräge Ecklisenen, gekehlt und gewulstet. Seitliche Rahmenfüllungen. Kranzgesims mit gebrochenem Spitzgiebel. Nußholz und Eiche. Nürnberg, Mitte 18. Jahrh.
209 x 186,5 x 75 cm. **18 000,–/23 000,–**

79 Wellenschrank.
Tief gekehlter Sockel. Doppeltüriger, an den Ecken geschrägter und gebrochen konkav eingezogener Korpus. Typische, vielfach gewellte Front mit bekrönendem, entsprechend dem Sockel gearbeiteten, im Giebel geschwungenen Kranzgesims. Nußbaum auf Tanne. Nürnberg, 18. Jahrh.
207 x 175 x 72 cm. **22 000,–/28 000,–**

80 Dielenschrank.
Doppeltüriger, in den Ecken abgesetzt gerundeter Korpus auf mächtig ausladendem, entsprechend gekröpftem Wellensockel. Ebensolches, tief gekehlt hochkragendes Kranzgesims. Allseitig gekehlt abgesetzte Kassettenfüllungen auf den Türen mit bewegter Kontur. Eiche. Mainfranken, Mitte 18. Jahrh.
216 x 224 x 77 cm. **13 000,–/18 000,–**

81 Schrank.
Gerader zweitüriger Korpus mit Volutenfüllungen. Abgeschrägte Ecken. Die Seitenteile ebenfalls mit Füllungen dekoriert. Stark geschwungener, vorkragender Volutengiebel. Kirschholz. Mainfranken, Mitte 18. Jahrh.
235 x 210 x 75 cm. **25 000,–/35 000,–**

82 Schrank.
Zwei Türen. Schräge silhouettiert gegliederte Ecklisenen. Schlagleiste und gebogtes, gesprengtes Gesims mit plastischer Rocaillenschnitzerei. Im Sockel zwei Schubkästen. Nußholz. Mainfranken, um 1740.
240 x 214 x 67 cm. **35 000,–/45 000,–**

Schränke 107

83 Dielenschrank.
Frontal bewegter, zweitüriger Korpus auf umlaufendem Profilsockel. Geschrägte Ecken. Gekröpftes, gekehlt vorkragendes und im Giebel gebrochen geschwungenes Kranzgesims. Allseitiger Bandelwerkdekor mit dekorierten Zentralkartuschen auf den Türen. Nußholz, Ahorn, Zwetschge. Mainfranken, 18. Jahrh.
209 x 191 x 87 cm. **18 000,–/22 000,–**

84 Schrank.
Zweitüriger Korpus mit abgeschrägten Ecken. Geschweifte Zarge, geschweiftes profiliertes Kranzgesims. Die Türen mit reich bewegten Füllungen, sowie mit reich geschnitzten Blumenranken. Eiche auf Tanne. Würzburg, Mitte 18. Jahrh.
225 x 186 x 65 cm. **20 000,–/25 000,–**

85 Dielenschrank.
Nuß- und Wurzelholz furniert, geschnitzt. Zweitürig, mit frontaler Pilastergliederung. Vollrunde Ecksäulen mit korinthischen Kapitellen. Profilleistengerahmte Füllungen auf Türen, Seiten und Sockel. Hohes vorkragendes verkröpftes Gesims. Hoher Sockel auf gedrückten Kugelfüßen. Frankfurt, Ende 17. Jahrh.
230 x 230 x 90 cm. **40 000,–/60 000,–**

83

84

85

Schränke

86

87

88

89

90

91

86 Wellenschrank.
Zweitürig. Wuchtige Wellenauflagen zwischen drei ebensolchen Lisenen. Weit ausladendes, profiliertes und gekehltes Gesims. Seitliche einfache Rahmen mit durchgehenden Füllungen. Originales Einlaßschloß. Nußholz auf Fichte. Frankfurt, um 1700.
210 x 205 x 80 cm.   **30 000,–/35 000,–**

87 Dielenschrank.
Wuchtiger, in der Front durch drei vorgekröpfte Säulenpostamente gegliederter Sockelkasten. Doppeltüriger Korpus, entsprechend unterteilt durch drei Pilastersäulen. Die Türen mit flächigem, erhabenem Füllungsfeld und Wellenrahmen. Abgesetzte Stirn mit bekrönendem, abgetreppt vorkragendem Gesimskranz. Nußbaum. Frankfurt, um 1700.
233 x 212 x 85 cm.   **18 000,–/24 000,–**

88 Frankfurter Schrank.
Hoher Sockelkasten. Lisenenkonsolen, von Sockel- und Sockelsims-Profilen umkröpft. Zweitüriger Korpus mit Seitenfüllungen und wellenartig abgesetzten Füllungen in den Türen, flankiert von Pilastern. Mehrfach abgetreppter, weit ausladender und fünffach umkröpfter Kranz. Tanne, Nußbaum. Frankfurt, um 1700.
230 x 200 x 80 cm.   **30 000,–/35 000,–**

89 Frankfurter Schrank.
Hoher profilierter Sockel. Zweitüriger Korpus. Die Türen sind mit drei Pilastern in korinthischer Ordnung gegliedert. Darüber Engelsköpfe. Gewellte Kassettengliederung. Reich profiliertes und gekröpftes Kranzgesims. Nußbaum. Frankfurt, 1690 – 1700.
230 x 220 x 88 cm.   **30 000,–/35 000,–**

90 Wellenschrank.
Hoher Sockel. Zwei Türen mit wellenförmig gegliederten Kassetten, flankiert von Lisenensäulen. Wellenförmig abgetreppter, profilierter Kopf. Nußbaum. Frankfurt, Anfang 18. Jahrh.
230 x 215 x 85 cm.   **30 000,–/35 000,–**

91 Wellenschrank.
Nußwurzelholz furniert. Allseitig Gliederung durch Kehlung und Wulstung. Zwei Türen, Gesims und Sockel profiliert und vorkragend. Auf gedrückten Kugelfüßen. Orig.-Schlüssel. Frankfurt, 18. Jahrh.
211 x 250 x 80 cm.   **20 000,–/25 000,–**

Schränke

92 Frankfurter Schrank.
Stark gekehltes und abgetrepptes Sockelgeschoß, analoges Kranzgesims. Zweitüriger Korpus mit breiter Schlagleiste. Türen und Seitenflächen werden von je einer oktogonalen, sternintarsierten Kassette eingenommen. Nußbaum. Frankfurt, 18. Jahrh.
240 x 250 x 88 cm.   **30 000,–/40 000,–**

93 Wellenschrank.
Ausladender, abgetreppt profilierter Sockel. Doppeltüriger Korpus. In der Front durch Wellenlisenen dreifach gegliedert. Die entsprechend gestreckten Kissenfelder der Türen eingefaßt von vielgliedrigem Wulstrahmen. Wuchtiges, weitvorkragendes und charakteristisches Kranzgesims. Nußbaum. Frankfurt, Anfang 18. Jahrh.
223 x 228 x 89 cm.   **30 000,–/40 000,–**

94 Wellenschrank.
Sockel und Gesims getreppt. Gekehlte Türen und Lisenen. Nußwurzelholz. Frankfurt, Anfang 18. Jahrh.
226 x 230 x 89 cm.   **40 000,–/50 000,–**

92

93

94

Schränke

95

96

97

98

99

100

95 Nasenschrank.
Zweitürig. Eingezogener, halbrunder Giebel. Vorkragende Sockelleisten. An Front und Seiten wellige Profilauflagen. Ecknasen. Weichholz, mittelbraun gebeizt, lackiert. Hessen, um 1720.
220 x 200 x 58 cm.   **18 000,–/22 000,–**

96 Nasenschrank.
Abgetreppter, profilierter Sockel. Zwei Türen mit reich profilierten Kissenfüllungen. Entsprechend gegliederte Ecken mit den typischen Nasen und Seiten. Ausladender Profilkranz. Weichholz, braune orig. Fassung. Hessen, 18. Jahrh.
210 x 200 x 60 cm.   **20 000,–/25 000,–**

97 Nasenschrank.
Vorkragendes Sockelgesims. Zweitüriger gerader Korpus. Vorstehendes gerades Abschlußgesims. Die gesamte Vorderseite ist durch Wulste und Kehlen gewellt. Nuß auf Eiche. Frankfurt, um 1700.
222 x 207 x 81 cm.   **35 000,–/45 000,–**

98 Dielenschrank.
Gekehlt ausladender Sockel. Zweitüriger Korpus mit vielfach gebrochen gewellten, schräg gestellten Ecklisenen und großflächigen Kassettenfüllungen an den Seiten. Entsprechende Rahmentüren mit gestreckten, gewellten Kissenfüllungen. Vielfach profiliertes, weit vorkragendes Kranzgesims. Eiche. Hessen, 1. Hälfte 18. Jahrh.
220 x 205 x 82 cm.   **13 000,–/17 000,–**

99 Wellenschrank.
Ausladender Sockel. Zwei Türen mit breiter Anschlagleiste und sehr schön gewellten, wurzelfurnierten Füllungen. Abgeschrägte Ecken mit Wellenlisenen. Abschließendes, entsprechend dem Sockel gearbeitetes Kranzgesims. Nuß-Wurzel, -Maser. Hessen, 1. Hälfte 18. Jahrh.
216 x 187 x 67 cm.   **25 000,–/30 000,–**

100 Wellenschrank.
Zwei Türen. Abgeschrägte Ecken. Allseitig starke Wellenprofilierung. Profiliertes Gesims und hoher Sockel. Weichholz. Hessen, 18. Jahrh.
220 x 207 x 70 cm.   **18 000,–/25 000,–**

Schränke

101 Schrank.
Zweitüriger Korpus mit leicht geschweifter Front und abgeschrägten, lisenenartig ausgezogenen Seitenkanten, zur Schlagleiste korrespondierend. Kräftig vorgekehlte, verkröpfte Sockelprofile. Abgesetztes, geschwungenes Giebelgesims. Nußbaum. Hessen/Thüringen. Mitte 18. Jahrh.
216 x 172 x 85 cm. **25 000,–/30 000,–**

102 Schrank.
Zweischübiges, an den Ecken gebrochen gerundetes Sockelgeschoß. Entsprechender, durch Reliefkassetten gegliederter, zweitüriger Korpus. Seitlich begrenzende Säulenlisenen. Hochkragender, von durchbrochen geschnitzter Giebelkartusche bekrönter und gekehlt umlaufender Kranz. Nußbaum. Mainfranken, 18. Jahrh.
257 x 184 x 60 cm. **30 000,–/35 000,–**

103 Schrank.
Entsprechend dem Korpus über Eck geschwungener, allseitig silhouettierter Sockel. Zweitüriger Korpus mit seitl. Kassettenfüllungen und bewegt konturierten Türfüllungen. Tief gekehltes, weit vorkragendes, passig gekröpftes Kranzgesims; im Giebel gebrochen hochgeschwungen mit bekrönender, durchbrochen geschnitzter Akanthuskartusche. Nußbaum massiv. Mainz, um 1770.
235 x 178 x 74 cm. **40 000,–/60 000,–**

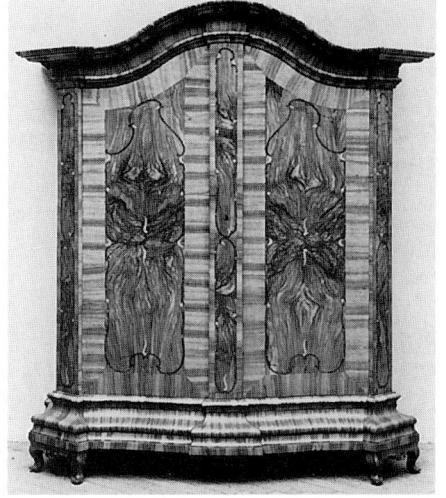

101   102

103

Schränke

104

105

106

107

108

109

104 Dielenschrank.
Geschnitzte und allseitig schlicht silhouettierte Zarge. Zweitüriger Korpus in Rahmenbauweise mit flachen, eingearbeiteten Sockelschüben und seitlichen, gebrochen bewegten Ecklisenen. Auf den im Stirnfeld doppelt geschwungenen Rahmentüren eingenutete und bewegte Kassettenfüllungen. Umlaufendes, im Giebel geschwungenes, tief gekehltes Kranzgesims, mittig bekrönt von einer aufgesetzten Blattwerkkartusche mit durchbrochen geschnitzter Giebelblende. Kirschbaum massiv. Mainfranken/Mainz, um 1760 – 70.
238 x 166 x 73 cm.   **35 000,–/45 000,–**

105 Schrank.
Zweitüriger, von über Eck gestellten Pilasterlisenen begrenzter Korpus mit Bogengiebel und gekehltem, gekröpft umlaufendem Kranzgesims. Allseitige, flächige Rahmenmarketerie als Rauten- und Gitterwerkparketterie. Nußholz, Zwetschge, Ahorn u. a. Mainfranken, 18. Jahrh.
233 x 194 x 68 cm.   **40 000,–/50 000,–**

106 Schrank.
Zweischübiges, durch drei Säulenbasen gegliedertes Sockelgeschoß auf gequetschten Kugelfüßen. Entsprechend zweitüriger Korpus, die Front durch drei stil. Pilasterlisenen unterteilt. Rahmentüren mit oben angeordneten Fensterfüllungen. Kranz mit Stirnfries und abschließendem, vorkragendem Gesimsprofil. Nußbaum, Ahorn und Fichte. Westd., 17. Jahrh.
247 x 200 x 70 cm.   **7 000,–/10 000,–**

107 Schrank.
Sockelgeschoß mit zwei nebeneinanderliegenden Schubladen. Zweitüriger gerader Korpus mit rechteckigen Füllungen, geschnitzten Blüten und Kartuschen. Abgeschrägte Ecken. Profiliertes, verkröpftes Abschlußgesims. Kirschbaum auf Tanne. Westdeutschland, 2. Hälfte 18. Jahrh.
224 x 168 x 58 cm.   **13 000,–/16 000,–**

108 Dielenschrank.
Profilierter Karniessockel. Zweitüriger, an den Ecken leicht gerundeter Korpus mit flankierenden, stilisierten Kissenlisenen. Reliefgeschnitzte Scheinfüllungen an den Ecken und Kassettenfüllungen an den Seiten. Von gekehltem Profilrahmen umfaßte, bewegt gegliederte Türfüllungen. Vielfach abgetreppter profilierter Kranz. Nußbaum mit Ahorn und Zwetschge. Saar/Mosel, 2. Hälfte 18. Jahrh.
215 x 202 x 72 cm.   **14 000,–/18 000,–**

Schränke

109 Dielenschrank.
Ähnlich wie oben. Eiche mit Nußbaum und Ahorn. Eifel, 18. Jahrh.
209 x 187 x 70 cm.   **15 000,–/18 000,–**

110 Schrank.
Gerader zweitüriger Korpus mit zweischübigem Sockelgeschoß. Die beiden Türen haben Bastionsfüllungen und intarsiertes Rhombenmuster. Eck- und Mittelpfeiler mit Kapitellen. Verkröpftes, profiliertes gerades Abschlußgesims. Eiche. Südwestdeutsch, Mitte 18. Jahrh.
224 x 212 x 75 cm.   **20 000,–/25 000,–**

111 Schrank.
Zweitüriger, rahmenprofilierter Korpus mit allseitigen Kassettenfeldern und geschrägten Ecklisenen. Vielfach profiliertes Kranzgesims mit geschwungenem Bogengiebel. Eiche mit Nußholz. Südwestdeutsch, 18. Jahrh.
238 x 197 x 70 cm.   **15 000,–/18 000,–**

112 Schrank.
Zwei Türen. Abgeschrägte Ecken. Profiliertes Gesims und Sockelleiste. Profilleistengerahmte Füllungen mit intarsierten Rocaillen in metalleingelegten Zierfeldern. Kirschholz. Elsaß, 2. Hälfte 18. Jahrh.
190 x 145 x 60 cm.   **16 000,–/20 000,–**

113 Schrank.
Zweitüriger, rahmenprofilierter Korpus mit allseitigen Kassettenfeldern. Zweischübiges Sockelgeschoß. Vielfach profiliertes Kranzgesims. Eiche. Südwestdeutschland, Mitte 18. Jahrh.
207 x 175 x 72 cm.   **8 000,–/12 000,–**

114 Dielenschrank.
Abgesetzter Sockelkasten mit allseitigen Scheinfüllungen. Zweitüriger, an den Ecken gewellter und geschrägter Korpus mit seitlicher dreigliedriger Füllungsunterteilung. Entsprechend gestaltete Rahmentüren mit Reliefschnitzerei auf den Kassetten. Vielfach profilierter, abgetreppt vorkragender Kranz. Eiche. Breisgau, 2. Hälfte 18. Jahrh.
213 x 198 x 77 cm.   **9 000,–/14 000,–**

115 Schrank.
Zweitüriger Korpus. Abgeschrägte Ecken mit Volutenbasen und Kapitellen. Verkröpftes profiliertes Sockelgesims. Geschweiftes, verkröpftes profiliertes Abschlußgesims. Die Türen dekoriert mit je drei geschweiften Feldern und reicher Rocaillenschnitzerei. Obstholz. Südwestdeutschland, Mitte 18. Jahrh.
247 x 190 x 70 cm.   **18 000,–/25 000,–**

110

111

112

113

114

115

Schränke

116

118

120

117

119

121

116 Schrank.
Profilierter Sockel. Abgeschrägte Ecken mit aufgesetzten, gegliederten Lisenen mit Akanthuskapitellen.
Geschweifter Kopf. Nußbaum. Baden, um 1750.
222 x 200 x 75 cm. **18 000,–/22 000,–**

117 Schrank.
Doppeltüriger, an den Ecken gerundeter Korpus. Geschwungener Giebel mit tiefgekehltem, vorkragendem Profilkranz. Die gekehlt profilierten Rahmentüren zweifach bewegt gefüllt mit reliefgeschnitzter Ziersprosse. Nußbaum massiv. Wohl Baden, um 1770.
232 x 185 x 75 cm. **17 000,–/22 000,–**

118 Schrank.
Zweitürig. Gerundete Ecken, Allseitig gliedernde, reliefierte Füllungsfelder. Türen geschwungen entsprechend dem Bogengiebel. Kirschbaum. Wohl Schweiz, Ende 18. Jahrh.
213 x 159 x 57 cm. **17 000,–/22 000,–**

119 Schrank.
Ähnlich wie Nr. 120. Kissenfüllungen und vorgestellte Korkenziehersäulen. Nußholz. Basel, um 1700.
224 x 131 x 73 cm. **22 000,–/28 000,–**

120 Schrank.
Dreifach gegliederter, zweischübiger Sockelkasten. Entsprechend doppeltüriger Korpus mit seitlich gewundenen Vollsäulen. Auf den Türen eindrucksvoll architektonisch gestaltete Rundbogenfelder. Abgesetzter, entsprechend gekröpfter Kopf. Nußbaum auf Fichte. Basel, im Kopf datiert, 1680.
233 x 245 x 84 cm. **20 000,–/25 000,–**

121 Wellenschrank.
Tief gekehlt vorspringendes Sockelgeschoß. Der seitlich schlichte Rahmenkorpus wird in der Front durch zwei Wellenlisenen seitlich begrenzt. Auf den beiden Türen charakteristische Wellenrahmen-Felder mit entsprechender Mittellisene. Abschließender, ähnlich zum Sockel gekehlt vorkragender Kranz. Nußbaum. Schweiz/Basel, 1. Viertel 18. Jahrh.
208 x 208 x 78 cm. **20 000,–/25 000,–**

122 Überbaubuffet.
Asymetrisch, chrakteristisch gegliedertes Unterteil mit dekorierten Kassettentüren. Dreitüriger, entsprechender Überbauaufsatz. Flächiger Fensternischendekor. Nußholz. Schweiz, 2. Hälfte 17. Jahrh.
233 x 178 x 48 cm. **15 000,–/18 000,–**

Schränke

123 Fassadenschrank.
Hoher Sockel mit Schubladen. Zweitüriger Korpus mit mächtigen Säulen auf hohen Konsolen. Breites verkröpftes Gebälk mit Eierstab und Datierung 1681. Die Türen dekoriert mit rundbogigem Fenster in reichem architektonischem Rahmen. Mit Pilastern und gesprengtem Giebel, umgeben von Ohrmuschelranken. Südd./Schwaben, 1681.
235 x 216 x 85 cm.   **18 000,–/22 000,–**

124 Buffet.
Ähnlich wie oben. Gestrecktes, viertüriges Unterteil auf vierschübigem Sockelgeschoß. Entsprechender, durch Balustersäulen gestützter Überbauaufsatz. Nußbaum. Innerschweiz, datiert 1634.
232 x 313 x 55,5 cm.   **20 000,–/28 000,–**

122

123

124

Schränke

125

126

127

128

129

130

125 Hallenschrank.
Reich gegliederter Sockel mit Schubladen. Zwei Türen mit reich profilierten erhabenen Füllungen. Lisenenschlagleiste. Seitlich Doppelsäule mit kleiner Nische. Gegliedertes Gesims mit ausladendem profiliertem Kranz. Weichholz. Süddeutschland, 17. Jahrh.
252 x 230 x 85 cm. **22 000,–/28 000,–**

126 Schrank.
Zwei Türen mit Profilrahmungen, flankiert von gedrehten Säulen auf Konsolen, von Sprenggiebeln bekrönt. Front- und Seitengliederung durch kannelierte Säulen. Verkröpftes vorkragendes Gesims. Zweischübiger hoher Sockel. Eiche, Nuß. Süddeutsch, 17. Jahrh.
243 x 225 x 66 cm. **20 000,–/25 000,–**

127 Schrank.
Zweischübiger Sockel. Zwei Türen, unten mit profilierten Füllungen. Oben Füllungen mit Rundbogenintarsien, umgeben von Reliefschnitzereien. Kopf mit ausladendem Gesims. Weichholz mit Eiche, Nußbaum, Esche. Süddeutsch, 17. Jahrh.
206 x 174 x 62 cm. **8 000,–/12 000,–**

128 Schrank.
Zweischübiger Sockelkasten. Korpus doppeltürig, flankiert von zwei Kugelsäulen auf Konsolen in Form von Faunen-Maskarons. Von geschnitztem Rankwerk umfaßte Türfüllungen. Abgesetzter, streng profilierter Kopf. Eiche, Nußbaum, Esche und Birkenwurzel. Süddeutsch, 17./19. Jahrh.
226 x 175 x 68 cm. **8 000,–/12 000,–**

129 Schrank.
Zwei Türen, flankiert von gedrechselten Dreiviertelsäulen auf Akanthuskonsolen. Profilierte Bastionsfüllungen, umgeben von Akanthuslaubschnitzerei mit bekrönenden Engelsköpfen. Profiliertes Gesims und zweischübiger Sockel. Süddeutsch, um 1700.
198 x 167 x 58 cm. **12 000,–/18 000,–**

130 Schrank.
Frontgliederung durch drei Pilaster. Zwei Türen mit gekehlten verkröpften Rahmungen und aufgesetzten floralen Schnitzereien. Profiliertes verkröpftes Gesims mit geschnitzter Blattleiste. Sockel mit zwei Blindschubladen. Nußholz. Süddeutsch, um 1700.
220 x 160 x 90 cm. **18 000,–/22 000,–**

Schränke

131 Wellenschrank.
Vorspringender, an den Ecken geschrägter Wellensockel mit frontal eingearbeitetem Vollschub. Doppeltüriger Korpus. Auf den Ecken aufgedoppelte Kissenlisenen. Die gestreckten Wulstfüllungen der Türen umfaßt von charakteristisch gegliedertem Wellenrahmen. Bekrönender, entspr. dem Sockel gestalteter und gekehlt vorkragender Kranz. Nußbaum. Bayrisch-Schwaben, 1. Viertel 18. Jahrh.
208 x 207 x 75 cm.   **25 000,–/30 000,–**

132 Schrank.
Doppeltürig. Profilierter Sockel mit zwei Schüben. Geschrägte Seiten mit gedrehten Säulen auf halbhohen Postamenten. Gekehlte Türfüllungen mit kassettierten Feldern, umrahmt von aufgesetztem Rankenwerk. Profiliertes, vorkragendes gerades Gesims. Nuß- und Nußwurzelholz. Süddeutsch, Anfang 18. Jahrh.
220 x 210 x 72 cm.   **15 000,–/20 000,–**

133 Schrank.
Sockel mit zwei Schubkästen. Ecklisenen und Schlagleiste mit spiralig gedrechselten Halbsäulen und Kompositkapitellen. Zwei Türen. Verkröpft profilierte Rautenfüllungen. Gerades, gekehltes, in der Mitte verkröpftes, profiliertes Gesims. Nußholz. Wohl Schwaben, um 1700.
220 x 185 x 66 cm.   **16 000,–/22 000,–**

134 Hallenschrank.
Sockel mit vorspringenden Basen. Auf den geschrägten Ecken Pilaster mit geschnitzten Kapitellen. Türfüllungen im Festungsstil. Unter dem vorspringenden Gesimsprofil gebauchter Fries. Esche, Eiche und Nußbaum. Süddeutsch/Schwaben, 18. Jahrh.
216 x 190 x 67 cm.   **18 000,–/25 000,–**

135 Dielenschrank.
Weit gekehlter, ausladender Sockel mit eingearbeitetem Vollschub. Zweitüriger, in den Ecken geschrägter Korpus mit erhabenen Bastionsfüllungen und gerundeter kissenförmiger Schlagleiste. Geschwungen profilierter, vorkragender Kranz und abgesetztes Stirnprofil. Nußbaum und Nußbaumwurzel. Schwaben/Augsburg, Mitte 18. Jahrh.
201 x 175 x 74 cm.   **22 000,–/28 000,–**

136 Schrank.
Korpus doppeltürig, flankiert von Knödelsäulen. Auf den Türen geschnitzt umgrenzte Schanzenfüllungen. Abgesetztes, flach vorkragendes Kranzprofil. Eiche, Nußbaum. Nürnberg, Anfang 18. Jahrh.
208 x 169 x 62 cm.   **12 000,–/16 000,–**

131

132

133

134

135

136

118 Schränke

137

138

137 Schrank.
Frontgliederung durch Pilaster auf Schlagleiste. Abgeschrägte Ecken. Architektonisch gegliederte Türen mit aufgesetzten Blatt- und Muschelschnitzereien. Profiliertes verkröpftes Gesims. Hoher Sockel mit zwei Schubkästen. Nuß- und Wurzelholz. Süddeutsch (Augsburg?), um 1700.
214 x 190 x 70 cm. **30 000,–/38 000,–**

138 Schrank.
Zweitürig, mit Pilastergliederung. Türen mit hochrechteckigen Füllungen, oben und unten rundbogig abschließend. Profilierter Kranz und geschweifter Volutengiebelaufsatz mit Bastionsfüllung. Hoher Sockel mit zwei Schubladen. Nuß- und Wurzelmaser. Süddeutsch (Augsburg), um 1720.
272 x 200 x 80 cm. **35 000,–/45 000,–**

139 Schrank.
Ähnlich wie oben. Prächtige Rundbogengliederung. Nußholz. Süddeutsch, 1. Hälfte 18. Jahrh.
255 x 230 x 68 cm. **60 000,–/80 000,–**

139

Schränke

140 Schrank.
Zwei Türen. Zwei Sockelschubkästen. Abgeschrägte Ecken, darauf Pilastervorlagen. Ebenso auf Schlagleiste und seitlichen Hinterkanten. Allseitig Bastionsfüllungen. Gesims und Sockel verkröpft. Nuß- und Wurzelholz. Augsburg, um 1730.
227 x 214 x 86 cm. **40 000,–/50 000,–**

141 Schrank.
Zweitüriger Korpus. Umlaufende, in der Front hochgezogene Sockelblende. Abgesetzter Kopf mit abgetrepptem, ausladendem Gesims. Türen besonders betont durch prächtige Furnierkartuschen mit Papageien-Darstellungen. Nußbaum, Zwetschge, Ahorn und Flieder. Süddeutsch/ Württ., 18. Jahrh.
216 x 192 x 64 cm. **22 000,–/28 000,–**

142 Hallenschrank.
Reich gegliederter, vielfach gekröpfter, zweischübiger Sockelkasten. Entsprechend doppeltüriger, durch architektonisch angeordnete Pilasterlisenen ausgeschmückter Korpus. Passiger, durch Stirnwelle abgesetzter, vorkragender Profilkranz. Auf den Türen taillierte Bastionsfüllungen auf stilisierten Postamentbasen mit ausschmükkendem floralem Rankrelief. Nußbaum. Augsburg, 1. Viertel 18. Jahrh.
220 x 220 x 90 cm. **45 000,–/55 000,–**

140   141

142

Schränke

143

144

143 Bodensee-Schrank.
Korpus mit abgeschrägten Ecken. Zwei Türen mit gekehlten Füllungen. Geschweiftes, gekehltes Gesims. Kirschbaum. Württ., Ende 18. Jahrh.
118 x 185 x 67 cm. **20 000,–/28 000,–**

144 Schrank.
Zwei Türen. Geschwungener Giebel. Profilierte Sockelzone. Schräge Ecklisenen. Schlagleiste als Pilaster. Nußholz und Mahagoni auf Weichholz. Württ., um 1770.
230 x 170 x 65 cm. **18 000,–/25 000,–**

145

145 Schrank.
Zweitüriger Korpus. Prismierte, nach innen versetzte, gerundete Ecken. Profilgesims. Nußbaum, Birke, Palisander und Ahorn. Süddeutsch, um 1740.
207 x 170 x 62 cm. **25 000,–/35 000,–**

146 Schrank.
Abgetreppter, profilierter Sockel. Korpus
mit abgeschrägten, etwas zurückgesetzten
Ecken. Zwei Türen mit Schlagleiste.
Kopf ausladend und profiliert. Nußbaum.
Süddeutsch, 18. Jahrh.
216 x 190 x 75 cm. **18 000,–/25 000,–**

147 Schrank.
Zwei Türen. Abgeschrägte Ecken. Kopf mit
profiliertem Kranzgesims. Reicher,
allseitiger Bandelwerkzierrat. Nußbaum.
Süddeutsch, 18. Jahrh.
220 x 220 x 65 cm. **25 000,–/35 000,–**

148 Schrank.
Mit Weißgoldfassung. Zweitürig
geschweift. Pilastervorlagen. Seitenwände
geschweift, mit Türen. Sockel mit Schubkästen. Kartuschenbekrönung mit gemaltem
Wappen und geschnitztem Puttokopf.
Tanne, gefaßt. Südd. 2. Viertel 18. Jahrh.
262 x 242 x 72 cm. **20 000,–/30 000,–**

149 Schrank.
Zwei Türen mit profilierter Schlagleiste.
Eingesetzt abgeschrägte Ecken. Vorkragen-
des Gesims. Nuß- und Nußwurzelholz.
Süddeutsch, 18. Jahrh.
235 x 205 x 77 cm. **18 000,–/22 000,–**

150 Schrank.
Weiß-gold-gefaßt. Zwei Türen. Abgeschrägte Ecken mit vorgelegten, teils floral
geschnitzten Lisenen. Verkröpftes Gesims
mit Sprenggiebel. Weichholz. Süddeutsch,
Ende 18. Jahrh.
208 x 170 x 50 cm. **12 000,–/18 000,–**

151 Hallenschrank.
Prismierter, zweischübiger Sockelkasten.
Entsprechender Korpus, in der Front
dreifach gegliedert durch seitlich gewundene Vollsäulen auf weit vorstehenden,
stilisierten Volutenpostamenten. Mittige
Pilasterlisenen. Die beiden Rahmentüren
jeweils mit zwei vielfach gekröpften, profiliert umfaßten Füllungsfeldern. Abschlies-
sender Kranz. Nußbaum, Zwetschge,
Ahorn. Süddeutsch, 18. Jahrh.
200 x 207 x 85 cm. **24 000,–/30 000,–**

146

147

148

149

150

151

Schränke

152

153

154

155

156

157

152 Dielenschrank.
Doppeltüriger, an den Ecken gekröpft abgeschrägter Korpus mit vielfach profiliertem Sockel und durch Profilstab abgesetzter Stirn. Gekehlter und abgetreppt vorkragender Kranz. Auf den Türen und den übrigen Scheinfüllungen reiche Voluten- und Blattwerkschnitzereien auf Schlaggrund. Nußbaum massiv. Österreich, 18. Jahrh.
206 x 198 x 81 cm. **15 000,–/18 000,–**

153 Hallenschrank.
Sockel mit zwei Scheinschüben. Türen mit profilierten, oben gegiebelten Füllungen. Abgeschrägte Ecken. Profiliertes Gesims. Nußbaum. Österreich Anfang. 18. Jahrh.
212 x 220 x 69 cm. **16 000,–/20 000,–**

154 Schrank.
Sockel und Gesims profiliert und verkröpft. Zwei Türen. Verkröpfte Füllungen. Schlagleiste und schräge Ecklisenen mit stilisiert gewundenen Pilastern. Tanne, gefaßt. Süddeutsch/Österreich, Anfang 18. Jahrh.
220 x 210 x 70 cm. **12 000,–/18 000,–**

155 Schrank.
Zweitüriger Korpus mit abgeschrägten Ecken. Diese mit vorgelegten Pilastern, geschnitzten Kapitellen. Profiliertes verkröpftes Kranzgesims. Die Türen mit je zwei eingesetzten Füllungen, reich dekoriert. Nuß, Nußwurzel. Österreich, 1. Viertel 18. Jahrh.
213 x 200 x 70 cm. **25 000,–/32 000,–**

156 Schrank.
Abgetreppter, profilierter Sockel. Zweitüriger Korpus, die Füllungen reich geschnitzt mit Rankenrelief. Flächig gegliederte Scheinfüllungen auf den abgesetzten, abgeschrägten Ecken sowie den Seiten. Gekröpftes Profilgesims mit geschnitztem Rocaillen-Aufsatz. Nußbaum. Österreich, 1. Hälfte 18. Jahrh.
258 x 196 x 80 cm. **25 000,–/35 000,–**

157 Schrank.
Zwei Türen mit architektonisch gegliederter profilierter Rahmung. Schlagleiste mit Akanthusblattschnitzerei. Abgeschrägte Ecken mit vorgelegten wellenförmigen Pilastern. Profiliertes, verkröpftes Gesims. Nußholz. Österreich (Salzburg?), 18. Jahrh.
226 x 186 x 66 cm. **18 000,–/25 000,–**

Schränke 123

158 Schrank.
Zweitüriger, an den Ecken konkav eingezogener Korpus. Drei stilisierte Pilasterlisenen auf den Ecken und als Schlagleiste gliedern die Schauseite. Abgesetzter, passiger Kopf mit abschließendem, entsprechend gekröpftem, profiliert vorkragendem Gesims. Nußbaum, Zwetschge, Mooreiche, Ahorn und Rüstermaser. Österreich, um 1750.
194 x 170 x 65 cm. **18 000,–/25 000,–**

159 Dielenschrank.
Zwei Türen, von mittlerem Pilaster getrennt. Abgeschrägte Ecken. Seiten konkav eingezogen. Mehrfach gestufter, profilierter und verkröpfter Kranz. Konvex gewölbter ausgeschnittener Sockel. Nußholz. Österreich, um 1740.
229 x 200 x 83 cm. **28 000,–/35 000,–**

160 Schrank.
Nußholz furniert. Zwei Türen mit halbrunder Schlagleiste und profilierten Bastionsfüllungen. Abgerundete Ecken, profiliertes verkröpftes Gesims, hoher Sockel mit ausgesägter Zarge. Gedrückte Kugelfüße. Altes Schloß und Schlüssel. Süddeutsch, 1. Hälfte 18. Jahrh.
240 x 135 x 73 cm. **35 000,–/45 000,–**

158

159

160

Schränke

161

162

163

164

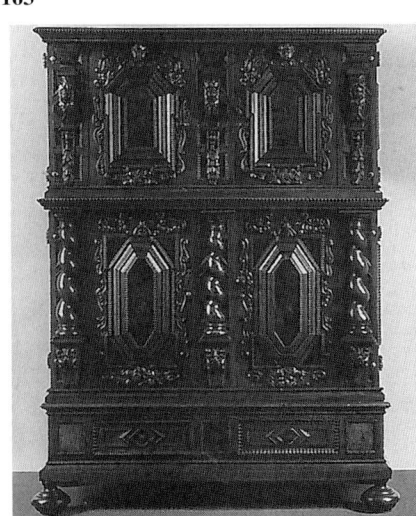
165

166

Doppelschränke

161 Fassadenschrank.
Zweigeschossig mit doppelter Säulenstellung. Im Untergeschoß mit Volutenkapitellen, im Obergeschoß mit Akanthuskapitellen. Verkröpftes Sockelgeschoß mit fünf Schubladen. Untergeschoß zweitürig. Nußholz auf Tanne. Süddeutsch, um 1600.
292 x 183 x 71 cm. **28 000,–/35 000,–**

162 Aufsatzschrank.
Breites verkröpftes Sockelgeschoß mit zwei nebeneinanderliegenden Schubladen. Zweitüriger Körper mit Kissenfüllungen. In der Mitte wie in den Ecken zwei Halbsäulen. Vorkragender Architrav. Zweitüriger Aufsatz mit ähnlicher architektonischer Gliederung. Profiliertes, gerades, vorkragendes Gesims. Eiche, Palisander. Holland, 2. Hälfte 17. Jahrh.
210 x 151 x 63 cm. **14 000,–/18 000,–**

163 Doppelschrank.
Zweigeschossiger Kasten mit vier Türen. Oben durch geschnitzte Lisenen mit Engelsköpfen gegliedert, unten durch gedrehte Säulen auf Löwenkopfkonsolen. Verkröpftes Gesims. Zweischübiger Sockel. Nußholz. Süddeutsch, 17. Jahrh.
148 x 100 x 49 cm. **12 000,–/15 000,–**

164 Doppelschrank.
Viertürig Korpus in zwei Etagen auf hohem Sockelgeschoß. Architektonische Gliederung mit betonten Eckrisaliten. Nischen zwischen gedrehten Säulen. Reich geschnitzte Kapitelle. Hohes, verkröpftes, profiliertes Kranzgesims. Nuß und Nußwurzel auf Tanne. Schweiz, 2. Hälfte 17. Jahrh.
223 x 223 x 80 cm. **25 000,–/32 000,–**

165 Doppelschrank.
Viertürig mit gedrehten Halbsäulenvorlagen. Reich geschnitzte Palmettenblätter-Auflagen. Getrepptes Gesims. Nußholz massiv. Schweiz (?), Ende 17. Jahrh.
225 x 203 x 73 cm. **20 000,–/25 000,–**

166 Doppelschrank.
Zweischübiger Sockelkasten. Mit reichen Rocaillenschnitzereien in Türfüllungen und -rahmen besetztes Unterteil. Zweischübiges Zwischenteil. Zweitüriger Aufsatz mit Doppeladler-Reliefs geschmückten Türen. Konisch verjüngende und verbreiternde Pilaster mit ionischen Kapitellen. Stirnfries mit abschließendem Kranzprofil. Fichte. Tirol, 1. Hälfte 17. Jahrh.
240 x 190 x 66 cm. **8 000,–/12 000,–**

Schränke

Aufsatz- und Überschränke

167 Wirtschaftsschrank.
Zweigeschossig. Unterteil mit zwei Türen, ebenso Aufsatz. Gerader, vorkragender Abschluß. Bastionsfüllungen. Eiche. Ammerland, 18. Jahrh.
210 x 199,5 x 62 cm.   **8 000,–/14 000,–**

168 Schrank.
Zweitüriges Sockelgeschoss. Doppeltüriger, von Pilasterlisenen begrenzter Korpus. Durch Reliefschnitzerei umfaßte, Kassettenfelder. Abschließendes, flach vorkragendes Kranzprofil. Eiche. Norddeutsch, um 1700.
111 x 190 x 69 cm.   **8 000,–/12 000,–**

169 Schrank.
Zwei Türen, vier Schubkästen. Reiches Flamm- und Profilleistenwerk. Aufgesetzte ornamentale Schnitzereien. Buche und Eiche. Mitteldeutsch, 17. Jahrh.
206 x 190 x 76,5 cm.   **6 000,–/10 000,–**

170 Schrank.
Breites Sockelgeschoß. Vier Schubfächer. Schaufront durch drei Säulen auf Vierkantpodesten gegliedert. Zwei Türen. Vorgezogenes Profilgesims. Eiche, Esche, Tanne und Ahorn. Nürnberg, 2. Hälfte 17. Jahrh.
208 x 191 x 83 cm.   **10 000,–/15 000,–**

171 Aufsatzschrank.
Zweitüriger Korpus mit zwei geschrägten Kopfschüben. Rahmentüren, von zwei unterteilten Lisenen begrenzt. Darüber zweitüriger Aufsatzteil mit Fruchtbehang in den Füllungen. Abdeckplatte mit Initial-Kartusche, gibt durch Betätigen eines unter dem Kranz liegenden Federmechanismus das dreischübige Geheimfach frei. Weit ausladendes, an den Anten umkröpftes Gesims mit zentralem Engelskopf. Nußbaum massiv. Wohl Westfalen, um 1660.
176 x 122 x 58 cm.   **18 000,–/22 000,–**

172 Aufsatzschrank.
Zweitüriges Oberteil mit abgeschrägten Ecken und allseitig profilierten Bastionsfüllungen. Mehrteilige Inneneinrichtung mit kleiner, reich intarsierten Mitteltür. Unterteil dem oberen entsprechend. Nadelholz, Riegelahorn. Mitteldeutsch, 18. Jahrh.
151 x 104 x 52 cm.   **10 000,–/15 000,–**

167

168

169

170

171

172

126 Schränke

173

174

173 Aufsatzschrank.
Zweitüriges Oberteil auf vielfach horizontal gewelltem Unterteil mit einem Schubkasten. Vorkragender, gerader, mehrfach profilierter Kranz. Nußholz. Meingebiet, um 1720.
179 x 156 x cm. **15 000,–/20 000,–**

174 Windellade.
Unterteil mit tiefgekehltem, umlaufendem Sockelprofil und vier profilumfaßten Wellenschüben. Überstehender Wulstsims. Darüber Kastenfach mit prismiert gestellten, provinienztypisch ausgeprägten Eckwellen, den sogenannten Nasen. Gekehlt vorkragender Profilkranz. Nußbaum. Frankfurt, Ende 17. Jahrh.
159 x 98 x 63 cm. **25 000,–/35 000,–**

175 Aufsatzschrank.
Flacher, zweischübiger Sockelkasten. Doppeltüriges Unterteil, in der Front dreifach gegliedert durch gewundene Vollsäulen. Entsprechender, zurückspringender Aufsatz mit abschließendem, flachem Kranz. Auf den Türen Achteck-Kissenfüllungen, umfaßt von geschnitzten Rocaillenzwickeln. Nußholz, Ahorn, Fichte. Nürnberg, 2. Hälfte 17. Jahrh.
177 x 144 x 60 cm. **15 000,–/18 000,–**

175

176

176 Aufsatzschrank.
Viertürig mit profilierten, von Flammleisten eingefaßten Kassettenfüllungen. Profiliertes vorkragendes Gesims. Abgeschrägte Ecken. Nuß- und Nußwurzelholz. Süddeutsch, um 1700.
222 x 187 x 78 cm. **12 000,–/15 000,–**

177 Überbauschrank.
Nischenförmiges Unterteil auf flachem Sockelgeschoss. Zweitürige »Tresur« und entsprechend dem Unterteil gestalteter Überbauaufsatz. Prächtiger, plastisch geschnitzter Reliefdekor auf Kassetten- und Türfeldern. Zwischengeschoss und Kranz gestützt von reich ausstaffierten Hermen. Eiche. Westdeutsch, Anfang 17. Jahrh.
203 x 160 x 64 cm. **25 000,–/35 000,–**

178 Überbauschrank.
Schlichter, an den Ecken tief geschrägter Sockelkasten. Entsprechendes doppeltüriges Unterteil. Im weitvorkragenden Stirnwulst eingearbeiteter Schub. Passend zum Unterteil gearbeiteter, zweitüriger Aufsatz. Abschließender, überbauartig vorkragender Kopf. Profiliert überstehender Gesimskranz. Allseitige, aufgesetzte Kassettenfüllungen. Nußbaum und Birkenmaser. Franken, um 1700.
191 x 170 x 66 cm. **12 000,–/18 000,–**

177

178

Schränke

179 Überbauschrank.
Unterteil mit zweitürigem Schrank und durchgehender Schublade. Zurückgesetztes Oberteil mit zwei Türen, flankiert von gedrehten Säulen. Innen Facheinteilung und Geheimfach mit fünf kleinen Schüben. Stirnseite mit vier Kassetten mit Flammleisten. Gekehltes, profiliertes Gesims. Nuß- und Nußwurzelholz. Westdeutsch, um 1700.
176 x 136 x 54 cm.   **12 000,–/16 000,–**

180 Überbauschrank.
Dreigeschossig. Sockelgeschoß mit zwei Schubladen. Zweitüriges Untergeschoß. Verkröpfte Ecken. Zurückversetzter, zweitüriger Aufsatz mit einer Türe, von je zwei niederen Schubladen und Blattvolutenbrettern flankiert. Nußholz. Süddeutsch/Augsburg, datiert 1722.
230 x 146 x 54 cm.   **35 000,–/45 000,–**

181 Aufsatzkredenz.
Zweitüriges, an den Ecken geschrägtes Unterteil, gegliedert durch gewundene Säulen. Entsprechend gestalteter, dreitüriger Aufsatz und bekrönendes, eintüriges Giebelgeschoss mit reliefförmig verblendeten Seitenkästen. Schauseitig gekröpfte, erhabene Schanzenfüllungen. Nußholz. Augsburg, um 1700.
225 x 166 x 60 cm.   **35 000,–/45 000,–**

179   180

181

Schränke

182

183

182 Stollenschrank.
Zweitüriger Aufsatz mit geschweiftem gekehltem Sprenggiebel, geschwungenen und profilierten Füllungen. Zweischübiges Unterteil auf hohen geschwungenen Beinen mit Blütenschnitzerei. Palisanderholz. Westdeutsch, 18. Jahrh.
212 x 133,5 x 63 cm.   **6 000,–/8 000,–**

183 Stollenschrank.
Gewundene Säulenbeine, in Zierform ausgeschnittener Fußsteg. Sockelgeschoß mit Schubfach. Türfüllungen und Gesims typisch gekehlt und gewulstet. Nußbaummaserholz auf Weichholz. Frankfurt, um 1700.
197,5 x 163 x 67,5 cm.   **25 000,–/35 000,–**

184

184 Stollenschrank.
Gradlinig. Die Vorderkanten zu sogenannten Nasen ausgebildet. Verkröpftes Rundbogengesims. Zwei Türen, Oberkanten dem Gesims entsprechend. Das Rahmenwerk der Spitzfelder gewulstet und gekehlt. Nußbaum und Esche. Sachsen, um 1720.
190 x 131 x 56,5 cm.   **22 000,–/28 000,–**

Anrichten/Kredenzen

185 Milchschrank.
Geschweifte Zarge. Die Front mit zwei seitlichen Türen und mittlerem kleinem Schrankfach mit darunterliegender Schublade. Breites, profiliertes Abschlußgesims. Türen mit rundbogig geschlossenen, profilierten Füllungen. Eiche. Norddeutsch, 1. Hälfte 18. Jahrh.
117 x 187 x 55 cm. **8 000,–/12 000,–**

185

186 Milchschrank.
Geradlinig. Zwei kleine Mitteltüren, seitlich je eine große. Reicher verkröpfter Profilleistendekor. Hohes, in Zierformen ausgeschnittenes Sockelbrett. Eiche. Bergisch, um 1740.
139 x 169,5 x 44,5 cm **8 000,–/12 000,–**

186

Schränke

187 Milchschrank.
Ähnlich wie oben. Eiche. Bergisch, 18. Jahrh.
128 x 156 x 55 cm. **4 000,–/6 000,–**

188 Milchschrank.
Geschnitzte Zarge. Gerader, dreitüriger Körper mit geschnitzten Rosettenbändern. Verkröpfte Füllungen. Vorkragendes, profiliertes Abschlußgesims. Eiche. Bergisch, um 1770.
129 x 206 x 58 cm. **10 000,–/14 000,–**

Schränke

189 Kredenz.
Dreitüriger Körper mit verkröpften, profilierten Füllungen. Mit Blumen und Voluten geschnitzte Zarge. Unterhalb des profilierten Gesimses zwei nebeneinanderliegende Schubladen. Eiche. Bergisch, Mitte 18. Jahrh.
128 x 194 x 55,5 cm.   **15 000,–/18 000,–**

189

190 Halbschrank.
Zweitüriger, in der Front dreifach durch aufgesetzte Rippensäulen gegliederter Korpus auf hohem doppelschübigem Sockelgeschoß. Die Rahmentüren mit Fensterfüllungen. Abschließende, durch Zahnschnittband abgesetzte Plattenumfassung. Fichte, Nußbaum und Eiche. Schwaben, 18. Jahrh.
139 x 157 x 63 cm.   **3 000,–/4 500,–**

190

132 Schränke

191

192

193

191 Truhe (Anrichte).
In der Front dreifach gekröpftes Sockelgeschoß mit drei eingearbeiteten Schubladen. Entsprechend architektonisch gegliederter, zweitüriger Korpus. Halbrundsäulen und von Blattvoluten gerahmte Maskarons. Überstehender, reich profilierter Deckel. Nußbaum, Esche, Ahorn und Mooreiche auf Eiche. Süddeutsch, 17. Jahrh.
109 x 182 x 77 cm.   **8 000,–/12 000,–**

192 Halbschrank.
Zwei gewundene Halbsäulen auf Akanthus-Konsolen begrenzen seitlich die doppeltürige Front. An den Rahmentüren Schanzenfüllungen. Die Platte eingefaßt von umlaufendem Profilkranz. Eiche, Ahorn, Nußbaum, Esche, Zwetschge, Mooreiche. Süddeutsch, Ende 17. Jahrh.
106 x 138 x 50 cm.   **3 000,–/5 000,–**

193 Halbschrank.
Wuchtiger, an den Seiten weit abgeschrägter Korpus mit umlaufendem Sockelprofil. Auf den Prismierungen mit reicher Behangschnitzerei verzierte Pilastersäulen. Breite Rahmentüren mit erhabenen, von Profil abgesetzten Kassettenfüllungen. Passige, entsprechend gekröpfte spätere Platte. Eiche, Birkenmaser. Franken, 17./18. Jahrh.
108 x 215 x 78 cm.   **6 000,–/9 000,–**

194 Anrichte.
Wuchtiges, entsprechend der Frontunterteilung gekröpftes Sockelprofil. Zweitüriger, an den Ecken flach geschrägter Korpus mit zwei seitlichen Halbsäulen. Erhabene Seiten-Kissenfüllungen. Profilumfaßte Rundbogenfüllungen auf den Türen. Nußbaum auf Fichte. Wohl Schweiz, 2. Hälfte 17. Jahrh.
130 x 226 x 71 cm. **6 000,–/9 000,–**

195 Halbschrank.
Hochrechteckform mit abgeschrägten Seitenkanten und vier gliedernden Lisenen. Dreiseitig verglast. Eintürige Front. Gitterwerk aus gravierten Zinnverstrebungen in Form von Blattspiralranken und zentralem Braunschweigischem Schildwappen. Spätere Ergänzung des Ensembles von Sammlungsschränken mit vergoldeten Messinggittern für das »Graue Schloß«. Nußbaum. Braunschweig, um 1725 – 31.
149 x 130 x 47 cm. **12 000,–/16 000,–**

196 Kredenzschränkchen.
Auf zweischübigem Sockelkasten. Zweitüriger, an den Ecken gebrochen geschrägter Korpus, frontal unterteilt durch vorgestellte, gewundene Vollsäulen. Von Reliefschnitzerei umfaßte Schanzenfüllungen an den Türen. Dreischübiges Aufsatzkästchen mit entsprechend den Türen gegliederter Wandblende. Nußholz. Süddeutsch, 2. Hälfte 17. Jahrh.
187 x 124 x 53 cm. **12 000,–/16 000,–**

197 Halbschrank.
Zweitürig mit konvex gewölbter Front und konkav geschwungenen Seiten. Mehrfach gestufter und profilierter Sockel. Nußholz. Süddeutsch, um 1730.
92 x 101,5 x 52 cm. **12 000,–/15 000,–**

198 Halbschrank.
Zwei Türen. Hoher Sockel mit Schubkasten. Abgeschrägte Ecken. Profilierte Gesims- und Sockelleisten. Nußholz. Mitteldeutsch, Anfang 18. Jahrh.
136,5 x 127 x 45 cm. **8 000,–/12 000,–**

194

195

196

197

198

Schränke

199

200

201

199 Kredenz.
Zweitüriger Korpus mit zwei Schubladen. Aufgesetzte, geschwungene Rückwand mit Rundbogennische. von Knorpelwerk-Relief umrahmt. Darüber Zahnschnitt-Konsole. Nadelholz. Mitteldeutsch, 17. Jahrh.
178 x 135 x 56 cm. **7 000,–/10 000,–**

200 Aufsatzbufett.
Eintüriges Unterteil mit seitlich zurückgesetztem Waschschrank (Ganterli). Der darüberliegende, von ausgeschnittenen Seitenwangen und einer gewellten Vollsäule getragene Geschirrschrank bildet mit der Rückwandfüllung eine Ablagenische mit dreischübigem Konsolteil. Mehrfach abgetrepptes Gesims mit Wellprofil. Nußbaum, Nußbaumfußmaser. Schweiz, 18. Jahrh.
207 x 155 x 51 cm. **15 000,–/18 000,–**

201 Überbauanrichte.
Zweigeschossig. Gewellte Schauseite. Zwei Türen im Unterteil. Darüber zwei zurückliegende Schublädchen. Aufsatz mit geschweiftem kräftigem Gebälk über tordierten Säulen. Palisander-, Nuß- und Maserholz. Schweiz, 2. Viertel 18. Jahrh.
205 x 140 x 75 cm. **15 000,–/20 000,–**

202

ECKMÖBEL

Eck-Aufsatzvitrinen, Eck-Aufsatzschränke, Eck-Aufsatzsekretäre, Eckschränke, Eckschränkchen, Encoignuren

Eckmöbel stellen in der Möbelgeschichte ein Novum dar. Sie verdeutlichen die zunehmend dekorative Bedeutung in der Raumkunst des Barocks. Weniger entscheidend ist das praktische Ausnutzen im Sinne von gewonnener Stellfläche als die Dekoration der Schnittpunkte des Raumes. Der Bruch der strengen Zimmerecke durch das durchgestaltete Behältnismöbel mit seiner geschwungenen, gerundeten oder lediglich geraden und prismierten Schauseite, löst die strenge Linienführung der Renaissance, aber auch des frühen Barocks ab und verhilft der Raumkunst zu einem zunehmend sich auflösenden Gesamtkonzept. Dabei setzt sich in der Ausstattung der Räume das Verständnis für eine gewisse naturalistische Unordnung fort, wie sie ebenso in der Dekoration der Möbelformen abzulesen ist. Alle für Raumecken geeigneten Möbeltypen erfahren diese Veränderung seit dem frühen 18. Jahrhundert und bleiben in der Folgezeit für die Raumkunst erhalten. Eine Besonderheit stellen die Eckschränkchen, im französischen Barock seit Louis XIV., die Encoignuren dar. Diese werden im Hofstil häufig paarweise, sogar vierfach in den Zimmerecken aufgestellt. Der bis zum beginnenden Rokoko bestehende Wunsch nach Symmetrie ist hier entscheidend.

203

204

205

206

202 Eckvitrine.
Zweitüriges Unterteil, geschweift mit abgerundeten, vorgezogenen Ecken. Zweitüriger Aufsatz, ähnlich wie unten. Geschweifter, profilierter Kranz. Nußbaum. Süddeutsch, 18. Jahrh.
205 x 110 x 75 cm.   **16 000,–/22 000,–**

203 Aufsatz-Eckschrank.
Frontal geschweift. Unter- und Oberteil je mit zwei Türen. Geschnitzter Sockel mit Rocaillendekor. Mahagoni. Schleswig-Holstein, Mitte 18. Jahrh.
254 x 105 x 62 cm.   **12 000,–/15 000,–**

204 Eck-Aufsatzschreibkommode.
Vierschübiges, doppelt geschwungenes Unterteil mit schräger Pultklappe, dahinter vierschübige Inneneinrichtung. Aufsatz mit gebogter Tür und mehrfach geschwungenem Giebel. Gerundete Ecken. Nuß-, Buchs-, Obst-, und andere Hölzer. Westdeutsch/Mainfranken, um 1750.
214 x 104 x 67 cm.   **35 000,–/45 000,–**

205 Eckschrank.
Zweitüriges, prismiertes Unterteil mit schräg zurückspringendem Schreibteil und entsprechendem, doppeltürigem, im Giebel geschwungenem Aufsatz. Charakteristische Lisenenfelder und Relieffüllungen. Eiche. Aachen/Lüttich, 18. Jahrh.
223 x 125 x 75 cm.   **16 000,–/20 000,–**

206 Aufsatzschrank.
Gerades, eintüriges, halbrundes Unterteil mit Schnitzereien und wellenförmiger, profilierter Zarge. Profilierter, ebenfalls halbrunder, eintüriger Aufsatz mit Blütengirlanden und Kartuschenschnitzereien. Abgerundeter, profilierter Giebel. Eiche. Aachen, um 1750/60.
232 x 88 x 55 cm.   **12 000,–/15 000,–**

Eckmöbel 137

207 Eckvitrinenschrank.
Eintüriges Unterteil auf gedrückten Kugelfüßen, mit abgeschrägten Ecken. Aufsatz eintürig, verglast, mit geschwungener Verstrebung. Gebogtes Giebelgesims mit abschließender Rocaille. Eiche. Nordwestdeutsch, 2. Hälfte 18. Jahrh.
190 x 124 x 65 cm.   **8 000,–/11 000,–**

208 Eck-Aufsatzvitrine.
Doppeltüriges, in der Front gerundetes Unterteil mit silhouettiert ausgesägter Zarge. Über der leicht vorkragenden, profilierten Platte zurückgesetzter, prismierter, eintüriger Vitrinenaufsatz auf ausgestellten Volutenfüßen. Gesims mit bekrönender Akanthusblatt-Schnitzerei. Eiche. Aachen/Lüttich, Ende 18. Jahrh.
216 x 106 x 48 cm.   **10 000,–/15 000,–**

209 Eckschrank.
Zweiteilig. Unterteil eintürig mit geschweifter Front und geschweiften Ecken. Zurückgeschweiftes Schubladengeschoß. Eintüriger gerader Aufsatz. Türen und Ecken verglast, mit geschweiften Sprossen. Asymmetrisch geschweifter, gebrochener Giebel. Nuß und Nußwurzel auf Tanne. Dresden, Mitte 18. Jahrh.
217 x 62 cm.   **25 000,–/35 000,–**

210 Eckvitrine.
Asymmetrisch. Unterteil eintürig. Geschweifte Front und abgeschrägte Ecken mit Reliefvoluten. Aufsatz auf Sockelgestell. Verglaste Tür. Geschweiftes Gesims. Nußbaum. Westdeutsch, um 1760.
227 x 75 x 35 cm.   **18 000,–/25 000,–**

207

208

209

210

211

TRUHEN

Sonderformen, Rundecktruhen oder Koffertruhen

Bei der Truhe handelt es sich um das älteste Behältnismöbel. Bekannt schon in der Antike, hatte sie ihre Blütezeit in der Renaissance. Der entscheidende Nachteil, ihren Inhalt nur widerwillig über den geöffneten Deckel übereinandergestapelt freizugeben, paßt im Barock nicht mehr zu den geforderten Bedürfnissen, wie sie wiederum durch Mode und flexiblere Zugänglichkeit entstanden sind. Dies führt zu einer fortschreitenden Verdrängung der Truhe im bürgerlichen Haushalt. Schließlich wird sie von der Kommode als gut zugängliches Schubladenmöbel zu Beginn des 18. Jahrhunderts abgelöst.

Die stilistische Veränderung vollzieht sich analog zur Entwicklung des Schrankes. Kennt man noch bei den frühen Truhen die konsequente Fassadenansicht, vollzieht sich bei späteren Exemplaren der Wandel zu einer zunehmenden Stilisierung bzw. zu barocken Gestaltungsprinzipien. Auch Stabilitätsgründe führen zur Entwicklung einer Spätform der Truhe, der furnierten oder eisenbeschlagenen Runddeckeltruhe. Schließlich eignet sich kein Möbel so sehr wie die Truhe für Transportzwecke. Sie behält ihre Bedeutung bis ins späte 18. Jahrhundert, wird jedoch nur noch selten gebaut und schließlich von Koffern und einfachen Transportkisten verdrängt. Die klare Trennung zwischen mobilen Reisebehältnissen und dem Möbel in der bürgerlichen Raumkunst wird im 18. Jahrhundert vollzogen. Ganz anders als im kleinbürgerlichen und bäuerlichen Bereich, wo die Truhe ihrer speziellen Eigenschaften wegen einen festen Platz in der Möbelausstattung bis ins 19. Jahrhundert einnimmt. Gerade die schlechte Zugänglichkeit zu den aufbewahrten Gegenständen scheint der Grund für die andauernde Beliebtheit der Truhe zu sein. Das Aufbewahren und Verbergen, sowie der überlegte und sorgsame Umgang mit dem Besitz wird durch die Truhe gefördert. Kein Kleidungsstück gelangt schnell in die Hand der Trägerin, kein wertvolles Bettzeug wird, außer zu entsprechenden Zeiten, entnommen. Auch für die Aufbewahrung von Mehl, Getreide, Futter ist die Truhe bestens geeignet. Aus diesen Gründen ist die Kommode auf dem Land völlig fehl am Platze und findet sich höchstens als einfaches gefaßtes oder bemaltes Möbel im Haus eines reichen Großbauern oder beim Landadel.

Truhen 139

211 Koffertruhe.
Gewölbter Deckel. Eiche, reich ornamentierte verzinnte Eisenbänder und Eckbeschläge in Voluten, Blüten und Vögeln. Schauseite mit zwei Medaillons mit Monogramm. Seitlich vom Mittelband je ein Löwe. 17. Jahrh.
73 x 127 x 62 cm. **3 500,–/5 500,–**

212 Runddeckeltruhe.
Konischer Korpus mit reichem, umlaufendem Eisenbeschlag in Blattwerk und füllenden Spiralranken. Auf der Front Jahreszahl 1704. Eiche. Norddeutsch, 17. Jahrh.
70 x 104 x 57 cm. **4 000,–/6 000,–**

213 Truhe.
Front mit vier Füllungen und reicher floraler Reliefschnitzerei. Seiten mit glatten Füllungen. Datiert Anno 1815. Eiche. Norddeutsch, 2. Hälfte 18. Jahrh.
73 x 119 x 54 cm. **3 500,–/5 500,–**

214 Stollentruhe.
Schauseite mit vier profilierten Rechteckfüllungen. Geschweifte Zarge. Reiches Schuppenrelief mit Rosetten. Monogr. und dat. D. M. 1711. Eiche. Norddeutsch, 18. Jahrh.
75 x 148 x 57 cm. **3 500,–/5 500,–**

212

213

214

140 Truhen

215

216

217

218

219

220

221

222

215 Truhe.
Front mit zwei profilierten Füllungen. Entsprechender Deckel. Weichholz mit verschiedenen Hölzern. Mitteldeutsch, Ende 17. Jahrh.
67 x 171 x 57 cm. **4 500,–/6 500,–**

216 Truhe.
Front durch vier floral eingelegte Pilaster gegliedert. Dazwischen zwei große (innen) und zwei kleine bogenförmige Felder mit intarsierten Architekturmotiven. Eiche, Obsthölzer intarsiert. Wohl Thüringen, 1. Hälfte 17. Jahrh.
75 x 180 x 66 cm. **6 500,–/9 000,–**

217 Stollentruhe.
Durch ausgeschnittene, reliefgeschnitzte Sockelblenden gegliederte Standfläche. Truhenkasten mit stehenden Rautenfeldern auf den Frontfüllungen. Auf den Vorderstollen flachgeschnitztes Schuppenwerk. An den Kanten profilierter, leicht überstehender Klappdeckel. Eiche. Westfalen, 18. Jahrh.
82 x 162 x 60 cm. **4 500,–/6 500,–**

218 Truhe.
Allseitig wellenförmig leicht bombierter Korpus. Entsprechend dem Sockelprofil gestaltete Schließkante. Passender Runddeckel. Eiche mit Nußholz. Mitteldeutsch, 18. Jahrh.
83 x 149 x 78 cm. **4 500,–/6 500,–**

219 Koffertruhe.
Ähnlich wie Nr. 221. Nußholz. Norddeutsch, datiert 1714.
73 x 122 x 66 cm. **4 000,–/6 000,–**

220 Truhe.
Frontal und seitlich aufgelegte Lisenen und Felder. Nußholz. Westdeutsch, 2. Drittel 18. Jahrh.
55 x 133 x 61 cm. **3000,–/4500,–**

221 Truhe.
Konischer Korpus mit gewölbtem Deckel. Nußholz. Niedersachsen, 18. Jahrh.
73 x 113 x 57 cm. **3 500,–/5 500,–**

222 Truhenbank.
Gestreckter, durch reiche Reliefschnitzerei verzierter Korpus mit Fußkufen, passendem Klappdeckel und dreiseitiger, lehnenartiger Brettblende. Eiche. Westfalen, datiert 1737.
82 x 183 x 58 cm. **5 000,–/8 000,–**

223

KABINETTMÖBEL

Kabinette, Kabinettschränke, Schreibkabinette, Stollenkabinette

Das Kabinett hat seinen Ursprung in der spanischen bzw. italienischen Renaissance. Gemeint ist in seiner Frühform ein aus der Truhe abgeleitetes Reiseschreibmöbel (in Spanien »vagueño« oder richtig »escritorio«, in Italien »scrittorio«).
Die Entwicklung vollzieht sich aus der Deckeltruhe über einzelne Zwischenschritte; in Spanien unter dem Einfluß von maurischen Dekorationsformen, in Italien unter Verwendung der darstellenden Marketeriekunst. Nach Deutschland kommt dieses Modemöbel über die Verbindung der Habsburger mit dem spanischen Hof. Frühe hiesige Kabinette bezeugen daher auch formal ihre enge Verwandtschaft mit den spanischen Vorbildern. Sie besitzen einen Klappdeckel oder eine Decklade über die gesamte Oberseite und eine frontale Klappe. Später reduziert sich dieses oben liegende Deckelfach zu einer zurückspringenden Kopfstufe, wiederum mit dem Klappdeckel, mit aufschiebbarem Deckbrett oder gar mit einer frontal seitlich eingearbeiteten Schublade.
In der Front sind besonders die spanischen Kabinettkästen durch eine über die gesamte Breite schlagende Frontklappe verschlossen. Dahinter verbirgt sich die typische Gliederung mit zentralem Türfach und umgebenden Schubkästen. Hierzu entwickeln sich die zweitürigen Kabinettkästen, deren Türen im Gegensatz zur Klappe immer reicher verziert und schließlich architektonisch durchgestaltet sind. Bei den früheren Möbeln beschränkt man sich auf eine schlichte glatte Oberfläche, die jedoch zunehmend mit kunstvollen Marketerien verfeinert wird. Ruinenarchitektur als beliebtes Motiv für die modische Zentralperspektive findet sich häufig im deutschsprachigen Raum, besonders in Tirol, auf diesen frühen Kunstmöbeln.
Ihre rasche Verbreitung läßt sich mit den neuen Möglichkeiten dieses Möbels erklären: sie sind leicht durch ihre seitlich angebrachten Tragegriffe zu transportieren. Daher werden sie auf Reisen oder bei kriegerischen Auseinandersetzungen im Feld mitgeführt. Die konsequente Entwicklung der Kabinettkästen zum Aufbewahrungsort für Preziosen und allerlei Dinge des gehobenen Gebrauchs findet ihren Ausdruck in der steten Zunahme der Außenmaße. Sie erreichen in ihrer Blütezeit, als sogenannte Kunstkammerschränke, zwischen Manierismus und frühem Barock, beachtliche Ausmaße und werden zum eigentlichen Prunkmöbel dieser Epoche.

Selbst der Altar mit seiner charakteristischen Achsengliederung dient bei einigen besonders prunkvollen Exemplaren als Vorlage und verdeutlicht ihre Bedeutung als Nachfahr der im Mittelalter beliebten »Minneschreine und -kästchen«.

Die Kabinette des 17. Jahrhunderts unterscheiden sich formal und auch konstruktiv von bewährten Mustern der Renaissance. Die modische Fassadengliederung prägt die Aussage. Der feine Marketeriedekor, der bis zum Manierismus prächtig die Schauseiten beherrscht, wird durch die Kostbarkeit der verwendeten Materialien ersetzt.

Auch hier findet sich nun, einhergehend mit der Beliebtheit der Rahmengliederung, die einfassende Wellenleiste oder der begrenzende Flammstab. Geprägt wird die Fassade der Kabinette und Kunstschränke vom Wechselspiel zwischen architektonischer Gliederung der Fassade und den wertvoll ausgestatteten Füllungsfeldern der Türen und Schubkästen. Das Kabinett wird zum Ausdruck von Reichtum und Status. Es behält diese Sonderstellung bei bis hinein ins frühe 18. Jahrhundert, als es von Aufsatzmöbeln mit reduziertem Kabinettteil und der begehrten Kommode verdrängt wird. Kein Möbeltypus wird danach mit den verwendeten kostbaren Materialien in vergleichbarer Pracht ausgestattet. Edelsteine und entsprechende Steinmarketerien (Pietra dura) – unter Verwendung von Lapis Lazuli, Turmalin und edlen Marmorsorten –, Elfenbein, das außerordentlich wertvolle Schildpatt, Perlmutt, Ebenholz, Silber und sogar Gold werden für die Verfeinerung des Dekors verarbeitet. Die berühmte, heute noch verfolgbare und in drei Objekten erhaltene Quadriga der durch Hainhofer vermittelten Augsburger Kunstschränke ist mit der dazugehörigen Einrichtung ausgestattet. Häufig beschränkt sich die Ausstattung der beliebten Reisekabinette nicht nur auf die Konzeption des Möbelkörpers. Sie bilden die dazugehörige Einrichtung mit Speiseservice, Likörfläschchen, Toilettenkästen, Manikürutensilien, allerlei Gerätschaften der Wissenschaft und Kunst sowie der notwendigen Kleinobjekte eine zusammengehörige Einheit mit ihrem Behältnis. Kein noch so ungewöhnlicher Verwendungszweck ist denkbar, als daß es hierfür keine Spezialform des Kabinettkastens gibt. Neben dem eigenständig konstruierten Kabinett, das auf beliebigen Tischen oder Unterschränken abgestellt wird, gibt es Kombinationsformen, bei denen zugehörige Untergestelle hergestellt werden. Besonders Schreibkabinette besitzen, außer bei Frühformen, die lediglich abgestellt werden konnten, ein oft scherenartig aufklappbares Tisch- oder Untergestell. Die ergonomische Forderung, daran arbeiten zu können, muß miterfüllt werden und verlangt einen passenden und geeigneten Unterbau. Späte Schreibkabinette, die eher an Schreibtische mit Kabinetteil oder bereits an Sekretäre erinnern, besitzen einen formal passend dazugearbeitetes Tischgestell, oft mit frontal abklappbaren Zargenkasten und seitlich angeordneten Schubfächern. Die Mobilität bleibt jedoch noch durch das zerlegbare Unterteil erhalten. Parallel zum Schreibkabinett entwickelt sich im ausgehenden 17. Jahrhundert der Sekretär und Schreibschrank, neben der Kommode das die Raumkunst beherrschende Möbel des 18. Jahrhunderts.

Mit den wachsenden Maßen der Kabinette entwickelt sich das notwendig dazugehörige Stollengestell. Diese Stollenkabinette bilden mit ihrem Unterbau, häufig einer durchbrochenen, früh oft geschnitzt verzierten Säulenkonstruktion, eine harmonische Einheit. Durch die Verfeinerung der Ausstattung, durch Prunk und kostbaren Dekor, aber auch durch die Vorgabe, zu einem festen Bestandteil des Mobiliars zu werden, wird die Notwendigkeit eines harmonisch abgestimmten Unterbaues verständlich. Jene prachtvollen Vertreter dieser Möbelgattung lassen sich nicht mehr beliebig an geeigneten Plätzen abstellen. Sie bilden in dieser Form einen unverzichtbaren Beitrag zur durchkonzipierten Ausstattung phantasievoller Repräsentationsräume.

Kabinettmöbel 143

223 Kabinettschränkchen.
Gequetschte Kugelfüße. Sockel mit Schubfach, darüber Aufsatz mit zwei Türen, reich floral intarsiert mit grav. Eisenbeschlägen. Reiche Inneneinrichtung. Kopf aufklappbar. Nußbaum. Um 1700.
75 x 55 x 34 cm.   **5 000,–/8 000,–**

224 Kabinettkästchen.
Füllungsmarketierter Korpus. Zehnschübige Inneneinrichtung. Gekehlt zurückspringender Kopf mit ausziehbarem Füllungsabschluß, als Geheimfach gearbeitet. Hier entsprechende Steckblende für die im Korpus verborgenen drei Geheimschübe. Nußbaum und Ahorn. Norddeutsch, Ende 17. Jahrh.
47 x 49 x 29 cm.   **4 000,–/6 000,–**

225 Kabinettschränkchen.
Doppeltüriger Korpus mit zahlreichen, von vergoldeten Flammleisten gerahmten Schüben. Entsprechende Füllungsfelder auf der Front und den Seiten. Überspringende Platte. Darüber zurückspringendes, durch Profilwulst abgesetztes Klappfach. Myrtenmaser. Deutsch, Ende 17. Jahrh.
69 x 54 x 39 cm.   **5 000,–/8 000,–**

226 Kabinettschränkchen.
Franken, Birnbaum, Ende 17. Jahrh.
83 x 69 x 33 cm.   **5 000,–/8 000,–**

227 Kabinettschränkchen.
Zwei Türen mit gegliedert profilierten Füllungen und Flammleisten-Einfassungen. In den Füllungen Gemälde mit figurenstaffierten Ruinenlandschaften. Kastenförmiger Aufsatz mit Klappdeckel. Inneneinrichtung. Verspiegelte Mitteltür, umgeben von 22 Schüben. Birnbaum geschwärzt. Süddeutsch, um 1700.
69 x 63 x 29 cm.   **6 000,–/9 000,–**

224

225

226

227

144 Kabinettmöbel

228

229

230

231

228   Kabinettkästchen.
Rechteckiger, zweitüriger Kasten mit Sockelgeschoß und zurückgesetztem Kopfgeschoß. Allseitig eingelegt mit Rechteckfüllungen. Auf den Türen stehende Krieger in antikisierender Tracht. Mitteltabernakel umgeben von Schubladen. Auf den Schubladen antike mythologische Szenen. Mittelfach als Spiegelkabinett mit reicher, gewölbter und gemalter Decke. Gefärbte Hölzer. Süddeutsch, 1. Hälfte 17. Jahrh.
85 x 81 x 47 cm.   **8 000,–/12 000,–**

229   Kabinett.
Durchgehender Sockelschub. Zwei innen spiegelbesetzte Türen verschließen den zehnschübigen Einbau mit zentralem Türfach. Auf den Schüben phantastische Landschaftsminiaturen in der Art des Jan Wildens. Profiliert abgesetztes, obiges Kassettenfach mit aufklappbarem Deckel. Eiche. Wohl Süddeutsch, 18. Jahrh.
57 x 62 x 30 cm.   **12 000,–/16 000,–**

230   Kabinettkästchen.
Einschübiger Sockelkasten. Zurückspringender, zweitüriger Korpus mit füllungsartigem Flammleistenbesatz. Die Schubladen der reichen Inneneinrichtung entsprechend dekoriert. Bekrönendes, durch Profilwulst abgesetztes Klappfach. Birnbaum geschwärzt. Süddeutsch, Ende 17. Jahrh.
47 x 42 x 26 cm.   **4 000,–/6 500,–**

231   Kabinettschrank.
Tisch mit hohen, gedrehten Beinen, durch ebensolche Kreuzstege verbunden. Gerade Zarge mit Flammleistenprofilen. Der Kabinettaufsatz mit zahlreichen Schubladen und architektonischer Gliederung: Großes, von gedrehten Säulen flankiertes Mittelportal und seitliche Rundbogennischen. Eingestellte vergoldete Bronzefiguren. Balustrade mit Bronzebüsten und mittlerer Wappenkartusche mit Lapislazuli. Im Innern des Schrankes Schubladen. Geschwärztes Holz und Palisander auf Tanne. Augsburg, um 1700.
188 x 147 x 45 cm.   **20 000,–/27 000,–**

232 Kabinettschränkchen.
Rechteckiger Korpus mit zwei betonten
Risaliten, vorspringendem Sockelgeschoß
und volutenförmig erweiterter Rückwand.
Profiliertes Sockelgesims. Im Sockelgeschoß Schubladen. Der Korpus mit
mittlerer Tür und flankierenden Schubladen. Gerader Architrav. Als Bekrönung
verkröpfte, durchbrochene Elfenbeinbalu-
strade. Die Rückseite zweitürig. Mit illusi-
onistischer Hallenarchitektur dekoriert. Im
Innern zahlreiche Schubladen. Kartuschen
und Ranken in Zinn, Kupfer und Perlmutt.
Ebenholz, Nußbaum. Süddeutsch, 1. Hälfte
17. Jahrh.
40 x 53 x 21 cm.   **15 000,–/18 000,–**

233 Kabinettschrank.
Tisch mit hohen, gedrehten Beinen, durch
ebensolche Stege verbunden. Gerade
Zarge mit Schubladen. Kabinettkasten auf
Ballenfüßen mit Messingklauen. Je vier
flankierende Schubladen. Mittleres
Schrankfach über Schublade. Messing-
galerie mit hohem Mittelstück. Die Schubladen dekoriert mit Jagdszenen und Tieren
aus Elfenbein und Schildpatt. Die Schrank-
tür mit Portalarchitektur. Nuß, Palisander.
Böhmen, Anfang 17. Jahrh.
196 x 120 x 41 cm.   **30 000,–/40 000,–**

234 Kabinettschrank.
Untersatz mit hohen, gedrehten Beinen.
Gerade Zarge. Kabinettaufsatz zweitürig
über Sockelgeschoß, mit einer Schublade. Hoher Volutengiebel mit Uhr.
Im Innern Schubladen um ein mittleres
Tabernakelfach, dekoriert mit reliefierten
Renaissanceornamenten und Flammleisten.
Das Tabernakelfach flankiert von Hermen
und bekrönt von gebrochenem Renaissance-
giebel. Herausnehmbarer, eingelegter
Kasten. Hinter dem Fach zahlreiche
Geheimschubladen. Hinter der Uhr heraus-
nehmbarer Kasten mit einer Apotheke,
bestehend aus zahlreichen Glasflakons mit
silbervergoldeten Verschlüssen, silberver-
goldeten Büchsen, Becher, Mörser mit
Stößel, Probierschale und Durchschlaglöf-
fel, sowie aus mehreren Münz- und Apothe-
kenwaagen und Instrumenten. Seitlich der
Apotheke zahlreiche Geheimfächer. In der
Schublade des Giebels Inneneinrichtung zur
Aufnahme von Instrumenten. Ebenholz.
Augsburg, 1. Hälfte 17. Jahrh.
220 x 112 x 68 cm.   **25 000,–/35 000,–**

235 Kabinettschränkchen.
Ähnlich wie Nr. 230. Nußholz. Süddeutsch,
17. Jahrh.
72 x 75 x 46 cm.   **4 000,–/6 000,–**

232

233

234

235

Kabinettmöbel

236

237

238

239

240

241

236 Stollenkabinett.
Tischgestell auf gewundenen Säulenbeinen mit schlichter Sockelplatte. Dreifach gegliederter, zweischübiger Zargenkasten. Kabinettaufsatz, in der Front unterteilt durch drei vorgestellte Halbsäulen auf geschnitzten Akanthus-Konsolen. Abgesetzter, entspr. der Frontgliederung gekröpfter Stirnfries, bekrönt von flach vorspringendem Kranzprofil. Nußbaum, Nußbaumwurzel. Hessen, Ende 17. Jahrh.
181 x 114 x 58 cm.   **7 000,–/10 000,–**

237 Kabinettschrank.
Gedrehte Säulenstützen, durch profilierte Diagonalhölzer verbunden. Reiche Akanthusschnitzerei in der Zarge. Aufsatz zweitürig. Füllungen. Hochprofile, abgeschrägte Rechteckformate. Vorkragendes, profiliertes Gesims. Nußbaum. Norddeutsch, um 1700.
167 x 118 x 55 cm.   **18 000,–/25 000,–**

238 Kabinettschrank.
Doppelgeschossiger Kabinettkorpus mit jeweils vielschübiger Inneneinrichtung und verblendenden Doppeltüren. Abschließender Giebelkasten. Birnbaumschwarz eingefärbt mit Zinneinlagen nach Johannes Esaias Nilson. Augsburg, 18. Jahrh.
53 x 28 x 16,5 cm.   **4 000,–/7 000,–**

239 Kabinettschrank.
Zweitüriger Aufsatz mit Inneneinrichtung. Zwei Fächer. Mitteltür. Sechs Schubkästen. Tischuntergestell mit geschwungenen Beinen. Allseitig Chinoiserien mit reliefierten Figuren in Fels- und Architekturlandschaften. Holz außen rot, innen schwarz lackiert. Dresden, 18. Jahrh.
167 x 107 x 50 cm.   **12 000,–/18 000,–**

240 Aufsatzkabinettschrank.
Zweigeschossiger Korpus. Das obere Geschoß ist zurückversetzt. Vor den abgeschrägten, verkröpften Ecken freiplastische gedrechselte Säulen. Nußbaum, Obsthölzer, Ahorn auf Weichholz. Franken, um 1680.
182 x 146 x 58 cm.   **45 000,–/65 000,–**

241 Aufsatzkabinett.
Durch Pilasterlisenen gegliedertes, zweifach geschwungenes Unterteil mit vier Türfächern. Fassadenartig gestalteter Tabernakelaufsatz. Allseitige, durch reiches Bandelwerk verzierte Rahmen- und Füllungsmarketerie. Nußbaum, Nuß-Halbmaser, Ahorn, Zwetschge. Mainfranken, 18. Jahrh.
209 x 152 x 57 cm.   **45 000,–/60 000,–**

242

KOMMODEN

Chiffonièren, Pfeilerkommoden

Die meist mit übereinanderliegenden Schubkästen ausgestattete Kommode löst zu Beginn des 18. Jahrhunderts die Truhe im bürgerlichen Haushalt weitgehend ab. Um die Entwicklung der Kommode besser verstehen zu können, bedarf es der Untersuchung der Schublade und ihrer Bedeutung an früheren Möbeln. Eine frühe Verwendung für die Schublade findet sich am Doppelschrank der Renaissance. Hier sind im Zwischengeschoß häufig zwei nebeneinanderliegende Schubkästen eingearbeitet. Diese nützen den Zwischenraum zwischen den beiden Schrankkörpern aus. Das Verständnis, Schubkästen als Aufbewahrungsräume zu nutzen, beschränkt sich auf die Lagerung von Preziosen, Kleingeräten oder Gegenständen, denen besonderes Augenmerk gilt und die getrennt von den üblichen im Hausstand verwendeten Gegenständen deponiert werden. Bis zur Verwendung als Lagerbehältnis ist es für die Schublade noch ein weiter Weg. Im 16. Jahrhundert tritt sie in Korrespondenz mit kleinen Fachtürchen an den Kabinettkästen auf. Diese Möbel erobern, aus Südeuropa kommend, den gesamten Kontinent und werden in Süddeutschland zu einer eigenen Blüte verfeinert. Sie haben, was die Verwendung des Schubkastens betrifft, eines gemeinsam: vielgliedrig unterteilte Fassadeneinrichtungen werden von einer durchgehenden Klappe oder zwei seitlich angeschlagenen Rahmentüren verschlossen. Die Schublade wird in den Dekor der inneren Schauseite integriert. Sie ist nicht ohne nähere Betrachtung erkennbar oder ordnet sich dem dekorativen Gesamtkonzept unter. Als eigenständiges und eindeutig ablesbares konstruktives Element, dessen Front auch zugleich gestalterische Funktionen übernimmt, wird sie erst bei späten Kabinettschränken ab Mitte des 17. Jahrhunderts. Immer noch dient sie zur Aufbewahrung von Gegenständen, die von größerem Wert oder besonderer Bedeutung sind. Eine Ausnahme macht hierbei wieder das Sakrysteimöbel, dessen Funktion sich z.B. bei der Aufbewahrung von Kaseln oder als Archivschrank sehr vom bürgerlichen Möbel unterscheidet. Hier dient schon ab Mitte des 15. Jahrhunderts der groß-dimensionierte Schubkasten als Stauraum für

Stoffe, Gewänder oder Archivalien (Schubkastenschrank, Schloß Papenheim; Sakristeischrank, Kloster Ottobeuren; Archivschrank, Basel, Domstift). Erst mit der getrennten Aufbewahrung von Wäsche und Kleidung übernimmt der Schubkasten profanere Aufgaben. Dies führt schließlich zur Entwicklung der Kommode als eigenständiges Möbel, dem im 18. Jahrhundert auch zunehmend Bedeutung für die Raumkunst zukommt und mehr und mehr gilt ihr das gestalterische Augenmerk der Handwerker. Die Kommode wird zum beliebten Modemöbel, findet rasche und umfassende Verbreitung und wandelt sich zur dekorativ-technischen Herausforderung für Schreiner, Holzbildhauer und Metallhandwerker. Feinste Materialien in ausgefallener Technik finden ihre Verwendung. Perlmutt, transluzides Perlmutt mit gelüsterten Silbertreibarbeiten, Schildpattfurnierungen, Boulle-Marketerien und viele andere technische Experimente kommen an der Kommode zur Anwendung.

Kommoden

242 Kommode.
Obst-, Nuß- und Wurzelholz furniert.
Drei Schubkästen mittig leicht vorspringend. Auf der Deckplatte blumentragendes, lorbeergekröntes Medaillon. Baden,
2. Hälfte 18. Jahrh.
84 x 130 x 69 cm.   **18 000,–/25 000,–**

243 Kommode.
Dreischübiger, durch mittigen Risalitwulst geteilter und frontal mehrfach geschwungener Korpus. Seitlich begrenzende, stilisierende Pilasterlisenen. Allseitige Rahmenmarketerie. Nuß- und Halbmaser.
Norddeutsch, 1. Hälfte 18. Jahrh.
84 x 93 x 48 cm.   **12 000,–/16 000,–**

244 Kommode.
Vier Schubkästen frontal verkröpft geschweift. Sockel allseitig bewegt. Eichenholz. Wohl Mecklenburg, Mitte 18. Jahrh.
108 x 125 x 59 cm.   **8 000,–/12 000,–**

245 Kommode.
Allseitig geschweift. Abgerundete Ecken. Band- und Sternmarketerie. Nußholz.
Nordostdeutsch/Mecklenburg, 18. Jahrh.
79 x 124 x 61 cm.   **9 000,–/14 000,–**

246 Kommode.
Dreischübig. Frontal geschweift. Zarge geschwungen und geschnitzt. Weiß und gold gefaßt. Weichholz. Nordostdeutsch/Mecklenburg, 18. Jahrh.
77 x 122 x 60,5 cm.   **8 000,–/13 000,–**

247 Kommode.
Dreischübig. Allseitig geschweift. Frontal verkröpft. Ausziehplatte. Ausgeschnittene Zarge. Band- und Füllungsmarketerie. Esche auf Fichte. Norddeutsch, um 1760.
81 x 106 x 41 cm.   **12 000,–/16 000,–**

248 Kommode.
Dreischübig. Front gebogt. Allseitig Band- und Fadenintarsien. Nußholz. Norddeutsch, 18. Jahrh.
94,5 x 115 x 56,5 cm.   **9 000,–/13 000,–**

249 Kommode.
Ähnlich wie oben. Nußbaum mit Zwetschge und Kirschbaum. Norddeutsch, 18. Jahrh.
90 x 116 x 57 cm.   **9 000,–/13 000,–**

250 Kommode.
In der Front gebauchter, vierschübiger Korpus, flankiert von querfurnierten Eckkehlen, auf über Eck gestellten, bewegt ausgeschnittenen Brettfüßen. Nußbaum.
Niedersachsen/Braunschweig, 2. Hälfte 18. Jahrh.
87 x 123 x 63 cm.   **10 000,–/15 000,–**

243

244

245

246

247

248

249

250

Kommoden

251

252

253

254

255

256

257

258

251 Kommode.
Dreischübiger, gebrochen gebauchter und geschwungener Korpus auf entsprechend bewegter Sockelblende. Seitlich flankierende und tailliert eingezogene Lisenenfelder. Gekehlt und profiliert abgesetzte, kranzartig überstehende Platte. Allseitige Füllungsmarketerie, Würfelfeld auf der Platte. Nußholz. Norddeutsch, 18. Jahrh.
85 x 112 x 61 cm. **15 000,–/18 000,–**

252 Kommode.
Dreischübiger, in der Front zweifach geschwungener und mittig abgesetzter Korpus. Entsprechende, leicht überstehende, an den Kanten gerundete Platte. Allseitige flächige Füllungsmarketerie mit schlichter Bandumfassung. Nußbaum, Zwetschge und Ahorn auf Fichte. Niedersachsen, 2. Hälfte 18. Jahrh.
83 x 121 x 68 cm. **8 000,–/14 000,–**

253 Kommode.
In der Front zweifach geschwungener, prismierter Korpus mit drei Schüben und umlaufendem Sockelprofil. Passige, leicht überstehende Platte, an den Kanten gerundet. Allseitige Band- und Flächenmarketerie. Palisander, Nußbaum, Ahorn und Zwetschge. Niedersachsen, Mitte 18. Jahrh.
77 x 98 x 66 cm. **12 000,–/17 000,–**

254 Kommode.
Dreischübiger, an den Ecken deutlich eingezogen gerundeter, in der Front gebrochen geschwungener Korpus. Passend bewegte, leicht überstehende, an den Kanten quer furnierte Platte mit flächiger, bandumfaßter Marketerie und ebensolchem allseitigem Bandelwerk-Schmuck.
Nußbaum und Zwetschge. Niedersachsen, 2. Hälfte 18. Jahrh.
83 x 117 x 61 cm. **14 000,–/18 000,–**

255 Kommode.
Ähnlich wie oben. Nußholz mit Band- und Feldermarketerien. Brandenburg, 1. Hälfte 18. Jahrh.
91 x 29 x 68 cm. **12000,–/16000,–**

256 Kommode.
Bandintarsien. Zwei Schubkästen. Allseitig geschweift und gebaucht. Alte, schwarz und gelb gefleckte, auberginefarbene Marmorplatte. Nußholz auf Eiche und Fichte. Mitteldeutsch/Berlin, um 1760.
83,5 x 82 x 52 cm. **18 000,–/24 000,–**

Kommoden

257 Kommode.
Allseitig geschweift und gebaucht. Zwei Schubkästen. Hohe geschweifte Beine. Weiße, profilierte Marmorplatte. Restaurierungen. Kirschholz. Wohl Berlin, um 1770.
82,5 x 126,5 x 65 cm.   **16 000,–/22 000,–**

258 Kommode.
Allseitig geschweift mit abgerundeten Ecken. Dreischübig. Geschwungene Zarge. Serpentinsteinplatte. Band- und Füllungsmarketerie. Nußholz. Wohl Dresden, Mitte 18. Jahrh.
82 x 134 x 72 cm.   **18 000,–/24 000,–**

259 Kommode.
Dreischübiger, geschweifter Korpus. Zarge mit geschweiftem Mittelstück. Geschweifte Ecken. Geschweifte Platte. Nuß und Nußwurzel auf Nadelholz. Sachsen/Dresden, Mitte 18. Jahrh.
84 x 129 x 68 cm.   **18 000,–/25 000,–**

260 Kommode.
Allseitig gebaucht und geschweift. Drei Schubkästen. Mittig herabgezogene Zargen. Eingelegte Kanten. Band- und Füllungsintarsien. Nuß- und Wurzelholz. Sachsen/Dresden, Mitte 18. Jahrh.
90 x 131 x 67 cm.   **25 000,–/30 000,–**

261 Kommode.
Geschweifter, dreischübiger Korpus. Abgeschrägte Ecken. Schubladen und Platte dekoriert mit feinen Rankengirlanden und Medaillons. Auf der Platte Medaillon in Elfenbein. Nuß und Nußwurzel auf Tanne. Dresden, 3. Drittel 18. Jahrh.
83 x 116 x 60 cm.   **18 000,–/25 000,–**

259

260

261

Kommoden

262

264

266

268

263

265

267

269

262 Kommode.
Allseitig geschweift. Zweischübig, mit leicht silhouettierten Eckstollen. Geschwungene Zargen. Band- und Füllungsintarsien. Nuß- und Wurzelholz. Sachsen, Mitte 18. Jahrh.
80 x 100 x 50 cm. **13 000,–/18 000,–**

263 Kommode.
Dreischübiger, in der Front zweifach geschwungener Korpus mit gekehlten Traversen. Überstehende, an den Kanten gerundete Platte. Allseitige Füllungsmarketerie mit bandelwerkartigen Rahmeneinfassungen. Eiche, Zwetschge, Nußbaum, Ahorn. Mitteldeutsch, um 1760.
84 x 126 x 65 cm. **8 500,–/12 000,–**

264 Kommode.
Dreischübig. Frontal geschweift. Ausgeschnittener Sockel. Gefriest. Bandintarsien. Nuß, Kirschbaum und Wurzelmaser. Mitteldeutsch, 18. Jahrh.
80 x 100 x 64 cm. **7 000,–/11 000,–**

265 Kommode.
Frontal geschweift. Dreischübig. Abgeschrägte Ecken. Ausgesägter Sockel. Band- und Füllungsmarketerie. Nußholz. Sachsen, Mitte 18. Jahrh.
81 x 110 x 58 cm. **10 000,–/15 000,–**

266 Kommode.
Frontal mehrfach geschweift. Drei Schubkästen. Reiche Band- und Blütenmarketerie. Nußholz. Mitteldeutsch, 18. Jahrh.
70,5 x 105 x 60 cm. **17 000,–/24 000,–**

267 Kommode.
Vierschübiger, frontal gebrochen geschwungener Korpus mit gekehlt vorkragender Platte. Allseitige Rahmen- und Füllungsmarketerie. Nußholz. Mitteldeutsch, Mitte 18. Jahrh.
103 x 114 x 65 cm. **13 000,–/18 000,–**

268 Kommode.
Fünfschübiger, geschweifter Korpus mit geschweiftem, wenig vorspringendem Mittelrisalit. Die Schubladen mit eingelegtem Rahmenwerk. In der Mitte in Ovalmedaillons die eingelegten Porträts Friedrich II. von Preußen und seiner Generäle. Nuß und Nußwurzel auf Tanne. Wohl Anhalt/Dessau, um 1760.
107 x 119 x 69 cm. **12 000,–/16 000,–**

269 Kommode.
Frontal stark geschweift. Drei Schubkästen. Faden- und Füllungsmarketerie. Nußholz. Mitteldeutsch/Thüringen, 18. Jahrh.
69 x 100 x 61 cm. **9 000,–/18 000,–**

Kommoden 153

270 Kommode.
Dreischübiger, in der Front zweifach gebrochen geschwungener Korpus mit entspechend bewegter, an den Kanten profilierter Platte. Auf der Platte eingelegte Urnenvase. Nußbaum, Eiche, Ahorn, Erlen-Maser, Mooreiche. Mitteldeutsch, um 1750.
89 x 127 x 72 cm. **14 000,–/18 000,–**

271 Kommode.
Dreischübig. Frontal geschweift. Mit abgerundeten Ecken. Passig geschweifte Deckplatte mit floralen Einlagen. Band- und Füllungsintarsien. Nuß- und Wurzelholz. Mitteldeutsch, 18. Jahrh.
69 x 113 x 57 cm. **13 000,–/18 000,–**

272 Kommode.
Dreischübiger, frontal gestreckt geschwungener Korpus, seitlich flankiert von gerundeten und gerippten Pilasterlisenen. Nußholz. Thüringen, 2. Hälfte 18. Jahrh.
97 x 130 x 73 cm. **14 000,–/18 000,–**

273 Kommode.
Dreischübig. Geschweifte Front. Geschnitzte Zarge. Bandeinlagen. Auf Deckplatte und Seiten intarsierte Architekturmotive. Nußbaum Zwetschge, Ahorn, Pappelmaser. Mitteldeutsch, Mitte 18. Jahrh.
87,5 x 111 x 64 cm. **15 000,–/20 000,–**

274 Kommode.
Intarsien mit Gitter und Blumenranken. Rüsterholz, Zwetschge, Nußbaum. Thüringen, Mitte 18. Jahrh.
84 x 130 x 70 cm. **18 000,–/25 000,–**

275 Kommode.
Dreischübiger, frontal zweifach geschwungener Korpus. Allseitige flächige Füllungsmarketerie. Nußbaum, -wurzel, Zwetschge auf Fichte. Mitteldeutsch. 2. Hälfte 18. Jahrh.
84 x 126 x 64 cm. **7 000,–/11 000,–**

276 Kommode.
Dreischübiger, doppelt geschwungener Korpus mit weit überstehender, an den Ecken gerundeter Platte. Nußbaum. Hessen/Thüringen, Mitte 18. Jahrh.
86 x 118 x 64 cm. **12 000,–/17 000,–**

277 Kommode.
Vierschübig, mit konvex-konkav geschwungener Front. Platte mit abgeschrägter und geschweifter Kante. Feldermarketerien. Nußholz. Hessen, um 1750/60.
87 x 110 x 61 cm. **10 000,–/15 000,–**

270

271

272

273

274

275

276

277

Kommoden

278 Kommode.
Vierschübiger, stark geschweifter Korpus. Profilierte geschwungene Platte. Nußbaum, Nußwurzel, Rosenholz auf Tanne. Hessen/Mitteldeutsch, Mitte 18. Jahrh.
85 x 127 x 68 cm. **17 000,–/22 000,–**

279 Kommode.
Dreischübiger, in der Front gebauchter Korpus mit gerundeten Traversen und entspr. Seitenbegrenzung. Überstehende, an den Kanten leicht gerundete Platte. Allseitige Feldermarketerie mit umgrenzenden Bandeinlagen. Nußbaum, Nußbaum-Halbmaser und Zwetschge. Mitteldeutsch/Hessen, Mitte 18. Jahrh.
82 x 112 x 65 cm. **10 000,–/15 000,–**

280 Kommode.
Frontal geschweift. Dreischübig. Füllungs- und Bandintarsien. Auf der Platte Würfelmarketerie. Nußholz. Hessen, 18. Jahrh.
85 x 120 x 68 cm. **14 000,–/18 000,–**

281 Kommode.
Vierschübiger, charakteristisch an den Schubblenden gewulsteter Korpus. Überstehende, allseitig geschwungene Platte. Nußholz und Eichenholz. Hessen, 18. Jahrh.
96 x 115 x 57 cm. **8 000,–/12 000,–**

282 Kommode.
Vierschübiger, frontal gebrochen bewegter und wellenförmig gegliederter Korpus. Sockel und Platte profiliert. Seitlich gerundete Stablisenen. Nußholz. Mainfranken/Frankfurt, Anfang 18. Jahrh.
91 x 130 x 66 cm. **16 000,–/24 000,–**

Kommoden

283 Kommode.
Frontal geschweift. Dreischübig, mit abgeschrägten Ecken. Band-, Faden- und Füllungsmarketerie. Nußbaum. Hessen, Mitte 18. Jahrh.
81 x 130 x 66 cm. **12 000,–/16 000,–**

284 Kommode.
Schlichter Korpus. Frontgliederung durch fünf charakteristische Wulstschübe. Im abgetreppt vorkragenden Kopf eingearbeitete Stirnlade. Passige, an den Kanten gerundete Platte. Nußbaum-Halbmaser, Ahorn, Padouk. Nürnberg, 18. Jahrh.
109 x 121 x 58 cm. **9 000,–/14 000,–**

285 Wellenkommode.
Bewegt ausgeschnittene Sockelzarge. Frontgliederung durch vier Schübe und obigem flachem Tablettschub. Seitlich geschweifte, vorne deutlich gebauchte und an den Ecken eingesetzt gerundete Platte. Gegliederter Wellendekor. Eiche und Nußbaum. Nürnberg, um 1760/70.
98 x 114 x 62 cm. **7 000,–/11 000,–**

286 Kommode.
Auf über Eck gesetzten Brettfüßen. Dreischübig, in der Front zweifach geschwungener Korpus. Überstehende, an den Kanten gerundete Platte. Allseitige flächige Füllungsmarketerie mit schlichter Bandumfassung. Nußbaum, Zwetschge, Ahorn auf Fichte. Niedersachsen, 2. Hälfte 18. Jahrh.
83 x 121 x 68 cm. **12 000,–/18 000,–**

287 Kommode.
Seitlich und frontal mehrfach geschweift. Geschnitzte Zarge mit Rocaille und Blattwerk. Würfelmarketerie, Rocaille und figürliche Intarsien in verschiedenen Hölzern. Nußholz. Bayreuth, Werkstatt Jacob Spindler (?), um 1770.
90 x 128 x 62,5 cm. **30 000,–/45 000,–**

288 Paar Kommoden.
Zinn- und Messingintarsien. Auf den Messingplatten der Schubladen gravierte süddeutsche Städteansichten. Nußholz. Ansbach (?), Anfang 18. Jahrh.
85 x 113 x 55 cm.
Das Paar **35 000,–/50 000,–**

289 Kommode.
Drei Schubkästen. Allseitig geschweifter, an den Ecken abgerundeter Korpus. Band- und Füllungsintarsien. Nußholz. Würzburg, 18. Jahrh.
76 x 123 x 64 cm. **20 000,–/28 000,–**

283

284

285

286

287

288   289

Kommoden

290

290 Kommode.
Dreischübiger, frontal geschwungen und bewegter Korpus mit ausgeschnittener Zargenblende. Seitlich an den Ecken geschrägte Ecklisenen. Passend bewegte und an den Kanten gerundete Platte. Allseitige Rahmenmarketerie und Würfelfelder. Nußholz, Zwetschge, Kirschbaum, Mainfranken, 18. Jahrh.
76 x 120 x 52 cm. **25 000,–/35 000,–**

291 Kommode.
Doppelt gebrochen geschwungene Front. Drei Schübe. Umlaufend profilierte Platte. Alle Flächen mit Rautenmarketerie. Nußbaum mit Kirschbaum und Palisander. Wohl Franken, 18. Jahrh.
86 x 110 x 56 cm. **12 000,–/18 000,–**

292 Kommode.
Allseitig gebaucht, mit abgeschrägten, geschweiften Ecken. Zwei Schubkästen. Reiche, teils durchbrochen geschnitzte Zarge. Bandintarsien. Eingelegter Rocaille- und Rosettendekor. Nuß- und Wurzelholz. Würzburg, um 1760.
92 x 122 x 66 cm. **40 000,–/60 000,–**

293 Verwandlungskommode.
Dreischübiger, frontal geschwungen und bewegter Korpus mit ausgeschnittener Zargenblende. Seitlich an den Ecken gebrochen gerundete Ecklisenen. Passend bewegte und an den Kanten gerundete, doppelte Klapplatte. Innen hochfahrbares Kabinettkästchen. Allseitig rahmenumfaßte Füllungsmarketerie. Nußholz marketiert. Mainfranken, 18. Jahrh.
84,5 x 110 x 60 cm. **38 000,–/50 000,–**

291   292

293

Kommoden

294 Kommode.
An den Ecken leicht gerundeter, dreischübiger Korpus. Leicht überstehende, an den Kanten gerundete Platte. Allseitige Füllungsmarketerie. An den Seiten und auf der Front die typ. ornamentalen Linieneinlagen. Nußbaum, Ahorn und Rüster. Württemberg, Ende 18. Jahrh.
82 x 116 x 62 cm.   **7 000,–/11 000,–**

295 Kommode.
Dreischübig. Geschwungene, schlichte Front. Nußholz. Württemberg/Hessen, 2. Hälfte 18. Jahrh.
97,5 x 121,5 x 64 cm.   **10 000,–/16 000,–**

296 Kommode.
Ähnlich wie oben. Nußholz. Süddeutsch, 18. Jahrh.
89 x 105 x 67 cm.   **8 000,–/12 000,–**

297 Kommode.
Drei Schubkästen frontal verkröpft geschweift. Bandintarsien. Nußholz. Süddeutsch, 18. Jahrh.
84 x 120 x 67 cm.   **7 000,–/12 000,–**

298 Kommode.
Drei Schubkästen. Geschweifte Front. Bandelwerkintarsien. Nußholz und Obstholz. Süddeutsch, um 1750.
88 x 109 x 68 cm.   **9 000,–/14 000,–**

299 Kommode.
Vierschübiger, frontal bewegter Korpus mit passender an den Kanten gerundeter Platte. Allseitig rahmenumfaßte Füllungsmarketerie mit geometrischen Bandelwerkverschlingungen und gegliederten Dekorkartuschen. Nußholz mit Zinneinlagen. Süddeutsch, 1. Hälfte 18. Jahrh.
96 x 121 x 60 cm.   **20 000,–/28 000,–**

300 Kommode.
Dreischübiger, frontal geschwungener Korpus. Allseitig rahmenumfaßte Füllungsmarketerie mit prächtigem floralem und chinois stilisierendem Marketeriedekor. Nußbaum, Zwetschge, Ahorn, teils gebrannt und graviert. Süddeutsch, Mitte 18. Jahrh.
90 x 124 x 62 cm.   **20 000,–/28 000,–**

294

295

296

297

298

299

300

158 Kommoden

301

302

303

304

301 Kommode.
Zweischübiger, frontal gebauchter Korpus auf bewegt gedrückten Zargenfüßen und dreiseitig ausgeschnittener Zargenblende. Allseitig rahmenumfaßte Füllungsmarketerie mit gegenständlichen Landschaftsveduten. Nußholz marketiert. Bayern, 2. Hälfte 18. Jahrh.
73 x 118 x 66 cm. **18 000,–/25 000,–**

302 Kommode.
Grau und Gold gefaßt, mit geschnitzten Rocaillefeldern und Ornamenten. Eingezogene Front und gebogte Seiten. Durchbrochen geschnitzte, bewegte Zarge. Passige, profilierte Deckplatte. Weichholz. Süddeutsch (wohl München, in Art des Cuvilliés), um 1760.
89 x 140 x 75 cm. **18 000,–/25 000,–**

303 Kommode.
Dreischübiger, frontal gebrochen geschwungener Korpus mit allseitiger rahmenumfaßter Füllungsmarketerie. Kirschholz, Ahorn, Zwetschge. Süddeutsch, 18. Jahrh.
83,5 x 122 x 69 cm. **14 000,–/18 000,–**

304 Kommode.
Mit originaler, übergangener Fassung. Geschweifter, zweischübiger Korpus. Teilweise vergoldete Voluten auf den abgeschrägten Ecken. Geschweifte Seiten. Geschweifte, teilweise á jour geschnitzte Zarge. Front, Zarge und Seiten reich dekoriert mit vergoldetem Rocaillenwerk in Flachschnitzerei. Marmorplatte. Weichholz. München (wohl Cuvilliés), Mitte 18. Jahrh.
82 x 130 x 57 cm. **30 000,–/40 000,–**

Kommoden

305 Kommode.
Auf bewegtem Zargengestell. Korpus in Stollenbauweise. Seitlich großflächige Kassettenfüllungen. Die dreischübige Front leicht bewegt. Auf den Schüben füllungsartige Flachreliefschnitzerei. Platte an den Kanten profiliert. Eiche. Westdeutsch, 18. Jahrh.
86 x 121 x 59 cm. **6 000,–/9 000,–**

306 Kommode.
Drei Schubkästen. Abgerundete Ecken. Ausgesägte Zarge. Floraler Dekor und Rocaillen in Flachschitzerei auf Schubkästen und Ecken. Eiche. Aachen/Lüttich, Mitte 18. Jahrh.
97,5 x 128 x 58,5 cm. **6 000,–/9 500,–**

307 Kommode.
Dreischübiger, geschweifter Korpus mit abgerundeten Ecken. Geschweifte Zarge. Ecken und Zarge dekoriert mit Volutenranken und Muscheln, die Schubladen mit Muschel- und Bandelwerk in jeweils drei Rechteckfeldern. Eiche. Aachen, 1. Hälfte 18. Jahrh.
88 x 122 x 57 cm. **12 000,–/16 000,–**

308 Kommode.
Dreischübiger, frontal geschwungener Korpus. Allseitig floral gegliederte Reliefschnitzerei. Eiche. Aachen, 18. Jahrh.
92 x 118 x 70 cm. **7 000,–/11 000,–**

309 Kommode.
Frontal geschweift. Geschnitzte Zarge. Blattwerk und Rocaille in Flachschnitzerei. Eiche. Aachen/Lüttich, 18. Jahrh.
90 x 114 x 54 cm. **7 000,–/12 000,–**

310 Kommode.
Frontal geschweift. Dreischübig. Geschnitzte profilierte Zarge. Rocaillenschnitzerei. Nadelholz. Mosel, Mitte 18. Jahrh.
99 x 120 x 67 cm. **9 000,–/14 000,–**

311 Kommode.
Dreischübiger, zweifach risalitartig gebogter Korpus. Geschwungene profilierte Platte. Birkenwurzel, Nußbaum, Ahorn auf Tanne. Westdeutschland, 1. Hälfte 18. Jahrh.
85 x 123 x 75 cm. **12 000,–/16 000,–**

312 Kommode.
Vierschübige, geschweifte Front, mittig leicht eingezogen. Abgeschrägte Ecken. Band-, Faden- und Füllungsmarketerie. Akanthuslaub- und Sterneinlagen. Nußholz. Westdeutsch, 18. Jahrh.
94 x 130 x 58 cm. **10 000,–/15 000,–**

305

306

307

308

309

310

311

312

Kommoden

313

314

315

316

317

313 Kommode.
Frontal doppelt geschweift und verkröpft. Drei Schubkästen. Platte mit marmorierter Fassung. Nuß- und Nußwurzelholz.
Rheinisch, 18. Jahrh.
83 x 108 x 54 cm. **8 000,–/13 000,–**

314 Kommode.
Dreischübiger, einfach gebauchter Korpus, flankiert von gebrochen gerundeten Ecklisenen. Allseitig rahmenumfaßte Füllungsmarketerie mit Blumeneinlagen. Nußbaum.
Rheinisch, 18. Jahrh.
86 x 96 x 58 cm. **7 000,–/12 000,–**

315 Kommode.
Dreischübiger, seitlich von gebrochen gerundeten Ecklisenen begrenzter Korpus. Allseitig fein gegliederte Floralmarketerie. Farbige Hölzer. Dunkelgraue Marmorplatte. Nußholz. Rheinisch, 1. Hälfte 18. Jahrh.
87 x 130 x 60 cm. **15 000,–/20 000,–**

316 Kommode.
Wulstartig abschließendes Sockelprofil. Dreischübiger, in der Front zweifach geschwungener und seitlich gerundeter Korpus, vorne gegliedert durch zwei Lippentraversen. Allseitige Füllungsmarketerie-Felder mit Blatt- und Bandwerkdekor sowie reichen floralen Ausschmückungen. Auf den Seiten und der Platte zentrale, blumengeschmückte Urnenvasen. Nußbaum-Wurzel und Fußmaser, Ahorn, Eibe, Zwetschge.
Rheinisch, um 1760.
88 x 122 x 67 cm. **20 000,–/30 000,–**

317 Kommode.
Zweischübiger, frontal bewegter und leicht bombierter Korpus auf hohen, geschweiften und silhouettierten Zargenbeinen. Allseitig rahmenumfaßte Füllungsmarketerie mit geometrischen Bandverschlingungen. Marmorplatte. Nußholz. Birkenmaser.
Westdeutsch, um 1760.
80 x 81 x 47,5 cm. **12 000,–/18 000,–**

318 Kommode.
Korpus geschweift und gebaucht. Zwei Schubkästen. Geschnitzte Zarge. Band- und Würfelintarsien. Grau-weiß gefleckte, dunkelrosafarbene Marmorplatte.
Nußholz auf Fichte. Westdeutsch, Mitte 18. Jahrh.
81 x 110 x 57 cm. **20 000,–/27 000,–**

Kommoden

319 Kommode.
Dreiseitig geschweifter Korpus mit überstehender, in breite Viertelstäbe gefaßter Platte. Ausgezogene, in Form von Rundpfeilern vortetende Seitenkanten. Durch Profil abgesetzte, gebauchte Zarge. Nußbaum und Wurzelholz. Mittelrheinisch, um 1755/60.
83 x 118 x 66 cm.   **15 000,–/20 000,–**

320 Kommode.
Zweischübiger, bombierter und geschweifter Korpus. Geometrische Bandintarsien. Nußholz, Wurzelmaser und Obsthölzer. Westdeutsch, um 1760/70.
79 x 93 x 55 cm.   **15 000,–/22 000,–**

321 Kommode.
Gegliederte, nach innen gewölbte, dreischübige Front. Schubladen, Seiten und Platte reich mit Bandel- und Blattwerk intarsiert. Nußbaum. Mittelrheinisch, 18. Jahrh.
80 x 116 x 62 cm.   **10 000,–/15 000,–**

322 Kommode.
Dreischübiger Korpus mit gebrochen geschwungener Front. Bandintarsien. Nußbaum, Nußwurzel, Ahorn auf Tanne. Mainz, Mitte 18. Jahrh.
86 x 121 x 67 cm.   **15 000,–/20 000,–**

323 Kommode.
Vierschübig, mit eingezogener Front und abgerundeten Ecken. Elfenbein, Perlmutter und Zinn intarsiert. Eingelegtes Bandel- und Blattwerk, sowie Blüten- und Würfelmarketerie. Auf der Deckplatte als Zentralmotiv die »Hoffnung« (Spes) mit Anker und Vogel unter Baldachin. Nußholz, Pfalz, datiert 1741.
93 x 116 x 67,5 cm.   **20 000,–/30 000,–**

324 Kommode.
Drei Schubkästen. Abgerundete Eckstollen. Geschwungene Zarge. Allseitig geschweift. Faden- und Füllungsintarsien. Nußholz. Mainz, Mitte 18. Jahrh.
90 x 150 x 73 cm.   **18 000,–/25 000,–**

325 Kommode.
Drei Schubkästen, frontal geschweift. Platte frontal und seitlich mit geschweiftem Rand. Nußholz und verschiedene Obsthölzer. Mittelrhein/Pfalz, 2. Hälfte 18. Jahrh.
85 x 129 x 71 cm.   **16 000,–/22 000,–**

318

319

320

321

322

323

324

325

326

326 Kommode.
Allseitig bewegte und gebaucht silhouettierte Sockelzarge. Umlaufendes Sockelprofil mit messingbesetztem Halbrundwulst. Dreischübiger, entsprechend geschwungener Korpus mit Messingkehlen in den Querholztraversen. Schübe mit Lippenrand, flankiert von gebrochen über Eck eingesetzten Messingrundstäben. Passig überstehende, an den Kanten profilierte Platte. Allseitige, flächige Füllungsmarketerie mit querlaufender Bandumfassung auf der Platte. Nußbaum, Nußbaum-Maser und Rosenholz. Neuwied, Abraham Roentgen, um 1760.
85 x 131 x 73 cm.   **50 000,–/70 000,–**

327 Kommode.
Frontal geschweift. Drei Schubkästen. Band- und Fadenintarsien. Nuß- und Rosenholz. Südwestdeutsch, 2. Hälfte 18. Jahrh.
81 x 126 x 71 cm.   **10000,–/15000,–**

328 Kommode.
Zweischübiger, allseitig bewegter und leicht bombierter Korpus »sans travers« mit silhouettierten Eckstollen, ausgeschnittenen Zargenfüßen und abgesetzter, zweischübiger Stirnblende. Allseitig rahmenumfaßte Gitterparketterie. Marmorplatte. Gitterparketterie. Rosenholz. Pfalz, 1750/60.
94 x 145 x 66 cm.   **25 000,–/35 000,–**

329 Kommode.
Dreischübiger, an den Ecken abgesetzt gerundeter Korpus mit allseitig silhouettiert ausgeschnittener Zarge. Überstehende, an den Kanten gerundete Platte. Nußbaum. Südwestdeutsch, um 1760.
87 x 126 x 65 cm.   **12 000,–/16 000,–**

327

328

329

Kommoden

330 Kommode.
Dreischübiger, gebauchter, geschweifter Korpus. Geschweifte Zarge. Seiten ebenfalls gebaucht. Graue Marmorplatte. Nuß auf Tanne. Pfalz, Mitte 18. Jahrh.
85 x 108 x 61 cm.   **18 000,–/24 000,–**

331 Kommode.
Allseitig geschweifte Form. Drei Schübe. Profilierte Platte. Rocaillen und Blattwerk intarsiert. Rhombenmarketerie. Nußbaum. Pfalz, 18. Jahrh.
82 x 130 x 66 cm.   **16 000,–/22 000,–**

332 Paar Kommoden.
Zweischübiger, allseitig bewegter und leicht bombierter Korpus »sans travers« mit silhouettierten Eckstollen und ausgeschnittener Zargenblende. Allseitig rahmenumfaßte Gitterparketterie. Palisander mit Rosenholz. Wohl Pfalz, Mitte 18. Jahrh.
90 x 101 x 57,5 cm.
Das Paar **50 000,–/70 000,–**

333 Kommode.
Allseitig ausgeschnittene Zargenblende. Dreischübiger, an den Ecken gerundeter Korpus. Allseitige Rahmenmarketeriefelder. Mahagoni. Südwestdeutschland, 18. Jahrh.
105 x 115 x 51 cm.   **10 000,–/15 000,–**

334 Kommode.
Ähnlich wie oben. Frontal geschweift. Drei Schubkästen. Nußholz. Mannheim, um 1750.
81 x 126 x 69 cm.   **12 000,–/18 000,–**

335 Kommode.
Dreischübiger, in der Front geschwungener und an den Ecken abgesetzt gerundeter Korpus. Die Seiten in Stollenbauweise. Entspr. bewegte, an den Kanten gerundete Platte. Füllungsmarketerie mit schlichten Bandumfassungen. Nußbaum, Nußbaum-Halbmaser, Zwetschge. Südwestdeutsch/Baden, 2. Hälfte 18. Jahrh.
86 x 125 x 68 cm.   **10 000,–/15 000,–**

336 Kommode.
Allseitig leicht bewegter Korpus mit zwei entspr. der Front geschwungenen Vollschüben. Bewegte, umlaufende Zargenschürze. An den Kanten gerundete Platte. Die Flächen in Füllungsmarketerie mit Rahmenbandeinfassung. Nußbaum. Baden, um 1770/80.
86 x 123 x 60 cm.   **15 000,–/20 000,–**

330

331

332

333

335

336

164 Kommoden

337

338

339

340

341

342

343

344

337 Kommode.
Dreischübiger, in der Front zweifach geschwungener Korpus. Umlaufendes Sockelprofil, leicht überstehende Platte. Allseitige Füllungsmarketerie, breite Rahmenbänder zwischen Fadeneinlagen. Nußbaum, Zwetschge u. Ahorn. Süddeutschland, 2. Hälfte 18. Jahrh.
97 x 122 x 70 cm. **8 000,–/12 000,–**

338 Kommode.
Allseitig bewegter und an der Zargenblende ausgeschnittener, zweischübiger Korpus. Platte weit überstehend und entsprechend geschweift. Bandmarketerien. Nußholz. Oberrhein, 18. Jahrh.
83 x 120 x 65 cm. **18 000,–/25 000,–**

339 Kommode.
Dreiseitig silhouettiert ausgeschnittene Blendzarge. Dreischübiger, in der Front gebauchter und allseitig bombierter Korpus, bekrönt von vorkragender, an den Kanten quer eingefaßter Platte. An den Schauseiten Marketeriefelder mit stehendem und liegendem Rautenparkett. Messingbeschlagene Kehlungen an den Traversen und Seitenfeldern. Zwetschge. Wohl Baden, um 1740/50.
86 x 146 x 73 cm. **30 000,–/40 000,–**

340 Kommode.
Dreischübig. Geschweifte Front und kurvige Seitenteile. Eckstollen betont mit Bronzeapplikationen. Geschweift ausgeschnittene Zargen. Platte an den Kanten gerundet. Nußholz und Wurzelmaser. Bern, Matthäus Funk zugeschrieben, um 1740/50.
80,5 x 101,5 x 53,5 cm. **20 000,–/28 000,–**

341 Kommode.
Ähnlich wie oben. Nußholzfurnier, intarsiert. Schweiz (Funk?), um 1760/70.
86 x 128 x 68 cm. **25 000,–/35 000,–**

342 Kommode.
Allseitig geschweift und gebaucht. Zwei Schubkästen. Rosé-grau gemusterte Marmorplatte. Reiche ornamentale, feuervergoldete Bronzebeschläge. Nußholz. Bern, Matthäus Funk, Mitte 18. Jahrh.
87 x 95 x 53 cm. **35 000,–/50 000,–**

343 Kommode.
Frontal und seitlich mehrfach geschweift und gebaucht. Drei Schubkästen. Nußholz und Palisander. Schweiz, Mitte 18. Jahrh.
79 x 119 x 68 cm. **20 000,–/25 000,–**

Kommoden

344 Kommode.
Vierschübiger geschweifter Korpus. Die
Schubladen mit eingelegten Feldern,
die Platte mit eingelegtem Bandelwerk.
Nuß und Nußwurzel auf Tanne. Österreich,
Mitte 18. Jahrh.
93 x 130 x 72 cm.   **9 000,–/14 000,–**

345 Kommode.
Zweischübig. Geschweifte Zarge und
gebrochen bewegte zweischübige Front.
Dekoriert mit Bandelwerk. Nußholz auf
Tanne. Österreich, Mitte 18. Jahrh.
84 x 117 x 65 cm.   **16 000,–/24 000,–**

346 Pfeilerkommode.
Dreiseitig silhouettierte Zarge, in der Front
deutlich tief gezogen. Zwei übereinanderliegende, gebauchte Schübe, durch vergoldete Kehlen optisch abgesetzt. Allseitig
kreuzgefugte Rahmenrauten, von mehr-
schichtigen Rahmenbändern umgeben.
Nußbaum, Mahagoni und Palisander.
Wohl Wien, um 1770.
92 x 86 x 37 cm.   **14 000,–/18 000,–**

347 Zwei Kommoden.
Zwei Schubladen. Front und Seiten mittig
konkav geschwungen. Durchbrochene,
geschnitzte Zarge mit Rocaillen, Voluten
und Blumendekor. Vorstehende, passig
geschwungene Platte mit reliefierter vergoldeter Stuckauflage an den Kanten. Schnitzereien gold gefaßt. Nuß- und Wurzelholz.
Schleswig-Holstein, 2. Hälfte 18. Jahrh.
77 x 90 x 40 cm.
                    Das Paar **50 000,–/70 000,–**

348 Paar Kommoden.
Flächenfüllende Parkett-, Gitter- und
Bandelwerkintarsien. Allseitig mehrfach
geschweift und gebaucht. Geschnitzte
Rocailleauflagen. Zwei Schubkästen. Stirn-
schub mit Inneneinteilung und Geheim-
fächern. Nuß- und Nußwurzelholz. Besitz
Graf Wildung v. Königsbrück, Schloß
Altenburg. Österreich, um 1730/40.
73 x 101 x 60 cm.
                    Das Paar **70 000,–/90 000,–**

349 Paar Kommoden.
Frontal geschweift und gebaucht. Dreischübig. Platte mit tablettartig ansteigen-
dem Rand. Nußholz. Süddeutsch, Mitte
18. Jahrh.
101 x 106 x 63 cm.
                    Das Paar **18 000,–/28 000,–**

345

346

347

348

349a

349b

350

AUFSATZMÖBEL

**Aufsatz-Kommoden, Aufsatz-Vitrinen, Aufsatz-Sekretäre (s. Schreibmöbel)
Sonderformen: Geschirrschränke, Uhrenmöbel**

Aufsatz-Kommoden
Die Aufsatz-Kommode stellt bei der Kommode eine logische Entwicklung dar, die der Schaffung von mehr Stauraum dient. Hierbei springt der Aufsatz in der Regel dreiseitig leicht zurück. Dieser Aufsatz ist meist zweitürig, manchmal mit unter dem Sockelgeschoß eingearbeiteten Schubkästen, selten mit einem tabernakelartig gestalteten Aufsatz. Die Vorteile liegen, wie bei allen Aufsatzmöbeln, bei mehr Mobilität und bieten eine grazile Erscheinung, die besonders den Erfordernissen des 18. Jahrhunderts nach Transparenz und Leichtigkeit gerecht wird. Auch ermöglicht die zweigeschossige Trennung der beiden Möbelteile eine klare funktionale Unterteilung, die ebenfalls dem entstandenen Geschmack und Bedürfnis nach spezialisierten Möbeltypen entspricht.

Aufsatz-Vitrinen
Für die Aufsatzvitrine gilt nahezu dieselbe Ableitung wie die der Aufsatzkommode. Sie unterscheidet sich lediglich durch einen ähnlich gestalteten, jedoch frontal oder dreiseitig verglasten Vitrinenaufsatz, der es als eine tatsächliche Neuentwicklung zum ersten Mal ermöglicht, die aufbewahrten Gegenstände zur Schau zu stellen.

Die aus der Kunstkammermentalität stammende Eigenart, Objekte zu sammeln und sie dekorativ zu drapieren sowie zu bewahren und zugleich zu präsentieren, führt zur Entwicklung dieser völlig neuen Möbelform.
Erst später entwickeln sich daraus die großflächigen und voluminöseren Schrankvitrinen, die zuerst ihre Verwendung bei Hofe und den hier angegliederten frühen Sammlungen finden. Die Erfindung des Porzellans in Europa und die Entstehung von kleinen Kunstwerken aus diesem Material, aber auch andere kunstgewerbliche Errungenschaften scheinen die Typenentwicklung

hierbei gefördert zu haben.
Neben den genannten Haupttypen gibt es seit dem Beginn des 18. Jahrhunderts eine ganze Reihe von Sonderformen, die sich hauptsächlich durch eine weitere Spezialisierung abheben. Hier sollen nur als Beispiele genannt werden:

Uhrenmöbel
Sämtliche Arten von Uhrenmöbeln, die einerseits aus der Standuhr abgeleitete Halbmöbel sein können – als Aufsatzkommode mit bekrönendem Uhrkasten und Zapplerwerk eine kostbare Verfeinerung der bloßen Behältnisfunktion – oder aber andererseits als Aufsatzvitrine mit zentral integriertem Standuhrgehäuse ergeben eine weitere Unterform des Vitrinenmöbels.

Geschirrschränke
Desweiteren gibt es verschiedene Formen von Geschirrschränken mit einfach gegliedertem Regalaufsatz, mit bewegtem und abgetreppt sich verjüngendem Etagèrenaufsatz oder doppelschrankartige Aufsatz-Geschirrschränke mit zurückspringendem schmalem Aufsatz, seitlich begrenzt von Ablagefächern und im Giebelabschluß regalartig und mehrgeschossig bekrönt mit bewegt ausgeschnittener Wandblende. Dieser zuletzt genannte Typ kommt gelegentlich in Süddeutschland, Österreich und der Schweiz vor.
Der besonders im norddeutschen Raum sehr weit verbreitete Kannenstockschrank als mehrtüriges Regalaufatzmöbel in Massivbauweise ist vorwiegend im bäuerlichen Bereich beheimatet, ebenso wie die in Süddeutschland häufig gebauten Tellerbordschränke mit Türfach, Brotschüben und an die Wandblende konstruiertem Regalteil.
Auf eine Vielzahl von Spezialformen und Mischtypen kann in diesem Rahmen nur verwiesen werden.

Aufsatzmöbel

351

352

353

354

350 Vitrinenaufsatzkommode.
Nußholz furniert. Buchen- und Weichholz. Dreischübiger, geschwungener und bombierter Unterbau mit Schnitzwerkzarge. Rocaillen und C-Bögen. Zweitüriger, dreiseitig verglaster Aufsatz mit mehrfach geschwungenem Giebel und vergoldeter Schnitzwerkbekrönung. Durchgehende Rückwand. An den Ecken durchbrochenes Schnitzwerk. Innen lüstrierte Farbfassung mit Sternmuster. Marketeriefelder mit perspektivischen Rauten. Mainz oder Würzburg von 1740.
224 x 130 x 75 cm.   **80 000,–/120 000,–**

351 Aufsatzkommode.
Frontal geschweift. Oberteil mit verspiegelter Tür und schrägen Ecklisenen. Bandintarsien. Nußholz. Holstein, 2. Drittel 18. Jahrh.
193,5 x 108 x 54 cm.   **18 000,–/25 000,–**

352 Spiegelaufsatzkommode.
Sog. Spiegelschatulle. Reich geschnitzte Auflagen und Zierleisten, reliefvergoldet. Unterteil mit drei Schubkästen, frontal mehrfach geschweift und gebrochen. Eintüriges Oberteil mit Spiegeleinsatz und ausziehbarer Platte. Volutengesims mit durchbrochen geschnitzter, vergoldeter Bekrönung. Nuß- und Nußwurzelholz auf Eiche. Schleswig-Holstein, um 1760.
269 x 113 x 60 cm.   **80 000,–/100 000,–**

353 Aufsatzkommode.
Dreischübiges, geschweiftes Kommodenunterteil. Zweitüriger Aufsatz mit gerader Front und stark geschweiftem, profilierten Abschlußgesims. Die Türen mit reich profilierten Hochrechteckfüllungen, eingelegt mit Volutenranken und großer Sternrosette. Birke, Birkenwurzel und Einlegehölzer auf Fichte. Brandenburg, 1. Hälfte 18. Jahrh.
250 x 146 x 65 cm.   **18 000,–/25 000,–**

354 Aufsatzkommode.
Dreischübiges, schlichtes Kommodenteil und gekehltes Sockelprofil. Zweitüriger, durch Lisenenfelder gegliederter Aufsatz mit seitlich gebrochen hochgebogtem Kranzprofil. Sternintarsien. Eichenholz. Norddeutsch, Ende 18. Jahrh.
218 x 138 x 57,5 cm.   **7 000,–/12 000,–**

Aufsatzmöbel 169

355 Aufsatzschrank.
Zweitüriges, seitlich gebrochen geschrägtes Unterteil. Doppeltüriger, entsprechend dem Unterteil profilierter Aufsatz mit umlaufendem, frontal hochgeschwungenem Kranzprofil und geschnitzter Giebelkartusche. Eiche, Norddeutsch, 18. Jahrh.
266 x 134 x 47 cm.   **10 000,–/15 000,–**

356 Spiegelaufsatzkommode.
Dreischübiges, schlichtes und an den Ecken gerundetes Kommodenteil. Doppeltüriger, frontal verspiegelter Aufsatz mit flächigen, oben gebrochen gebogten Rahmentüren und im Giebel spitz geschwungenem Kranzprofil. Nußholz. Norddeutsch, 18. Jahrh.
226 x 105,5 x 52,5 cm.   **35 000,–/45 000,–**

357 Aufsatzkommode.
Dreischübiger Kommodenkorpus mit seitlich betonten Lisenen. Darüber abgesetzter zweitüriger Aufsatz und ähnlich dem Unterteil gegliederte Front. Tief gekehlter, ausladender Kranz. Allseitige flächige Füllungsmarketerie mit bewegten Bandelwerk-Einlagen. Nußbaum, Nußbaum-Fußmaser, Mooreiche, Zwetschge und Ahorn. Niedersachsen/Brandenburg, Mitte 18. Jahrh.
226 x 152 x 61 cm.   **10 000,–/15 000,–**

358 Aufsatzkommode.
Zweitüriger Aufsatz mit abgeschrägten Ecken und gekehltem, geschwungenem Giebel. Auf Schlagleiste, Ecklisenen und Giebel: Vögel, Putti und floraler Dekor. Dreischübiges Unterteil mit Füllungs- und Fadenintarsien. Eiche, Nußholz. Mitteldeutsch, 18. Jahrh.
238 x 140 x 62 cm.   **9 000,–/14 000,–**

355

356

357

358

359

360

361

362

359 Aufsatzkommode.
Dreischübiges, in der Front bewegt geschwungenes Kommodenteil mit entsprechend geschweifter, überstehender Platte. Zurückspringender, doppeltüriger Aufsatz, bekrönt von gekehltem Kranzprofil und flachem Sprenggiebel. Marketeriefelder mit Bandumfassungen und floralem Bandelwerkzierrat auf den Türen. Nußbaum, Zwetschge, Ahorn, Rüstermaser. Niedersachsen/ Braunschweig, Mitte 18. Jahrh.
211 x 115 x 59 cm.   **18 000,–/25 000,–**

360 Aufsatzkommode.
Ähnlich wie oben. Typischer, tiefgekehlter Sprenggiebel mit mittigem, stil. Vasenpostament. Großfeldige Füllungsmarketerie. Nußbaum. Wohl Braunschweig, um 1770.
220 x 120 x 59 cm.   **20 000,–/25 000,–**

361 Aufsatzkommode.
Dreischübiges, geschweiftes Kommodenteil. Darauf zweitüriger Aufsatz mit rocaillenreliefierten Füllungen. Sprenggiebel. Eiche. Norddeutsch/Thürigen, Ende 18. Jahrh.
224 x 123 x 65 cm.   **12 000,–/18 000,–**

362 Lackkabinettschrank.
Dreischübiges, geschweiftes Kommodenunterteil. Zweitüriger, etwas zurückgesetzter Aufsatz. Rundbogiges profiliertes Abschlußgesims. Reich dekoriert mit Chinoiserien in Relieflack auf rotem Grund. Sachsen, 2. Viertel 18. Jahrh.
218 x 98 x 57 cm.   **18 000,–/25 000,–**

Aufsatzmöbel

363 Kommodenaufsatzschrank.
Dreischübiges, geschweiftes Kommodenunterteil. Zweitüriger Aufsatz. Profilierter gebrochener Volutengiebel. Abgeschrägte Ecken. Volutenranken und allegorische Gestalten. Im Giebel eingelegtes Monogramm GP I.R 1770. Im Innern Gefächer und Schubladen. Nuß, Nußwurzel, versch. Einlegehölzer und Elfenbein auf Tanne. Braunschweig, 1770.
203 x 142 x 58 cm.   **22 000,–/30 000,–**

364 Aufsatzschrank.
Vier Türen mit Füllungen und reich geschnitzten Rocaillenauflagen. Geschweiftes Gesims. Nuß- und Nadelholz. Aachen, um 1760.
298 x 158 x 53 cm.   **8 000,–/13 000,–**

365 Aufsatzkommode.
Dreischübiges, an den Ecken gerundetes Kommodenteil. Zweitüriger Aufsatz mit Spiegelverglasung. Abgerundeter Giebelaufsatz, abgetreppt und profiliert. Mittellisene hervorgehoben. Rüster furniert. Dresden, Mitte 18. Jahrh.
224 x 154 x 68 cm.   **30 000,–/40 000,–**

363

364

365

366

367

368

369

366 Kommodenaufsatzschrank.
Allseitig mehrfach gebauchtes, dreischübiges Unterteil mit ausgesägter Zarge. Zweitüriger Aufsatz mit geschnitztem Blatt- und Rocailledekor auf den geschwungenen Füllungen und abgeschrägten Ecken. Gekehlter, geschweifter Giebel. Nußholz. Westdeutsch, Ende 18. Jahrh.
215 x 141 x 70 cm. **15 000,–/20 000,–**

367 Aufsatzkommode.
Unterteil mit drei Schubkästen frontal und seitlich leicht gebaucht und geschweift. Oben Ausziehplatte. Abgerundete Ecken. Aufgelegte Rocaillen in Flachschnitzerei. Kannelüren mit vergoldeten Messingfüllungen. Oberteil mit zwei Türen. Gesprengtes Volutengesims. Rocaillekartusche mit Spiegel-Monogramm. Ecklisenen mit vergoldeten Messing-Kannelüren und marketierten, modellierten Rocaillen. Türfüllungen mit Elfenbeinintarsien: Frauenfiguren in Rocaillenumrahmung. Nußholz auf Eiche. Neuwied, Abraham Roentgen, um 1755.
250 x 165 x 70 cm. **80 000,–/130 000,–**

368 Aufsatzkommode.
Vier Schubkästen. Geschnitzte Zarge. Oberteil mit Jalousieverschluß. Bandintarsien. Geschnitzter Giebel mit Blattwerk und Rocaille. Obstholz. Südwestdeutsch, 18. Jahrh.
195 x 81 x 56 cm. **8 000,–/12 000,–**

369 Aufsatzschrank.
Doppeltüriges Unterteil in Kassettenbauweise. Entsprechender, zweitüriger, im Giebel geschwungener Aufsatz mit umlaufendem Kranzprofil. Eiche. Lothringen, 18. Jahrh.
231 x 130 x 65 cm. **7 000,–/12 000,–**

Aufsatzmöbel 173

370 Aufsatzkommode.
Dreischübiges, frontal mehrfach geschweiftes Unterteil mit seitlich vorgelegten Lisenen an den Hinterkanten. Zweitüriger Aufsatz auf volutenförmigen Füßen mit geschnitzter Zarge. Verkröpfte, profilierte Gesimsleiste. Geschweifter Giebel mit Schubkasten. Band- und Füllungsintarsien. Reiche Marketerie mit Rocaillen, Vasen und floralem Dekor. Nußholz, Obsthölzer. Mainz, Mitte 18. Jahrh.
196 x 137 x 80,5 cm.   **28 000,–/35 000,–**

371 Aufsatzkommode.
Dreischübiges, geschweiftes Kommodenteil, geschmückt mit vergoldetem Rankenwerk. Abgeschrägte Ecken mit Rosetten. Auf geschwungenen Füßen zurückversetzter, leicht geschwungener Aufsatz mit zwei nebeneinanderliegenden Schubladen, ebenfalls dekoriert mit Rankenwerk und Rosetten. Geschwungener profilierter Giebel. Eiche. Trier, Mitte 18. Jahrh.
217 x 127 x 67 cm.   **15 000,–/20 000,–**

372 Aufsatzkommode.
Gebauchte, zweitürige, von drei Halbsäulen gegliederte Front mit vertieften Türfeldern. Zweischübiges, kastenförmiges Unterteil mit postamentartig verstärkten Ecken und doppelter Mittelkonsole. Geschweifter, mit Voluten verzierter Giebel. Eiche. Mainfranken, 2. Hälfte 18. Jahrh.
211 x 160 x 70 cm.   **15 000,–/20 000,–**

373 Tabernakel-Aufsatzkommode.
Zwei doppelt geschweifte Schubladen mit dunkel abgesetzten Linieneinlagen und Schnitzerei. Oben ausziehbare Abstellplatte. Kommodenplatte und Tür des zurückgesetzten Tabernakel-Aufsatzes mit Linien und Sterneneinlagen. Abgesetzter, gebogter Kopf mit Mittelschublade. Eiche. Franken, 2. Hälfte 18. Jahrh.
205 x 136 x 60 cm.   **16 000,–/20 000,–**

370   371

372   373

Aufsatzmöbel

374

375

376

377

374 Aufsatzkommode.
Reich geschnitztes Zargengestell. Dreischübiger, seitlich bombierter Korpus. Die Front gebrochen geschwungen. An den Kanten profilierte Platte. Tabernakelaufsatz auf entspr. Fußgestell. Das zentrale, gebauchte und im Giebel hochgeschwungene Türfach wird von zwei Pilastersäulen begrenzt. Umlaufendes Kranzprofil mit geschnitzter Giebelkartusche und Baldachinhaube. Füllungsmarketerie mit schrägen Rahmeneinfassungen. Nußbaum. Würzburg, um 1760.
178 x 124 x 64 cm. **35 000,–/45 000,–**

375 Aufsatzkommode.
Ähnlich wie oben. Nußholz. Mainfranken, 18. Jahrh.
183 x 122 x 66 cm. **28 000,–/35 000,–**

376 Aufsatzschrank.
Doppeltüriges, seitlich geschrägtes Unterteil mit eingearbeitetem Sockelschub. Flach geschwungene Schreiblade. Zweitüriger, entsprechend kassettenförmig profilierter und im Giebel geschwungener Aufsatz. Eiche. Franken, 18. Jahrh.
188 x 100 x 62 cm. **12 000,–/16 000,–**

377 Aufsatzkommode.
Vierschübiges, an den Ecken gerundetes Kommodenteil. Darüber zurückspringender Tabernakelaufsatz mit mittiger, zweischübig eingerichteter Tür, welche die fünfschübigen, seitlichen Schubladenreihen mit verschließt. Entspr. der seitlich abgeschrägten Front abschließendes Profilgesims. Füllungsmarketerie mit fadenumfaßten, liegenden Bastionsfeldern. Auf der Tabernakeltüre Papagei auf Baumstumpf. Nußbaum, Ahorn, Zwetschge und Eibe. Württemberg, Mitte 18. Jahrh.
169 x 113 x 61 cm. **12 000,–/16 000,–**

Aufsatzmöbel

378 Aufsatzkommode.
Zweiteiliger Korpus. Beide Teile in der Front doppelt geschweift mit eingezogenem Mittelfeld. Geschwungene Zarge, die durch Profilstäbe gerahmt wird. Dreischübiger Kommodenteil mit überstehender Platte. Im Sockel des Aufsatzes durchgehende Schublade. Zentrale Mitteltür mit Bogenabschluß. Dreiteilige Holzbekrönung aus vergoldeten C-Rocaillen. Nußhölzer. Süddeutsch, um 1750.
210 x 135 x 74 cm. **18 000,–/28 000,–**

379 Tabernakelaufsatzkommode.
Vierschübiges, geschwungenes Unterteil. Aufsatz mit geknickt geschwungener Front. Über durchgehender Schublade Tabernakeltür, von je sechs Schubladen flankiert. Rundbogiger Giebel mit Schublade und Voluten. Tür mit Vasendekor. Auf Schubladen Tiermotive. Nuß- und Nußwurzelholz. Süddeutsch, um 1750/60.
185 x 127 x 63 cm. **12 000,–/15 000,–**

380 Aufsatzkommode.
Dreischübiges Kommodenteil, leicht gebogt. Aufsatz auf geschweiften Füßen. Unten drei Schübe, darüber Mitteltür mit erhöhtem, teils geschweiftem Kopf, flankiert von je drei Schüben. Bandelwerk und stilisierte Blumen. Nußbaum. Süddeutsch/Österreich, Mitte 18. Jahrh.
195 x 126 x 69 cm. **12 000,–/18 000,–**

381 Aufsatzkommode.
Reiche Marketerien, z.T. mit Zinneinlagen. Dreischübiges, geschweiftes Kommodenunterteil. Eingezogene, abgerundete Ecken. Zurückspringend drei nebeneinanderliegende, gerade Schubladen. Geschweifter, eintüriger Aufsatz. Hier Abtwappen und Strauß vor einer Palme. Seitlich jeweils vier übereinanderliegende, gebauchte Schubladen. Profilierter Abschluß mit erhöhtem Stirnschub. Nußbaum, Wurzel- Obstholz auf Tanne. Süddeutsch/Österreich, um 1720 – 30.
177 x 130 x 65 cm. **30 000,–/40 000,–**

378 379

380 381

382

383

385

386

382 Aufsatzkommode.
Front gebaucht geschweift. Im Unterteil vier Schübe. Scheinfüllungen, von Bandeinlage und Filetfurnierung gerandet. Nußbaum. Schweiz, 18. Jahrh.
176 x 97 x 61 cm. **18 000,–/22 000,–**

383 Kommode mit Schubkastenaufsatz.
Frontal geschweift. Drei Schubkästen. Geschweifte Zarge. Aufsatz mit vier Schubkästen. Bandintarsien. Nußholz. Süddeutsch, 18. Jahrh.
90 x 112 x 60 cm. **10 000,–/15 000,–**

384 Aufsatzkommode.
Dreischübiges, zweifach konkav eingezogenes Kommodenteil. Entsprechender, flacher und zurückgesetzter Aufsatzkasten mit sieben geteilten Schubkästen. Allseitig rahmenumfaßte Füllungsmarketerie. Nußholz. Österreich, 18. Jahrh.
119 x 116 x 60 cm. **8 000,–/12 000,–**

385 Aufsatzvitrine.
Zweitüriges, gerades Unterteil mit abgeschrägten Ecken auf profiliertem Gesims mit vergoldeter, geschnitzter Zarge. Aufsatz ebenfalls zweitürig. Verglast mit geschweiften Sprossen. Abgeschrägte Ecken. Geschweifter, profilierter, gebrochener Volutengiebel, die Profile in Schildpatt eingelegt. Nußwurzel und Nuß. Holstein, um 1740.
247 x 160 x 63 cm. **18 000,–/25 000,–**

386 Vitrinenaufsatzsekretär.
Zweitüriger Vitrinenaufsatz mit Sprenggiebel und zwei Schubkästen. Schreibklappe mit Inneneinrichtung. Dreischübiges, frontal geschweiftes Unterteil. Ausgesägte Zarge. Sternintarsien. Mahagoni. Norddeutsch, Ende 18. Jahrh.
203 x 105 x 64 cm. **10 000,–/15 000,–**

387 Vitrinenschrank.
Geschwungenes Unterteil mit einer Tür in der Mitte. An den Seiten jeweils eine weitere schmale Tür. Zurückversetzter, gerader, dreitüriger Aufsatz. Geschwungener, profilierter Giebel. Vergoldete Blattornamente. Birnenholz. Norddeutsch, Mitte 18. Jahrh.
238 x 149 x 62 cm.   **30 000,–/40 000,–**

388 Aufsatzkommode.
Allseitig in der Front deutlich bewegtes Kommodenteil, optisch in drei Schübe gegliedert. Prismierter Aufsatz mit zwei verglasten Türen, von je vierfacher Schubladenreihe flankiert. Mittig erhaben gerundet. Kopf mit Gesimsprofil als Etagèrenaufsatz. Eiche. Norddeutsch, Ende 18. Jahrh.
190 x 90 x 65 cm.   **8 000,–/14 000,–**

389 Aufsatzvitrine.
Bandintarsien. Zarge mit geschnitztem Rocaillendekor. Dreischübiges Unterteil, seitlich und frontal gebaucht. Ecken geschrägt. Zweitüriges Oberteil, geschweift und verglast. Schräge Ecklisenen mit geschweiften Pilastern. Geschwungener Giebel. Nußholz. Norddeutsch, 18. Jahrh.
210 x 148 x 45 cm.   **12 000,–/18 000,–**

390 Vitrinenaufsatzschrank.
Profilierter Sockel. Zweitüriger Korpus mit verkröpften, abgeschrägten Ecken. Füllungen mit Rocaillen. Zweitüriger, gerader Vitrinenaufsatz mit Sprossen und Rocaillen. Profilierter, stark geschwungener Giebel mit Kartusche in der Mitte. Eiche. Aachen, 18. Jahrh.
235 x 192 x 52 cm.   **22 000,–/28 000,–**

391 Aufsatzvitrine.
Dreischübiges Kommodenteil. Doppeltüriger Vitrinenaufsatz mit dreischübigem Sockelgeschoß auf gebogt ausgestellten Standseiten. Im Giebel hochspringende, verglaste Rahmentüren, entsprechendes Kranzprofil mit Stirnblende. Allseitige, marketierte Rahmenfelder. Nußbaum. Fußmaser, Ahorn. Mitteldeutsch, Ende 18. Jahrh.
236 x 128 x 61 cm.   **8 000,–/14 000,–**

392 Aufsatzvitrine.
Zweitüriges, gerades Unterteil. In den rechteckigen Füllungen Rocaillen- und Rosettenschnitzereien. Vitrinenaufsatz mit geschwungenen Sprossen und Rocaillenschnitzereien. Abgeschrägte Ecken. Profiliertes, geschwungenes Gesims mit Kartusche. Eiche. Aachen, Mitte 18. Jahrh.
242 x 141 x 48 cm.   **20 000,–/25 000,–**

387

388

389

390

391

392

393

394

395

396

393 Aufsatzvitrine.
Prismierter Rahmenkorpus. Zweitüriger Kommodenteil mit ausziehbarer Anrichtplatte, darüber zwei nebeneinanderliegende Kopfschübe. Allseitig verglaster Vitrinenaufsatz mit zwei Türen, zwei Basisschüben und floral geschnitzter Sprossenunterteilung. Durchgehende Mittellisene, am Aufsatz mit Glasfüllung. Vielfach profilierter, umköpfter und geschwungener Giebel mit bekrönender, von Blumen umfangener Engelbüste. Eiche. Aachen/Lüttich, um 1760.
235 x 134 x 50 cm. **25 000,–/28 000,–**

394 Aufsatzvitrine.
Geschweiftes, zweitüriges Unterteil. Gekehltes Zwischengeschoß mit zwei Schubladen. Zurückgesetzter Aufsatz mit geschweiften, verglasten Türen. Geschweiftes, profiliertes, teilweise verglastes Gesims. Große, durchbrochene, geschnitzte Kartusche. Die Türen des Unterteils dekoriert mit fein geschnitztem Bandelwerk und Blüten. Eiche. Aachen, 1. Viertel 18. Jahrh.
219 x 130 x 60 cm. **25 000,–/30 000,–**

395 Vitrinenaufsatzschrank.
Doppeltüriges, an den Ecken geschrägtes und reliefgeschnitztes Unterteil. Zweitüriger, entsprechender, frontal verglaster Aufsatz mit Bogengiebel. Eiche. Aachen, 18. Jahrh.
245 x 150 x 43 cm. **15 000,–/20 000,–**

396 Vitrine.
Dreiseitig verglaster Korpus mit silhouettiert ausgesägter Frontzarge. Gebrochen geschweifter, mittig gebogter Kopf, entspr. Simsprofil. Eiche. Westdeutsch, um 1770.
192 x 125 x 41 cm. **12 000,–/18 000,–**

Aufsatzmöbel 179

397 Vitrinenaufsatzkommode.
Dreischübige, konkav-geschwungene Kommode. Zurückspringender, allseitig verglaster Vitrinenaufsatz mit geschweiftem Gesimskranz. Eiche. Westdeutsch, 2. Hälfte 18. Jahrh.
228 x 136 x 72 cm. **12 000,–/18 000,–**

398 Aufsatzvitrine.
Doppeltüriges, an den Ecken geschrägtes und reliefgeschnitztes Unterteil. Zweitüriger, entsprechender, frontal verglaster und einfach versprosster Aufsatz mit Bogengiebel. Eiche, weiß gefaßt und teils vergoldet. Westdeutsch, Mitte 18. Jahrh.
243 x 149 x 60 cm. **12 000,–/16 000,–**

399 Aufsatzkommode.
Zweitürig verglaster Aufsatz mit geschwungenem Giebel, geschnitzter Giebelbekrönung, drei Schubkästen und geschnitzter Zarge. Dreischübige, frontal geschweifte Kommode. Zarge dem Aufsatz entsprechend. Gittermarketerie. Vergoldete Konturleisten. Nußholz. Rheinisch, 18. Jahrh.
214 x 140 x 66 cm. **20 000,–/25 000,–**

400 Aufsatzkommode.
Unterteil frontal und seitlich leicht gebaucht und geschweift. Oberteil mit zwei verglasten Türen. Gebrochen geschwungener Bogengiebel. Band- und Fadenmarketerien. Palisander- und Rosenholz. Pfalz/Mittelrhein, 18. Jahrh.
205 x 131,5 x 60 cm. **35 000,–/45 000,–**

401 Vitrinenaufsatzschrank.
Auf zweitürigem Unterbau mit schrägen Ecken seitlich je drei abgeschrägte Schubkästen. Dazwischen offene Nische. Zweitüriger, verglaster Aufsatz mit halbrundem, eingezogenem, profiliertem Giebel. Nußholz, Palisander und Ahorn, Bandwerk in Wurzelholz. Mainz, um 1730.
246 x 135 x 66 cm. **15 000,–/20 000,–**

402 Aufsatzvitrinenschrank.
Zweitüriges, frontal zweifach geschwungenes Unterteil mit Stirnschub und flankierenden Pilasterlisenen. Doppeltüriger, entsprechend gegliederter, frontal verglaster und zierversproßter Aufsatz. Nußbaum mit Zwetschgen- und Kirschholz. Mainfranken, 18. Jahrh.
180 x 115 x 54 cm. **12 000,–/18 000,–**

397 398

399 400

401 402

403

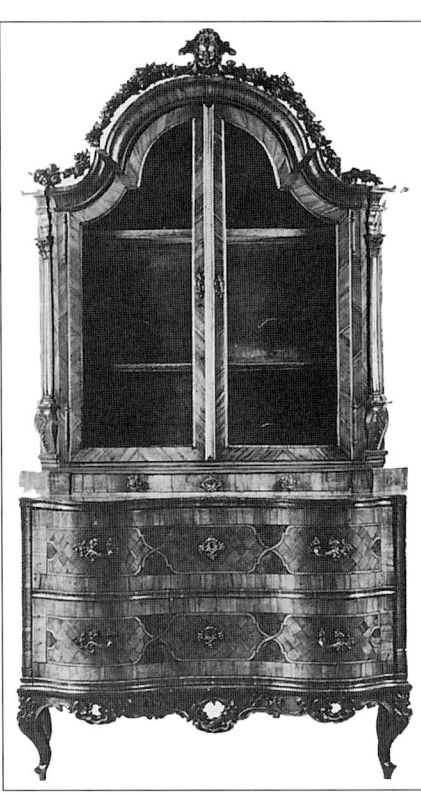

404

405

406

403 Aufsatzvitrine.
Vierschübiges, konvex-konkav bewegtes Kommodenteil. Hoher Vitrinenaufsatz, eintürig, verglast. Rundbogengiebel. Seiten leicht abgeschrägt. Faden-, Band- und Rocaillenmarketerien. Nußholz. Bamberg, Nicolaus Bauer, um 1750.
218 x 126 x 70 cm. **25 000,–/35 000,–**

404 Aufsatzvitrine.
Zweischübiges, frontal geschwungenes Kommodenteil mit durchbrochen geschnitzter Zargenblende. Doppeltüriger, frontal verglaster und seitlich von Pilasterlisenen begrenzter Korpus mit hohem, gekröpftem Bogengiebel. Geschnitzter Kranzbesatz. Allseitig rahmenumfaßte Füllungsmarketerie. Nußholz. Mainfranken, 18. Jahrh.
250,5 x 130 x 73 cm. **30 000,–/40 000,–**

405 Vitrinenaufsatzkommode.
Dreischübiges, frontal gebrochen geschwungenes Kommodenteil mit ausgeschnittener Blendzarge. Seitlich gerundete Ecklisenen. Eintüriger, frontal verglaster und im Giebel geschwungen begradeter Aufsatz. Allseitig rahmenumfaßte Füllungsmarketerie. Nußholz mit Pappel- und Zwetschgenholz. Mainfranken, 18. Jahrh.
202 x 125 x 64 cm. **20 000,–/25 000,–**

406 Vitrinenaufsatzkommode.
Konkav geschweifte Front mit geschrägten Ecken. Drei Schübe. In den Seiten sechseckige Kissenfüllungen. Aufsatz auf Standvoluten mit vierschübigem Sockelgeschoß. Die verglasten Türen und Lisenen von Rocaillenrahmen gefaßt. Kranzgesims geschweift. Kartusche bekrönt von Rocaille. Nußbaum. Süddeutsch, 18. Jahrh.
220 x 134 x 67/38 cm. **20 000,–/28 000,–**

Aufsatzmöbel 181

407 Kommode mit Vitrinenaufsatz.
Frontal stark geschweift. Dreischübig. Gittermarketerie. Zweitüriger Aufsatz, dreiseitig verglast. Abschließendes, gebogtes Kranzprofil. Eiche und Nußholz.
Süddeutsch, 18. Jahrh.
187 x 125 x 68 cm.   **12 000,–/16 000,–**

408 Vitrinenaufsatzschrank.
Zweitüriger Schrank mit figuralen und floralen Einlagen auf Türen und Tischplatte. Aufsatz auf Voluten. Zweitürig, verglast. Geschweifter Giebel. Nußholz. Wohl Württemberg, 18. Jahrh.
223 x 135 x 77 cm.   **15 000,–/18 000,–**

409 Aufsatzvitrine.
Dreischübiges Kommodenteil. Rocaillenreliefierte Zarge, Schubladen und Seiten geschweift. Aufsatz mit zwei Schubladen, zwei Türen, dreiseitig verglast. Geschwungener, profilierter Kopf, von Reliefmuschel bekrönt. Ranken- und Bandelwerkdekor. Nußbaum. Süddeutsch, Mitte 18. Jahrh.
234 x 140 x 75 cm.   **25 000,–/35 000,–**

410 Aufsatzschrank.
Zweitüriges Unterteil mit abgerundeten, eingezogenen Ecken. Gebogt auslaufender Wandabschluß. Stark zurückgesetzter, zweitüriger Vitrinenaufsatz mit dazwischenliegendem, wulstig profiliertem, verkröpftem Schubladengeschoß. Profiliertes, verkröpftes und geschweiftes Abschlußgesims. Türen, Seiten und Ecken reich dekoriert. Nuß und Nußwurzel. Österreich, um 1730.
215 x 148 x 78 cm.   **30 000,–/40 000,–**

407

408

409

410

182 Aufsatzmöbel

411   412

413   414

415   416

411 Apothekerschrank.
Trapezförmig geschrägtes, zwölfschübiges Unterteil. Flaches, wellenförmig gegliedertes Zwischengeschoß. Entsprechend dem Unterteil gestalteter Aufsatz mit flachem Dreiecksgiebel. Tanne.
Süddeutsch, 1. Hälfte 18. Jahrh.
162 x 119 x 47 cm.   **15 000,–/25 000,–**

412 Tellerbord-Buffet.
Unterteil mit zwei Türen, dazwischen drei übereinanderliegende Schubladen. Reliefgeschnitzte Füllungen. Profilierte Zarge. Zurückgesetzter Tellerbord-Aufsatz mit vorspringendem Baldachin. Eiche.
Norddeutsch, um 1760.
207 x 157 x 50 cm.   **12 000,–/16 000,–**

413 Aufsatzsekretär.
Kommodenteil unten mit drei nebeneinanderliegenden Schüben. Darüber zwei Schübe mit leicht nach innen gezogener Mitte. Oben durchgehende gerade Schublade. Kleine Züge zur Auflage der Schreibklappe. Aufsatz unten mit drei Schüben, darüber zwei Türen mit Aussparung, in der die Uhr eingesetzt ist. Bandelwerkmarketerie. Signaturrosette: Andreas Wachter Schwechad. Nußbaum. Süddeutsch/Österreich, Mitte 18. Jahrh.
220 x 104 x 52 cm.   **45 000,–/65 000,–**

414 Aufsatzschrank.
Zweitüriges, gerades Unterteil mit zwei Schubladen. In der Mitte Uhrenkasten. An den Ecken abgerundete Nasen. In den Füllungen reiche Rocaillen-, Blüten- und Rankenschnitzereien. Zurückversetzt gerades Vitrinenteil mit Ranken und Rocaillensprossen. Uhrenkopf mit Metallzifferblatt. Monogramm A. P. Eiche. Lüttich, Mitte 18. Jahrh.
234 x 150,5 x 45 cm.   **40 000,–/60 000,–**

415 Aufsatzvitrine.
Ähnlich wie oben. Uhr sign. Renard L'aine. Eiche. Lüttich, 18. Jahrh.
236 x 163 x 40 cm.   **35 000,–/55 000,–**

416 Kommode mit Standuhr.
In der Front bewegter Korpus, mittig eintürig eingezogen, flankiert von je vierfachen, geschweiften Schubreihen und seitlichen Türfächern. Platte mit aufklappbaren Kopfkästen. Standuhrkasten, begrenzt von seitlich geschwungen gearbeiteten Tabernakelkästchen mit Schweifgiebel. Bronzeappliziertes Bogenschild mit aufgelegtem Zinnzifferring. Allseitige ornamentale Dekoreinlagen in teils graviertem Ahorn. Eiche. Westdeutsch, Mitte 18. Jahrh.
208 x 115 x 60 cm.   **20 000,–/30 000,–**

417

SCHREIBMÖBEL

Sekretäre, Schreibkabinette, Stollen-Sekretäre, Aufsatz-Sekretäre,
Kommodensekretäre, Schreibschränke, Pultschreibtische, Damensekretäre,
Schreibtische, Bureau-Plats

Schreibkabinette
Das Schreibkabinett bildet die Frühform aller Schreibmöbel – abgesehen von frühen Schreibtischen, abgeleitet von Kastentischen mit frontal abklappbarer Lade und schiebbarem Deckel, manchmal auch aufklappbarer Platte, wie sie besonders in Klöstern und Ratsstuben bereits im 15. Jahrhundert auftauchten. Wie bereits bei den Kabinetten beschrieben, dient die Klapplade des Kabinettes als Schreibplatte. Sie verschließt die vielschübige Einrichtung mit dem meist zentral angeordneten Türfach. Besonders geeignet für die Aufbewahrung von kleinen Kostbarkeiten, aber auch für alles Geschriebene, dessen Bedeutung sich für die damalige Zeit an der Pflege dieser Möbelform ablesen läßt. Das Kabinett bleibt in seiner Grundform als Bestandteil der äußeren Erscheinung und später als Einbau bis in die neueste Zeit erhalten. Es wandert geradezu über verschiedene Stationen: vom Tischgestell, das sich schließlich zu einer spezialisierten Ergänzung des Schreibteils entwickelt, über einen massiven Unterbau, der im 18. Jahrhundert zur Kommode wird, bis es schließlich als bloßer Aufsatz vom eigentlichen Schreibteil getrennt wird. Häufig verschwindet es nun hinter Türen (Cantourgenaufsatz) oder bildet beim dreifach geteilten Sekretär – vornehmlich in Süddeutschland, in den Rheinländern und in Hessen – den weit verbreiteten Tabernakelaufsatz. Gegen Ende des 18. Jahrhunderts und im 19. Jahrhundert verschwindet es hinter den Klappen der modischen Schreibschränke.

Bezeichnet wurden die frühen Schreibkabinette etwas irreführend als »Schreibtische«. Eine klare Spezialisierung als Schreibmöbel ist jedoch nicht auszumachen. Sie sind eher eine Art Aufwertung der einfachen Kabinette, die Anlaß für die stets fortschreitende Verfeinerung der Ausstattung und des Dekors gewesen sein mag. So beeinflußt die Schreibkultur ganz wesentlich einen vielgestaltig verwendbaren Möbeltyp und entwickelt daraus gegen Ende des 17. Jahrhunderts eigenständige Schreibmöbelformen.

Stollen-Sekretäre
Zur Gruppe dieser eigenständigen Schreibmöbelformen zählt der selten als Kabinett gebaute Stollenschrank mit schreibteilartig eingerichteten Schubkästen. Auch der frühe Schreibtisch erfährt eine vorübergehende Renaissance. Er verzichtet auf einen Aufsatzkasten und birgt die notwendige Einrichtung im frontal abklappbaren Zargenkasten. Zuerst spielt hier noch die Mobilität eine Rolle, wie sie aus der häufig zerlegbaren Gestellkonstruktion ersichtlich ist. Oft finden sich raffinierte Verstrebungen, einsetzbare Fußstege oder Sockelplatten, um die Stabilität, wie sie zum Schreiben benötigt wird, zu gewährleisten. Schließlich wird der Schreibtisch mehr und mehr zu einem eigenständigen Einrichtungsgegenstand. Er erhält eine feste Gestellkonstruktion, ähnlich wie beim Stollenkabinett.
Vorher, in seiner Leichtigkeit als Brettkonstruktion oder Scherengestell, noch eine rein schreinerische Arbeit, beteiligen sich jetzt zunehmend Drechsler und Holzbildhauer an der Herstellung dieser Gestelle. Im Detail entwickeln sich für ein Schreibmöbel besonders geeignete Ausstattungsmerkmale. Neben der frontalen Klapplade die zurückschiebbare Deckplatte, ein vom Kabinett stammender differenzierter Einbau, sogar hochstellbare Pultplatten und Kästchen zur Aufbewahrung des Tintenzeuges finden sich an diesen Schreibmöbeln. Schreibtische erhalten nun auch einen zuerst lediglich zweigeschossigen Kabinettaufsatz mit zentralem Türfach und begrenzenden Schubreihen. Arbeitstisch und Behältnisteil sind damit erstmals voneinander getrennt.
Als weiteren Entwicklungsschritt erhalten manche Schreibtische ein eigenständig eingeschobenes Pultteil oder eine flache Pultschräge als Klappe. Die aufstellbare Pultplatte verbirgt sich nicht mehr als Teil des Einbaus im Schreibtisch, sondern wird zu einem gestalterischen Element. Ab der Jahrhundertwende entwickelt sich aus dem Pultteil, das sich oft an frühen Aufsatzmöbeln als Schreibkassette findet, das schräg gestellte Schreibteil zum unverzichtbaren Bestandteil nahezu sämtlicher Schreibmöbel des 18. Jahrhunderts.
Zuerst als Zwischengeschoß mit Schreibeinrichtung auf dem immer noch beliebten Stollen- und Säulengestell, dient es als Überleitung zum zurückspringenden Kabinettaufsatz in unveränderter Form.
Mit dem Siegeszug der Kommode bildet sich nun das eigentliche Repräsentationsmöbel des 18. Jahrhunderts heraus: der Aufsatzsekretär. Hier bilden konstruktive Zwei- oder Dreigliederungen eine neue Einheit.
Auf dem Behältnisteil, meist eine Kommode, befindet sich das schräge Schreibklappenteil mit seinem harmonisch die äußere Form abschließenden Aufsatz.

Aufsatz-Sekretäre
Von der Kommode abgeleitet entwickelt sich der Aufsatz-Sekretär im 18. Jahrhundert zu einem weiteren Repräsentationsmöbel. Er wird, wie die Kommode, zu einem wichtigen Einrichtungsgegenstand in der bürgerlichen, aber auch höfischen Raumkunst. Als »multifunktionales« Möbel, meist bestehend aus drei Partien, stelle er eine spezialisierte Verfeinerung der Aufsatz-Kommode dar.
Er besteht aus einem kommodenartigen Unterteil mit Schubkästen. Seltener ist dieses Unterteil auch zweitürig, manchmal mit ausgeschnittenem Knieraum.
Das Schreibteil, häufig mit schräger Schreibklappe in vielen konstruktiven und gestalterischen Variationen, ist auf das Unterteil gestellt und springt an seiner Vorderkante meist leicht zurück. Darüber befindet sich der Aufsatz, der in zwei Grundformen vorkommt:
dem zweitürigen Cantourgen-Aufsatz, der auch ein Vitrinenaufsatz sein kann und dem vorwiegend im süddeutschen Raum vorkommenden Tabernakelaufsatz mit zentralem Türfach und flankierenden, mehrgeschossigen Schubkastenreihen.
Konstruktiv existieren zwei Varianten des Aufsatz-Sekretäres: Im süddeutschen und südwestdeutschen Raum gibt es hauptsächlich die Dreigliederung (à trois corps), in Mitteldeutschland, aber auch in Niedersachsen und im Norden überwiegt die Zweigliederung (à deux corps). Hierbei ist das Schreibteil mit dem Unterteil fest verbunden.

Technisch kommen viele Errungenschaften zur Anwendung. Am Schreibteil entstehen raffinierte Geheimfächer, verdeckte Mechanismen und ausgefallene Gliederungen. Auch als typisches Möbel des 18. Jahrhunderts entwickelt sich der Aufsatzsekretär, wie die Kommode, zu einem Repräsentationsobjekt mit dekorativer Entfaltung, die bei höfischen Vertretern zu Höhepunkten des Möbelbaus werden können. Keine Epoche vorher und nachher bringt es zu solch hochentwickelter Blüte, wovon besonders diese Aufsatzmöbel heute noch ein eindrucksvolles Zeugnis ablegen.

Kommodensekretäre
Manchmal wird auch auf den Aufsatz verzichtet; dieser Kommodensekretär oder die Schreibkommode stellen eine Vereinfachung des Aufsatzsekretärs dar. Besonders als bürgerliches Möbel, einfacher in der Anfertigung und billiger in der Anschaffung, wird er den schlichten Bedürfnissen der Gebrauchsfähigkeit durchaus gerecht. Daher sind kostbar gearbeitete Kommodensekretäre sehr selten.

Schreibschränke
Aus ihm entwickelt sich bald der Schreibschrank, bei dem Kommode und Schreibteil zu einer harmonischen Einheit verschmelzen. Diese Schrankform des Schreibmöbels bleibt ein wohlproportionierter, beliebter Einrichtungsgegenstand bis weit ins 19. Jahrhundert hinein. Das schräge Schreibteil verschwindet hierbei ganz und wandelt sich zum kabinettartigen Einbau hinter der senkrechten, großflächigen und fallenartigen Schreibklappe. Damit entspricht der Schreibschrank der zunehmenden Abkehr von barockem Formverständnis.

Pultschreibtische
Aus dem Schreibtisch des frühen 18. Jahrhunderts mit seinem zugehörigen Untergestell entsteht über eine Zwischenstufe mit eingehängten Schubkästen oder seitlich des Knieraumes angeordneten Schubladenreihen der Pultschreibtisch. Sowohl Kommode als auch Säulengestell haben hierfür Pate gestanden. Entscheidendes Merkmal des Pultschreibtisches ist, wie beim späteren Schreibschrank, die ästhetische Vereinigung von Untergestell und Schreibteil. Der gesamte Korpus bildet eine harmonische Einheit mit einer lockeren Gestellkonstruktion. Die entsprechend dem Zeitgeschmack meist bewegten Beine leiten ohne Übergänge in den Möbelkörper über. Der Drang nach konzipierter Bewegung, bei dem mehr der Entwurf als die Gebrauchsfähigkeit über das Möbel entscheidet, findet besonders bei Pultschreibtischen des beginnenden Rokokos seinen unnachahmlichen Ausdruck. Dies mag der Grund sein, weshalb häufig gerade Pultschreibtische Meisterwerke nahezu aller berühmter Schreiner des 18. Jahrhunderts wurden.

Damensekretäre
Die kleinere Ausführung des Pultschreibtisches bezeichnet man fälschlich verniedlichend als »Damensekretär«, bei dem in zierlicher Form und filigraner Technik die notwendigen Merkmale eines solchen Schreibmöbels umgesetzt sind. Damensekretäre sind leicht und hochbeinig, gestatten allenfalls das Verfassen von galanter Korrespondenz und vermitteln, wie wenige andere, meist aus Frankreich stammende Kleinmöbelformen, den Hauch von Überfluß und Luxus. Weiterhin hat sich das Schreibpult, als Relikt der frühen Renaissance, im Barock erhalten. Als einfaches Gebrauchsmöbel, an dem schließlich meist stehend gearbeitet wurde, wurde ihm nur selten gestalterische Aufmerksamkeit und damit eine nuancenreiche Entwicklung zuteil. Er findet sich manchmal auch als integrierter Bestandteil an anderen Schreibmöbelformen oder läßt sich hier – zumindest auf Wunsch – ausklappen oder ausziehbar arretieren.

Schreibtische (Bureau-Plats)
Neben den frühen Schreibtischformen verbreitet sich von Frankreich ausgehend der großflächige Arbeitstisch mit Schubkästen in der Zarge. Das »Bureau Plat« ist jedoch weitgehend ein höfisches Möbel geblieben. Es benötigt als Schreibmöbel durch seine Größe und reine Tischform weitläufige Räume und dient, nicht vergleichbar mit Behältnismöbeln, der Dekoration der Stellflächen. Dieses »Binnenmöbel« ergänzt lediglich in vornehmer Weise eine ohnehin schon prächtige Raumausstattung.

Schreibmöbel

418   419

420

417 Tabernakelsekretär.
Reich profilierter Kommodenteil, Mittelteil zurückgesetzt, 4 große, darüber flacher Schub. Mittelteil mit Schreibklappe, flankiert v. je 2 Schubladen mit gebauchter Front. Reich gegliedertes Oberteil, verspiegelte Mitteltür, bemaltes Kruzifix, umgeben v. 9 Schubfächer mit Zentralverschluß. Darüber eingearbeitetes Uhrengehäuse, Zinnzifferblatt mit Messingzierat. Eiche, massiv, vergold. Orig.-Messingbeschläge. Salzburg, 18. Jahrh.
225 x 129 x 70 cm.   **18 000,–/25 000,–**

418 Stollensekretär.
Fußgestell mit fünf konischen Vierkantsäulen, verbunden durch dreiseitig geschweift eingezogenen Fußsteg. In der Front vierfach abgesetztes dreischübiges Tischteil. Tabernakel-Aufsatz in der Front ebenfalls vierfach abgesetzt gegliedert, mit mittigem zylinderförmigem Türfach. Oben und unten passige Schübe. Daneben schräg gestellte Lisenenfriese und jeweils fünffach flankierende Schubladenreihen. Entspr. gekröpftes, tief gekehltes Kranzgesims. Flächige Füllungsmarketerie mit in der Front floralem Beiwerk. Vogeldarstellungen. Grav. Elfenbein, Nußbaum, Ebenholz, Eibe, Apfelbaum, Olive, teils grün koloriert. Thuja, Ahornmaser, Ahorn, Zitrone und Zwetschge. Wohl Brandenburg, um 1720/30.
177 x 124 x 68 cm.   **40 000,–/50 000,–**

419 Aufsatzschreibschrank.
Balustergestell mit umlaufenden Trittleisten. Unterteil mit leicht zurückgesetzter Tür, flankiert von je drei Schubladen. Darüber Schreibklappe mit Inneneinrichtung. Zweitüriger Aufsatz. Wurzelfurnierte Füllungen mit Stern- und Rosetten-Einlagen. Ausladendes, profiliertes Gesims. Nußbaum. Wohl Braunschweig, um 1700.
195 x 138 x 69 cm.   **28 000,–/35 000,–**

420 Stollensekretär.
Gestell mit vier vergoldeten, vollplastischen Putten. Breite, geschwungene Stege. In der Mitte etwas erhöht balusterähnliche Stütze. Geschwungenes Unterteil mit je sechs Schubladen in zwei Etagen, um ein Tabernakelfach gruppiert. Zurückspringende schräge Schreibklappe. Geschwungener gestufter Aufsatz mit Tabernakelfach, umgeben von je zwei Reihen Schubladen. Geschnitzte, vergoldete Akanthusblätter. Nuß, Nußwurzel, Zwetschge und Ahorn. Westdeutsch, Anfang 18. Jahrh.
182,5 x 139,5 x 75 cm.   **35 000,–/50 000,–**

421 Stollensekretär.
Konische Beine, durch geschweiften Steg verbunden. Geschweiftes Kommodenteil mit sechs Schubladen in zwei Etagen, Zurückgesetzte, schräge Schreibklappe, flankiert von Schubladen. Zurückgesetzter, ge-schweifter Aufsatz mit Tabernakelfach, umgeben von je vier Schubladen. Rahmenwerk und geometrische Muster. Nuß- und Nußwurzel. Mainfranken, 1. Viertel 18. Jahrh.
170 x 112 x 75 cm. **30 000-,/40 000,–**

422 Stollensekretär.
Konische Vierkantbeine, durch Stege verbunden. Geschwungene Vorderseite mit jeweils zwei seitlichen und in der Mitte einer Schublade. Schräge Schreibklappe. Beidseitig eine schmale Schublade. Geschwungener Tabernakel-Aufsatz, umgeben von Schubladen, Nuß, Nußwurzel, Obsthölzer. Franken, Mitte 18. Jahrh.
155 x 115 x 75 cm. **30 000,–/40 000,–**

423 Aufsatzsekretär.
Balusterbeine, durch geschweiften, gekreuzten Steg verbunden. Geschweifte Schublade. Zurückgesetzte schräge Schreibklappe, mit seitlichen, vorgezogenen Schubladen. Aufsatz geschweift mit mittlerem Tabernakelfach, umgeben von mehreren Schubladen. Dekoriert mit reichem Bandelwerk. Nuß, Nußwurzel. Österreich, um 1700.
178 x 121 x 74 cm. **25 000,–/35 000,–**

424 Aufsatzsekretär.
Geschweifte Beine, durch bewegten Kreuzsteg verbunden. Aufsatz mit einem geschweiften Schubladengeschoß. Zurückspringende, schräge Schreibklappe, flankiert von einschübigen Seitenrisaliten. Zentrales Türfach, umgeben von Schubladen. Marketiertes Rahmenwerk. Süddeutsch, Mitte 18. Jahrh.
180 x 118 x 70 cm. **20 000,–/30 000,–**

425 Stollensekretär.
Sechs Säulenbeine, verbunden durch bewegten Steg. Schräge Schreibklappe. Frontal geschweiftes Oberteil mit zwei Türen und vierzehn Schubkästen. Banditarsien. Nuß-, Ahorn, und Maserhölzer. Süddeutsch, um 1730.
209 x 136 x 67,5 cm. **35 000,–/45 000,–**

426 Aufsatzsekretär.
Konische, achtkantige Beine. Gegliederte Schublade. Darüber Schreibklappe mit Inneneinrichtung, flankiert von Seitenschüben. Aufsatz mit Mitteltür und begrenzenden Schubreihen. Reiche Rocailleneinlagen.

421 422
423 424
425 426

188 Schreibmöbel

427

428

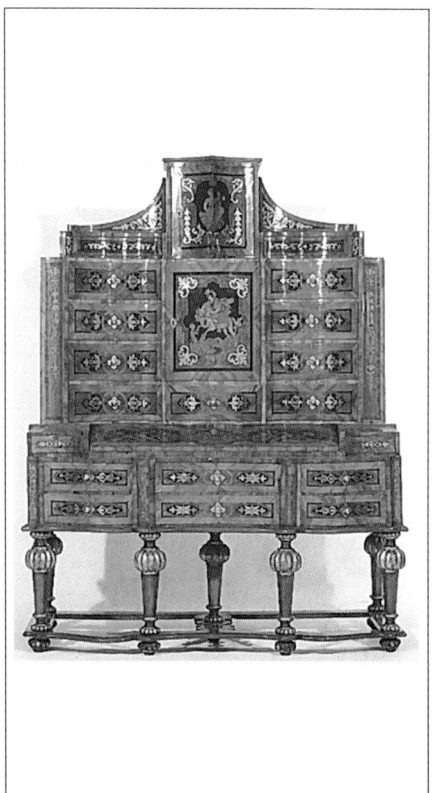

429

430

Nußbaum, Birkenwurzel. Böhmen, 1. Hälfte 19. Jahrh.
160 x 103 x 66 cm. **18 000,–/25 000,–**

427 Aufsatzsekretär à trois corps.
Flechtwerk- und Rocaille-Intarsien. Allseitig geschweift. Tisch-Unterteil mit intarsierter, vierpassiger Fußplatte. Geschweifte Beine und Zarge mit Rocaille-Dekor geschnitzt. Drei Schubkästen. Aufklappbare Schreibplatte. Oberteil mit dreizehn Schubkästen und Tür. Inneneinteilung mit drei Schubkästen, Schiebeplatte, Geheimfächern. Auf der Tür intarsiertes Wappen. Geschweifte Rocaillebekrönung, durchbrochen geschnitzt und vergoldet. Nußholz. Art des Carl Maximilian Mattern, Würzburg, 1750.
192 x 83 x 75 cm. **65 000,–/85 000,–**

428 Stollensekretär.
Konische Vierkantbeine, die durch Stege verbunden sind. An der geschwungenen Vorderseite sechs Schubladen in zwei Etagen. Darüber dekorierte Schreibklappe, begrenzt von jeweils einer schmalen Schublade. Bewegter Tabernakel-Aufsatz, umgeben von Schubladen. Gesprengter, profilierter Giebel. Bandelwerkmarketerie. Nuß, Nußwurzel, Obstholz, Zinn, Schildpatt. Bamberg, um 1730.
161 x 123 x 75 cm **60 000,–/80 000,–**

429 Stollensekretär.
Dreiteiliger Schreibschrank. Sechskantiges Säulengestell mit vergoldeten, kugelförmigen Manschetten. Sechsschübige bewegte Front. Schreibklappe mit seitlichen Schubkästen. Aufsatz mit spitz zulaufender Tabernakeltüre, flankiert von mehrgeschossigen Schubkastenreihen. Rahmenfelder mit Boulle-Dekor. Nußholz, Zwetschge, Birnbaum, Messing, Zinn. Bamberg, Anfang 18. Jahrh.
207 x 153 x 85 cm. **70 000,–/90 000,–**

430 Aufsatzsekretär à trois corps.
Allseitig geschweift. Dreischübiges Tisch-Unterteil auf plastisch geschnitzten, fischköpfigen Beinen (später) mit goldgefaßten Kanten. Schreibplatte, dahinter zehnschübige Inneneinrichtung. Aufsatz mit zwölf Schubkästen und Mitteltür. Reiche Marketerie: Band-, Faden- und Füllungseinlagen. Auf der Tür Allianzwappen der Familien Gantzhorn und Eglauer mit Datierung. Nußwurzelholz, verschiedene Hölzer. Bamberg, Servatius Brickard, 1716 datiert.
191 x 150 x 91 cm. **75 000,–/95 000,–**

Schreibmöbel 189

431 Aufsatzsekretär.
Zweitüriger Aufsatz mit geschwungenem, profiliertem Gesims. Schreibklappe, dahinter mehrteilige Inneneinrichtung. Geschweiftes, dreischübiges Unterteil. Eiche. Norddeutsch, 18. Jahrh.
243 x 127 x 75 cm.   **13 000,–/18 000,–**

432 Aufsatzsekretär à deux corps.
Umlaufender Profilsockel. Drei Schubladen. Die Mitte flächig eingezogen, darüber zwei nebeneinanderliegende Halbschübe. Schreibklappe akzentuiert durch Profilschmuck. Der gebogt abschließende Aufsatz durch zwei Türen verschlossen. Gekehlt vorkragendes Kranzgesims. Tabernakel-Einrichtung mit zentralem, verspiegeltem Türfach. Allseitige Füllungsmarketerie mit Rahmenbändern. Verschlungenes Bandwerk. Nußbaum, Wurzelmaser, Zwetschge, Rüster, Kirschbaum. Holstein, um 1760.
219 x 117 x 56 cm.   **25 000,–/35 000,–**

433 Aufsatzsekretär á trois corps.
Dreischübiges Kommodenteil. Front in stilisierter Orgelfrom. Schräger Schreibteil mit flachem Sockelschub und flankierenden Stützzügen. Zweitüriger Aufsatz, die Rahmentüren dekoriert mit geschnitzten und goldgefaßten Eckzwickeln. Entsprechend gestalteter, gebrochen geschwungener Giebel mit bekrönender Volutenkartusche. Eiche. Nordd./Friesland, datiert im Türfach: 1757.
215 x 118 x 57 cm.   **12 000,–/15 000,–**

434 Aufsatzsekretär.
Zweitüriger Aufsatz mit geschweiftem, gekehltem Sprenggiebel. Schreibklappe, dahinter mehrteilige Inneneinrichtung. Dreischübiges, frontal geschweiftes Unterteil. Allseitig geschwungene Füllungen in Flachschnitzerei. Eiche. Nordwestdeutsch, 18. Jahrh.
222 x 118 x 60 cm.   **15 000,–/20 000,–**

431

432

433

434

435

436

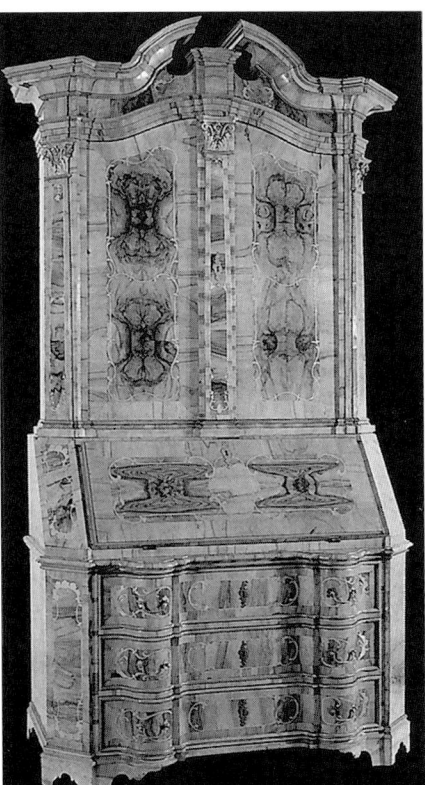

437

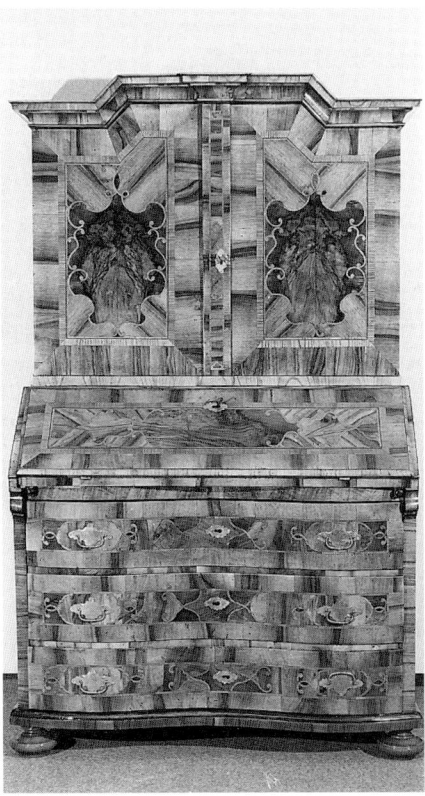

438

435 Aufsatzsekretär.
Doppelt geschweiftes und eingezogenes Kommodenteil mit Mitteltür. Diese wird von zwölf Schubladen umgeben. Schräge Schreibklappe. Zweitüriger Aufsatz mit glattem, profiliertem Gesims. Füllungen mit Bandelwerk und Chinoiserien. Nußbaum mit Wurzelholz. Norddeutsch, 1. Hälfte 18. Jahrh.
201 x 115 x 72 cm. **25 000,–/35 000,–**

436 Aufsatzsekretär.
Zweischübiges Kommodenteil. Auf den Schüben füllungsartig ausgeschnittene Frontdoppel. Entspr. gestaltetes, schräg gestelltes Schreibteil. Zweitüriger, verglaster Vitrinenaufsatz mit gebrochen geschwungenem Giebel und gekehltem Gesims. Eiche. Norddeutsch, 2. Hälfte 18. Jahrh.
215 x 109 x 58 cm. **8 000,–/13 000,–**

437 Aufsatzsekretär à deux corps.
Dreischübiges, prismiertes, in der Front zweifach geschwungenes und mittig gebrochen konkav eingezogenes Kommodenteil. Entsprechendes, steil schräggestelltes Schreibklappenteil. Darüber zweitüriger Ausatz mit dreifacher Fontunterteilung durch stilisierte Pilastersäulen mit korinthischen Kapitellen. Getreppt abgesetzter Kopf mit bekrönendem, wuchtigem Sprenggiebel. Allseitige, rocaillenumfaßte Füllungsfelder. Nußbaum, Nußbaum-Halbmaser und -Wurzel. Braunschweig/Brandenburg, um 1750.
255 x 131 x 72 cm. **60 000,–/80 000,–**

438 Aufsatzsekretär à deux corps.
Geschweifte Front mit drei Schubladen. Schräge Schreibklappe. Zweitüriger Aufsatz mit flach gegiebeltem Profilkranz. Konturierende Rankenbänder. Nußbaum. Niedersachsen, 18. Jahrh.
195 x 115 x 60 cm. **20 000,–/25 000,–**

Schreibmöbel

439 Aufsatzsekretär.
Dreischübiges, frontal geschweiftes Unterteil. Schreibklappe. Zweitüriger Aufsatz mit abgeschrägten Ecken und profiliertem Sprenggiebel. Reiche Band-, Faden- und Würfelmarketerie. Auf den Türen in Elfenbein eingelegte Rokokofiguren. Nußholz. Braunschweig, Mitte 18. Jahrh.
232 x 112 x 53,6 cm. **40 000,–/50 000,–**

440 Aufsatzsekretär.
Zweitüriger Aufsatz mit gekehltem Sprenggiebel. Schreibklappe. Dahinter Inneneinrichtung. Dreischübiges, frontal geschweiftes Unterteil. Reiche Bandwerkmarketerie. Nußbaum. Niedersachsen,
1. Hälfte 18. Jahrh.
214 x 109 x 62 cm. **25 000,–/30 000,–**

441 Aufsatzsekretär à trois corps.
Dreischübiges, doppelt geschweiftes Kommodenteil. Entsprechendes Zwischenteil mit schräger Schreibklappe. Zweitüriger Aufsatz mit gekehltem, profiliertem, gebogtem Gesims. Bekrönt von geschnitzter Rankenkartusche. Birke. Nordostdeutsch, Ende 18. Jahrh.
225 x 131 x 80 cm. **20 000,–/25 000,–**

442 Aufsatzsekretär.
Frontal mehrfach geschweiftes, dreischübiges Unterteil mit silhouettierten Eckstollen und geschwungener Zarge. Schreibklappe mit mehrschübiger Inneneinrichtung. Aufsatz zweitürig. Dahinter elf Schubkästen. Geschweiftes und geschnitztes Kranzgesims. Faden- und Füllungsmarketerien. Kirschholz. Berlin, Mitte 18. Jahrh.
220 x 130 x 56 cm. **28 000,–/35 000,–**

439

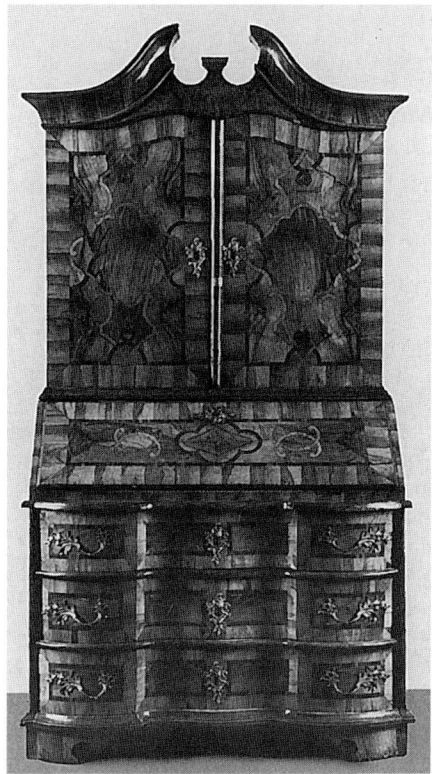
440

441

442

Schreibmöbel

443

444

445

446

447

448

443 Aufsatzsekretär.
Korpus bombiert und geschweift. Kommodenunterteil mit drei Schubladen. Darüber geschweifte Schreibplatte. Der zweitürige Aufsatz gegliedert durch drei Lisenen mit Würfelmarketerie. Auf den Türen Profilleisten mit Rocailleschnitzerei. Hoher, geschweifter, profilierter und gekröpfter Giebel. Nußholz, Wurzelholz.
Wohl Potsdam, um 1750.
232 x 132 x 73 cm.   **28 000,–/40 000,–**

444 Aufsatzsekretär à deux corps.
Dreischübiges, in der Front gebrochen geschwungenes Kommodenteil. Eingearbeitete Stützzüge. Schräges Schreibteil, reich eingerichtet. Aufsatz doppeltürig. An den Ecken gebrochen prismiert mit eingesetzten Lisenenrahmen. Abschließende Bogenstirn und umlaufendes, gekehltes Kranzprofil. Der Schneckengiebel durchbrochen gesprengt mit zentraler Mittelkonsole. Birnbaum. Brandburg, um 1740.
232 x 135 x 66 cm.   **30 000,–/40 000,–**

445 Aufsatzsekretär.
Schrankunterteil bestehend aus doppelt geschweifter Kommode und schrägem, abklappbarem Schreibpult. Zweitüriger Schrankaufsatz. Vorkragendes, gesprengtes Giebelgesims mit Schnitzkartusche. Monogramm F E und Jahresangabe 1779. Schräge Ecklisenen. Intarsienfelder. Reich eingelegtes Bandel- und Rankenwerk. Esche, Nußbaum, verschiedene Einlagehölzer, Zinn und Perlmutt. Bezeichnet: Johann Daniel Vollbrecht, Wollin in Vorpommern, 1779.
244 x 132 x 74 cm.   **25 000,–/35 000,–**

446 Aufsatzsekretär.
Zweitüriger Aufsatz mit mehrschübiger Inneneinrichtung. Reich geschnitzte Giebelbekrönung. Dreischübiges, frontal geschweiftes Unterteil mit Schreibklappe. Ausgesägter Sockel. Bandintarsien. Rocaillenmarketerie. Nuß, Obst und Ahorn. Mitteldeutsch, 18. Jahr.
247 x 128 x 70 cm   **18 000,–/25 000,–**

447 Aufsatzsekretär.
Dreischübiges, frontal gebrochen geschwungenes Kommodenteil mit ausgeschnittener Sockelblende. Durch wellenförmiges, dreischübiges Zwischengeschoß abgesetztes, schräges Schreibteil Doppeltüriger »Cantour-Aufsatz« mit profiliertem Bogengiebel. Eiche. Mitteldeutsch, 18. Jahr.
185 x 105 x 73 cm.   **22 000,–/28 000,–**

448 Aufsatzsekretär à trois corps.
Dreischübiges, frontal zweifach geschwungenes Kommodenteil. Darüber schräges, vielschübig eingerichtetes Schreibteil, flankiert von tiefschwingenden Schubkästen. Doppeltüriger, im Giebel gebrochen hochschwingender Aufsatz. Allseitige, flächige Füllungsmarketerie. Nußbaum. Sachsen, Mitte 18. Jahrh.
208 x 124 x 65 cm. **25 000,–/32 000,–**

449 Aufsatzsekretär à deux corps.
Dreischübiges, in der Front leicht geschwungenes Kommodenteil. Schräger Schreibteil, die Inneneinrichtung vielschübig abgetreppt. Doppeltüriger, gebrochen prismierter Aufsatz, bekrönt von hochkragendem Sprenggiebel. Bandartig eingefaßte Kassettenfüllungen. Auf den Schüben schlicht bewegte Füllungsfelder. Eiche. Nußbaum-Halbmaser. Sachsen, 2. Hälfte 18. Jahrh.
227 x 109 x 67 cm. **16 000,–/22 000,–**

450 Aufsatzsekretär à trois corps.
Vierschübiger, gerader Körper mit zurücktretender Mitte. Schräge Schreibklappe. Zweitüriger, gerader Aufsatz mit profiliertem Doppelgiebel. Schmales Rahmenwerk. Nuß, Wurzelholz. Sachsen/Dresden, 1. Hälfte 18. Jahrh.
217 x 109 x 59 cm. **20 000,–/25 000,–**

451 Aufsatzsekretär.
Zweitüriger Aufsatz mit doppelbogigem Giebel und vielschübiger Inneneinrichtung. Frontal geschweiftes Unterteil, dreischübig, mit Schreibklappe. Band-, Füllungs- und Sternmarketerie. Nußholz. Mitteldeutsch, 18. Jahrh.
224 x 113 x 62 cm. **20 000,–/26 000,–**

452 Aufsatzsekretär.
Sechsschübiges, durch Lippentraversen vertikal und horizontal gegliedertes Kommodenteil. Schräg gestelltes Schreibteil. Zweitüriger, verspiegelter Doppelbogen-Aufsatz, kabinettartig eingerichtet. Feine Marketeriefelder, prächtiger Blattwerkdekor und Akanthusranken mit Bandelwerkspangen. Nußbaum, Nußbaum-Fußmaser, Ahorn, Mahagoni. Sachsen, um 1730/40.
226 x 112 x 59 cm. **30 000,–/40 000,–**

449

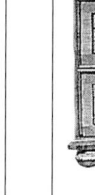

450

451

452

453

454

455

456

453 Aufsatzsekretär.
Leicht geschweiftes Kommodenteil. Schräge Schreibplatte. Gerader, zweitüriger Aufsatz mit gesprengtem, profiliertem Giebel. Allseitige Rahmenfelder. Rosenholz, Nußwurzel, Nußbaum, Obstholz. Mitteldeutsch, 2. Hälfte 18. Jahrh.
230 x 117 x 64 cm.   **25 000,–/35 000,–**

454 Tabernakelsekretär.
Dreischübiges, frontal gebrochen geschwungenes Kommodenteil, seitlich begenzt von gerundeten Ecklisenen. Wellenförmiges Schreibteil und entsprechend dem Unterteil bewegter Tabernakel-Aufsatz mit zentralem Türfach und flankierenden fünfgeschossigen Schubreihen, unten als durchgehender Sockelschub. Gegliedert geschwungenes Kranzprofil. Allseitig rahmenumfaßte Füllungsmarketerie. Nußbaum. Thüringen, 18. Jahrh.
227 x 118 x 72 cm.   **30 000,–/40 000,–**

455 Aufsatzsekretär à trois corps.
Allseitig flächefüllende Würfelintarsien. Durchlaufende schräge Ecklisenen. Zweischübiges Unterteil, frontal und seitlich leicht geschweift und gebaucht. Aufklappbare, gebauchte Schreibplatte. Zweitüriges Oberteil mit geschliffenen Spiegeln. Inneneinteilung mit elf Schubkästen. Gesprengtes Volutengesims. Palisander, Rosenholz. Meister Michael Kümmel, Dresden, 1750.
244 x 128 x 75 cm.   **45 000,–/65 000,–**

456 Aufsatzsekretär à trois corps.
Unterteil frontal eingezogen mit abgerundeten Seiten. Zwei facettiert verspiegelte Türen, flankiert von jeweils drei Schubkästen. Korinthische Säulenvorlagen mit vergoldeten Plinthen und Kapitellen. Mittelteil mit seitlich aufklappbaren Türen und ausziehbarer Schreibplatte. Schreibeinteilung mit verspiegelten Türen, Geheimfächern, Schubkästen und vorgesetzten korinthischen Säulen. Oberteil mit zwei facettiert verspiegelten Türen. Gesprengter Giebel. Türen, Giebel und Sockel umrahmt von vergoldeten Leisten mit aufgelegtem, reliefiertem Akanthus- und Rankendekor. Filetintarsien. Nuß- und Nußwurzelholz. Dresden, 1. Drittel 18. Jahrh.
253 x 107 x 62 cm.   **60 000,–/80 000,–**

457 Sekretär à trois corps.
Zweifach geschwungenes Kommodenteil und von konkaven Seitenkästen begrenztes Schreibteil. Gebrochen bewegter, eintüriger Tabernakel-Aufsatz mit flankierenden, fünfgeschossigen Schubreihen. Abgesetzter Giebelkasten und umlaufendes Kranzprofil. Allseitige rahmen- und bandumfaßte Füllungsmarketerie. Nußholz. Thüringen, 1. Hälfte 18. Jahrh.
197 x 139 x 70 cm. **70 000,–/90 000,–**

457

458 Tabernakel-Aufsatzsekretär.
Dreischübiges, geschweiftes Kommodenunterteil. Zurückgesetzte, schräge Schreibklappe mit volutenförmigen abgeschrägten Ecken und Schubladen. Tabernakel-Aufsatz mit neun Schubladen und mittlerem Türfach. Stirnschub mit Volutenblenden. Reich dekoriert mit marketierten und ausgemalten Rocaillenkartuschen mit Blumengehängen und Blumensträußen in Vasen. Auf Schreibklappe und Tabernakeltür bergige Ruinenlandschaften mit Staffagefiguren. Wurzelholz und verschiedene Einlegehölzer. Erfurt, Mitte 18. Jahrh.
195 x 130 x 70 cm. **60 000,–/80 000,–**

458

459

460

461

462

463

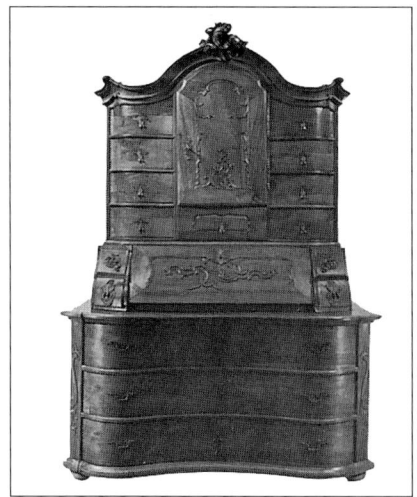
464

459 Aufsatzsekretär.
Fünfschübiger, geschweifter Aufsatz mit Mitteltür und geschwungenem, gekehltem und gesprengtem Giebel. Reiche Marketerie in verschiedenen Hölzern und Elfenbein. Allseitig figürliche und dekorative Intarsien: Rocaillen, Blüten, Würfel- und Schachbrettdekor. Im Tabernakel gekröntes Spiegelmonogramm ESKH. Nußholz. Wohl Erfurt, Mitte 18. Jahrh.
202 x 121 x 69 cm.   **45 000,–/65 000,–**

460 Tabernakel-Aufsatzsekretär.
Dreischübiges, allseitig geschwungenes und gebauchtes Kommodenteil. Zylinderförmiger Schreibteil. Drehbare Tabernakeltrommel mit vier Schauseiten. Nußbaum, Eibe, Ahorn, gebeizter Riegelahorn. Sachsen, um 1770.
175 x 127 x 71 cm.   **35 000,–/45 000,–**

461 Tabernakel-Aufsatzsekretär à trois corps.
Unterteil mit vier Schubkästen, frontal geschweift. Ecklisenen. Aufklappbare Schreibplatte, seitlich mit vier Schubkästen. Oberteil mit Tür und vierzehn Schubkästen. Seitlich Volutenlisenen. Bandelwerkmarketerie. Nuß- und Birkenholz. Franken, 2. Drittel 18. Jahrh.
221 x 144 x 78 cm.   **25 000,–/35 000,–**

462 Sekretär à trois corps.
Zweitüriges Unterteil auf ausgeschnittenem Zargengestell. Gewelltes Schreibteil und zweitüriger, im Giebel gebogter Aufsatz mit über Eck angeordneten Henkellisenen. Reich intarsiert. Nußholz furniert. Mainfranken, um 1750.
211 x 132 x 68 cm.   **35 000,–/60 000,–**

463 Tabernakelschrank mit Schreibpult.
Eintüriges, von viergeschossigen Schubreihen flankiertes, seitlich geschwungenes Unterteil. Frontale, geschnitzte und vergoldete Giebelblende. Allseitige, rahmenumfaßte Füllungsmarketerie. Nußholzfurnier mit Bandintarsien. Franken, 1. Hälfte 18. Jahrh.
210 x 137 x 71 cm.   **25 000,–/35 000,–**

464 Schreibsekretär.
Zweifach geschwungenes Kommodenteil und von zweigeschossigen Seitenkästen flankiertes Schreibteil. Eintüriger Tabernakel-Aufsatz mit viergeschossigen Schubreihen und gekehltem Bogengiebel. Verzierende Reliefschnitzerei. Massiv Nußholz. Franken, Mitte 18. Jahrh.
209 x 140 x 71 cm.   **18 000,–/25 000,–**

**465 Tabernakel-Aufsatzsekretär
à trois corps.**
Bandelwerk- und Rocailleninstarsien.
Durchbrochene Schnitzerei. Unterteil mit
Tür und neun Schubkästen, frontal und seit-
lich geschweift. Mittelteil mit aufklappbarer
Schreibplatte. Oberteil mit Tür und zwölf
Schubkästen, frontal geschweift. Durchbro-
chen geschnitzte figurale Sockelleiste.
Intarsiertes Wappen der Familie Kolb in
Bamberg. Geschweifte Bekrönung mit
Schubkästen. Nuß- und Nußwurzelholz.
Wohl Bamberg, um 1766.
198 x 128 x 82 cm.   **60 000,–/90 000,–**

**466 Tabernakel-Aufsatzschreib-
kommode.**
Unterteil frontal mehrfach geschweift. Drei
Schubkästen. An den vorderen und hinteren
Eckkanten vorgelegte, geschnitzte Lisenen.
Schreibklappe flankiert von je zwei Schubkästen. Frontal geschweifter Aufsatz mit
rocaillebekrönter Mitteltür, umgeben von
neun Schubkästen. Giebel, Zarge und
Eckvorlagen entsprechend dem Unterteil
geschnitzt und geschweift. Nußholz.
Franken, Mitte 18. Jahrh.
193 x 130 x 63 cm.   **35 000,–/50 000,–**

**467 Tabernakel-Aufsatzsekretär
à deux corps.**
In der Front mehrfach gebrochener
Kommodenkorpus. Sekretärteil flankiert
von nach unten schwingenden Schubkästen.
Entspr. der Kommodenfront gestalteter
Tabernakel-Aufsatz. Das mittige Türfach
umgeben von Sockelschub und im abge-
platteten Giebel eingearbeiteter Kopflade,
sowie zwei seitlich, je vierfachen Schubladenreihen. Nußbaum. Hessen/Frankfurt,
1. Hälfte 18. Jahrh.
179 x 120 x 63 cm.   **25 000,–/35 000,–**

**468 Tabernakel-Aufsatzsekretär
à trois corps.**
In der Front zweifach gebrochen geschwungenes und seitlich deutlich tailliert
gebauchtes Kommodenteil mit drei Schüben. Das schräge Schreibteil wird flankiert
von gebrochen herabschwingenden, einschübigen Seitenkästen. Tabernakel-Aufsatz entsprechend dem Schreibteil seitlich
und in der Front passend zum Unterteil.
Das zentrale Türfach wird begrenzt von
zwei viergeschossigen Schubladenreihen,
einem Sockelschub sowie drei passig in den
reich bewegten und mittig hochragenden
Giebel eingearbeiteten Schubfächern.
Füllungsmarketerie mit Rautenfeldern.
Bandelwerk. Nußbaum, Nußwurzel,
Kirschbaum, Eibe, Mooreiche. Mainfran-
ken/Würzburg, Mitte 18. Jahrh.
193 x 126 x 72 cm.   **60 000,–/80 000,–**

465

466

467

468

469 Tabernakel-Aufsatzsekretär.
Dreischübiges, frontal gebrochen geschwungenes Kommodenteil. Darüber von zweischübigen Seitenkästen begrenztes Schreibteil und charakteristischer Tabernakel-Aufsatz mit flankierenden, viergeschossigen Schubreihen. Rahmenmarketerien mit gemaserten Füllungsfeldern. Nußbaum. Hessen, Mitte 18. Jahrh.
190 x 120 x 58 cm. **25 000,–/35 000,–**

470 Tabernakel-Aufsatzsekretär.
Ähnlich wie Nr. 471. Wurzelmarketierte Füllungen. Nußbaum, Nußbaummaser. Hessen, Mitte 18. Jahrh.
220 x 120 x 65 cm. **25 000,–/35 000,–**

471 Tabernakel-Aufsatzsekretär.
Drei geschweifte, abgesetzte Schubladen. Darüber in sich geschweiftes Schreibteil. Aufsatz: Mitteltür mit eingelegter Göttin Flora. Seitl. und unten Schübe. Profiliertes, geschweiftes Gesims. Reiche Intarsien: Rocaillen, Blumen und Papageien. Nußbaum. Hessen/Thüringen, Mitte 18. Jahrh.
217 x 116 x 63 cm. **28 000,–/38 000,–**

**472 Tabernakel-Aufsatzsekretär
à trois corps.**
Wappen und Spiegelmonogramm des Fürsten Carl von Nassau-Usingen. Nußbaum- und Wurzelmaserholz, teils gefärbte Obsthölzer und Ahorn. Rheinhessen, um 1740.
224 x 121 x 73 cm. **70 000,–/90 000,–**

473 Schreibschrank.
Unterteil mit je fünf gebogten, seitlichen Schubladen und vertieftem, mittlerem Schrankfach. An den Ecken à-jour gearbeitete Voluten auf Klauenfüßen. Aufsatz ruhend auf vier vollrund geschnitzten Pelikanen mit mittlerem Tabernakel und flankierenden Schubladen. Reich dekoriert mit fein geschnitztem Bandelwerk, Muscheln und Gittermuster. Eiche. Aachen, 1. Viertel 18. Jahrh.
220 x 173 x 80 cm. **35 000,–/45 000,–**

Schreibmöbel 199

474 Aufsatzsekretär à deux corps.
Dreischübiges, geschweiftes Kommodenunterteil. Schräge Schreibklappe. Zweitüriger Aufsatz mit geschweiftem, profiliertem Kranzgesims. Die Türen und die Schreibklappe dekoriert mit Blumen, Voluten und Rocaillenranken in Flachschnitzerei. Eiche. Niederrhein, 2. Hälfte 18. Jahrh.
236 x 115 x 61 cm.   **18 000,–/28 000,–**

475 Tabernakel-Aufsatzsekretär à deux corps.
Unterteil mit drei Schubkästen, frontal geschweift, verkröpft. Aufklappbare Schreibplatte. Oberteil mit acht Schubkästen und Tür frontal geschweift. Geteiltes Volutengesims. Bandmarketerie. Nußholz. Westdeutsch, 1. Hälfte 18. Jahrh.
220 x 122 x 63 cm.   **20 000,–/30 000,–**

476 Aufsatzsekretär.
Unterteil allseitig geschweift und gebaucht. Drei Schubkästen. Silhouettierte Eckstollen. Darüber gerade Schublade und Schreibklappe. Zweitüriger Aufsatz mit geschwungenen Füllungen. Geschweifter Giebel mit geschnitztem Zierband, Akanthusdekor und bekrönender Rocaille. Nuß- und Wurzelholz. Niederrhein, 2. Hälfte 18. Jahrh.
239 x 134 x 65 cm.   **18 000,–/25 000,–**

477 Aufsatzsekretär.
Dreischübiges Unterteil mit schräger, angearbeiteter Schreibklappe. Zweitüriger Aufsatz mit Zinneinlagen in Form von Blumenvasen. Geschweifter, gekehlter Giebel. Nuß- und Wurzelholz. 1. Hälfte 18. Jahrh.
215 x 113 x 59 cm.   **28 000,–/40 000,–**

474

475

476

477

478

479

480

481

478 Aufsatzsekretär.
Filetintarsien. Unterteil mit drei Schubkästen, allseitig leicht geschweift und gebaucht. Ausgeschnittene Sockelzarge. Aufklappbare Schreibplatte. Intarsiertes Monogramm mit Lorbeer- und Palmenblätterumrahmung. Oberteil mit zwei Türen und geschweiftem Gesims. Nuß- und Nußwurzelholz. Westdt./Pfalz.,
2. Hälfte 18. Jahrh.
210 x 110 x 43 cm.   **30 000,–/40 000,–**

479 Aufsatzsekretär.
Dreischübiges, in der Front zweifach geschwungenes Kommodenteil. Schräggestellter Schreibklappenteil mit aufklappbarer Rahmenplatte. Geschwungener Aufsatz mit zwei profilierten Rahmentüren und bekrönender, floraler Giebelschnitzerei. Eiche. Mosel, Mitte 18. Jahrh.
230 x 123 x 70 cm.   **15 000,–/20 000,–**

480 Tabernakel-Aufsatzsekretär.
Vierschübige, in der Front dreifach gebrochen geschwungene Kommode. Schräg gestelltes Schreibteil. Entsprechend der Kommode bewegter Tabernakel-Aufsatz. Die Mitteltüre umgeben von einem durchgehenden Sockelschub, viergeschossigen Schubladenreihen und in die gebrochen geschwungene Stirn eingearbeitetem Kopfschub. Allseitige, flächige Füllungsmarketerie mit Rahmenbändern und Bandelwerk. Auf der Schreibklappe Wappenfeld von Heidelberg bzw. des Kurfüstentums Pfalz. Nußbaum, Nußbaum-Halbmaser, Zwetschge und Ahorn. Pfalz, Mitte 18. Jahrh.
245 x 138 x 70 cm.   **25 000,–/35 000,–**

481 Tabernakel-Aufsatzsekretär.
In der Front gebrochen geschwungenes Kommodenteil. Steile, schräggestellte Schreibklappe. Darüber im Giebel steil geschweifter Tabernakel-Aufsatz mit zentralem Türfach. Dieses umfaßt von zehn passig in die bewegte Front eingearbeiteten Schubladen. Allseitiger, bandumfaßter Füllungsdekor. Nußbaum, Ahorn, Eibe. Pfalz, Mitte 18. Jahrh.
187 x 90 x 54 cm.   **35 000,–/45 000,–**

482 Aufsatzsekretär à trois corps.
Geschwungenes, dreischübiges Kommodenteil. Schreibklappe umgeben von je zwei Schubladen. Leicht geschwungener, zweitüriger Aufsatz mit abgeschrägten Ecken. Mittel- und Seitenrisalite mit vergoldeten Kapitellen. Geschwungenes, profiliertes, verkröpftes Gesims. Nuß, Nußwurzel. Pfalz, Mitte 18. Jahrh.
240 x 165 x 83 cm. **40 000,–/60 000,–**

483 Tabernakel-Aufsatzsekretär.
Frontal geschweifter Aufsatz mit elf Schubkästen um Mitteltür mit figürlicher Intarsie. Geschwungener, gebrochener Giebel. Schreibklappe, flankiert von je zwei Schubkästen. Dreischübiges Unterteil, allseitig geschweift. Band-, Füllungs- und Rocaillenmarketerie. Nußholz. Mittelrhein, Mitte 18. Jahrh.
210 x 140 x 74 cm. **35 000,–/45 000,–**

484 Tabernakelsekretär.
Vierschübiges, zweifach geschwungenes und mittig konkav eingezogenes Kommodenteil. Zwischengeschoss mit zweischübigen Seitenkästen. Darüber eintüriger, entsprechend dem Unterteil bewegter Tabernakel-Aufsatz, begrenzt von fünfgeschossigen Schubreihen. Gebrochen geschweifter Bogengiebel. Allseitige Rahmenumgrenzte Füllungsmarketerie und Bandelwerkverschlingungen. Nußholz, Zwetschge, Ahorn. Mittelrhein, 1. Hälfte 18. Jahrh.
212 x 135 x cm. **30 000,–/40 000,–**

482

483

484

485

485 Tabernakel-Aufsatzsekretär.
Mehrfach geschweiftes, dreischübiges Unterteil mit Türen in den Seiten. Schräge Pultklappe, flankiert von je zwei gebaucht geschweiften Schubkästen. Vielfach geschwungener und profilierter Giebel. Bandwerkmarketerie mit Gravuren. Nußholz, Ahorn, Zeder und Mooreiche. Mainz, um 1750.
210 x 175 x 83,5 cm. **70 000,–/90 000,–**

486 Schreibsekretär à trois corps.
Sog. Cantourgen. Zweischübiges geschwungenes und durch bewegte, geschnitzte Eckstollen gegliedertes Kommodenteil. Von zweischübigen Seitenkästen flankiertes Schreibteil. Darüber durch charakteristische Henkellisenen unterteilter, doppeltüriger Aufsatz mit geschweiftem Kranzprofil. Allseitig rahmenumfaßte Füllungsmarketerie mit prächtigen Dekorkartuschen und Landschaftsveduten. Nußbaum, reich marketiert mit verschiedenen Hölzern.
Wohl Mainz, vor 1750.
202 x 128 x 73 cm. **80 000,–/120 000,–**

487 Tabernakel-Aufsatzsekretär.
Dreischübiges, allseitig bewegtes, in der Front gebrochen geschwungenes Kommodenteil mit seitlichen, über Eck gestellten, stilisierten Pilastersäulen mit sogen. Henkelvoluten und entspr. Pilastersäulen an der Hinterkante. Zurückspringendes, reich bewegtes Schreibteil mit vier flankierenden Seitenschüben. Tabernakel-Aufsatz mit zentralem Türfach, zwei begrenzenden, je fünffachen Schubreihen und passigem, mittigem Sockelschub. Hier entspr. dem Kommodenteil über Eck gestellte Pilastersäulen mit Henkelvoluten. Geschweifter, gekröpft hochgeschwungener Kranz. Flächige Füllungsmarketerie. Auf der Schreibklappe filigran marketierte Rocaillekartusche. Tabernakeltüre mit entsprechend gearbeitetem Zentralfeld. Nußbaum, gebeizter Ahorn, Buchsbaum. Mainz, um 1750.
198 x 134 x 75 cm. **90 000,–/130 000,–**

486

487

488 Aufsatzsekretär.
Sog. Cantourgen. Stark geschweifte, geschnitzte Volutenbeine. Geschweifte Zarge mit geschnitztem Blattwerk. Allseitig geschweiftes, zweischübiges Kommodenunterteil mit betonten, abgerundeten Ecken. Bewegte, schräge Schreibklappe. Zweitüriger, geschweifter Aufsatz. Die Eckpilaster mit fein geschnitzten korinthischen Kapitellen. Gerade Stirn mit einer Schublade. Reiche Marketerien. Nuß- und Nußwurzel. Mainz, Mitte 18. Jahrh.
171 x 116 x 64 cm.   **100 000,–/150 000,–**

488

489 Aufsatzsekretär.
Allseitig bewegter, dreischübiger Kommodenkorpus. Entspr. zurückspringendes Schreibteil. An den Ecken leicht eingesetzt gerundeter, doppeltüriger Aufsatz mit geschwungenem Giebel. Allseitige Kreuzfugenmarketerie mit feingliedrigem Bandelwerk in Füllungsmanier. Kirschbaum und Palisander. Südwestdeutsch/Bodensee, um 1760.
215 x 123 x 57 cm.   **25 000,–/35 000,–**

489

490

491

492

493

494

495

490 Tabernakel-Aufsatzsekretär.
Dreischübiger, an den Ecken gerundeter Korpus mit vorne weit vorkragender, mittig geschwungen eingezogener Platte. Darüber schräg gestellter Schreibteil. Zurückspringender Tabernakel-Aufsatz mit zentralem Türfach, flankiert von zwei je fünffachen Schubkastenreihen. Füllungsmarketerie in Nußbaumhalbmaser, Zwetschge und Ahorn. Württemberg, um 1770.
166 x 118 x 78 cm.   **18 000,–/25 000,–**

491 Tabernakel-Aufsatzsekretär.
Dreischübiger Kommodenkorpus. Geschweifte, abgesetzt gebogte Front. Schreibklappe, flankiert von Beikästen. In Vorderfront bewegter Tabernakelaufsatz mit rundgiebeliger Mitteltüre. Seitlich je drei Schübe, Bodenschub. Allseitige Flächenmarketerie. Ahornmaser, Nußbaum, Palisander. Wohl süddeutsch, 18. Jahrh.
194 x 130 x 64 cm.   **35 000,–/45 000,–**

492 Tabernakel-Aufsatzsekretär.
Wie folgende Nummer. Nußbaum, Zwetschge, Ahorn. Kirchheim, um 1740.
159 x 114 x 76 cm.   **20 000,–/30 000,–**

493 Tabernakel-Aufsatzsekretär.
Dreischübiges, in der Front gebrochen konkav eingezogenes Kommodenteil mit charakteristisch geschwungener Wangenplatte. Leicht zurückspringende, flache Schreiblade. Tabernakel-Aufsatz mit zentralem, überschlagendem Türfach, flankiert von zwei viergeschossigen Schubreihen. Schauseite reich geschmückt mit floralem Dekor. Nußbaum, Ahorn, Eibe und kol. Pappel. Kirchheim, 1. Hälfte 18. Jahrh.
159 x 115 x 76 cm.   **25 000,–/35 000,–**

494 Tabernakel-Aufsatzsekretär.
Zweifach gebauchtes, dreischübiges Kommodenteil. Entsprechende, vorne weit vorkragende Platte mit flachem Schreibklappenteil. Darüber Tabernakel-Aufsatz mit mittiger gradflächiger Tür, flankiert von je fünf leicht gebauchten Schüben. Allseitige Füllungsmarketerie: Auf den Schüben vielfache Vogeldarstellung, Schreibklappe mit Jagdszene und Tabernakeltüre mit stehendem Harfenspieler. Nußbaum, Zwetschge und Birke. Württemberg, 2. Hälfte 18. Jahrh.
169 x 120 x 76 cm.   **25 000,–/35 000,–**

495 Tabernakel-Aufsatzsekretär.
Ähnlich wie Nr. 493. Im Giebel aufgesetzte Schubkastenblende mit dreiseitig umlaufender Schlingenbalustrade und markierenden Eckpfosten. Nußbaum, Nußbaum-Maser, Pappel, Ahorn, Kirchheim, 2. Hälfte 18. Jahrh.
176 x 118 x 76 cm.   **25 000,–/35 000,–**

496 Tabernakel-Aufsatzsekretär.
Ähnlich wie Nr. 494. Nußholz. Süddeutsch, Mitte 18. Jahrh.
179 x 120 x 84 cm.   **18 000,–/25 000,–**

497 Tabernakel-Aufsatzsekretär.
In der Front zweifach gebauchtes Unterteil mit zwei viergeschossigen Schubladenreihen, die im Knieraum ein deutlich eingesetztes Türfach mit darüberliegendem Kopfschub flankieren. Nach oben eingezogenes und bombiertes Schreibklappenteil. Leicht zurückgesetzter, zweifach gebauchter, mittig konkav eingebogter Tabernakel-Aufsatz mit zentralem Türfach, von zwei dreigeschossigen Schubreihen begrenzt. Füllungsmarketerie. Geometrischer Rahmenband-Dekor. Nußbaum, Zwetschge, Ahorn, Palisander, Eiche. Süddeutsch, 1. Hälfte 18. Jahrh.
157 x 120 x 65 cm.   **28 000,–/35 000,–**

498 Aufsatzsekretär à deux corps.
Dreischübiges, in der Front leicht geschwungenes Kommodenteil. Schräger Schreibteil, Inneneinrichtung vielschübig abgetreppt. Doppeltüriger, gebrochen prismierter Aufsatz mit hochkragendem Sprenggiebel. Rahmentüren und Schreibklappe mit furnierten Kassettenfüllungen. Eiche, Nußbaum-Halbmaser. Sachsen, 2. Hälfte 18. Jahrh.
227 x 109 x 67 cm.   **22 000,–/30 000,–**

496   497

498

499

500   501

502   503

499 Tabernakel-Aufsatzsekretär.
Ähnlich wie oben. In der Mitteltüre Immaculata. Nußholz. Süddeutsch, um 1730.
208 x 164 x 85 cm.   **40 000,–/60 000,–**

500 Tabernakel-Sekretär.
Dreischübiges, zweifach geschwungenes Kommodenteil. Von kubischen Seitenkästen begrenztes, schräges Schreibteil. Halbhoher Tabernakel-Aufsatz mit viergeschossigen Schubreihen, zentralem, gebogtem Türfach, Sockel- und Stirnschub und kleinen Schulterkästen im gegliederten Kranz. Allseitig Füllungsmarketerie und geometrische Bandeinlagen. Nußholz. Süddeutsch, Mitte 18. Jahrh.
169 x 124 x 76 cm.   **20 000,–/28 000,–**

501 Aufsatzsekretär.
Dreischübiges, nach innen geschweiftes Kommodenteil. Schräge Schreibklappe mit zwei seitlichen Schubladen. Leicht geschweifter Aufsatz mit zwei Türen und abgeschrägten Ecken. Profilierter Abschluß mit Stirnschub. Band-, Voluten- und Rocaillenmarketerie. Nußbaum, Nußwurzel, Obstholz. Süddeutsch, Mitte 18. Jahrh.
198,5 x 126 x 73 cm.   **25 000,–/35 000,–**

502 Tabernakel-Aufsatzsekretär.
Dreischübiges, in der Front seitlich facettiert bewegtes und mittig konkav eingezogenes Kommodenteil. Schräg gestelltes Schreibteil, flankiert von prismiert zurückspringenden Schubkästen. In der Front dreifach geschwungener Tabernakel-Aufsatz mit zentralem Türfach, umfaßt von neun passig überschlagenden Kastenschüben. Abschließende Giebelbekrönung mit Stirnschub. Nußbaum, Zwetschge, Nußbaum-Fußmaser, Ahorn, Birkenmaser.
Süddeutsch, um 1750.
193 x 132 x 67 cm.   **25 000,–/35 000,–**

503 Tabernakel-Sekretär.
Ähnlich wie oben. Durchbrochen geschnitzte und vergoldete Stirnblenden. Nußholz, Birkenmaser. Süddeutsch, 2. Hälfte 18. Jahrh.
184 x 126,5 x 72 cm.   **18 000,–/25 000,–**

Schreibmöbel

504 Tabernakel-Aufsatzsekretär.
Kommodenteil mit drei Schubladen, nach innen gebogt. Schreibklappe flankiert von zwei Schüben. Darüber Aufsatz mit Mitteltür. Füllungsmarketerien mit Bandelwerk, floralen Ornamenten und Vogelintarsien. Nußbaum und Wurzelhölzer. Süddeutsch, um 1740.
163 x 115 x 70 cm. **25 000,–/35 000,–**

505 Tabernakel-Aufsatzsekretär.
Kommodenteil mit großer Mitteltür, von je drei übereinanderliegenden, halbrund geschweiften Schubkästen flankiert. Darüber schrägliegende Schreibplatte, zwischen vorschwingenden Wangen mit Schüben. Marketerien auf den Türflächen in figürlicher Form als Papagei und Orientale, sonst als gerahmte Reserven mit Blumen- und Rankenabschluß. Messingeinlagen. Nußbaum, Obst- und Wurzelholz. Süddeutsch, um 1740.
196 x 134 x 68 cm. **30 000,–/45 000,–**

506 Tabernakel-Aufsatzsekretär.
Ähnlich wie oben. Nußbaum, Birkenmaser, Zwetschge. Süddeutsch, 1. Hälfte 18. Jahrh.
188 x 131 x 75 cm. **20 000,–/30 000,–**

507 Tabernakel-Aufsatzsekretär.
Frontal geschweift. Dreischübiges Unterteil. Schreibplatte flankiert von je einem Schubkasten. Aufsatz mit Mitteltür, umgeben von zehn Schubkästen. Band-, Faden- und Blütenmarketerie. Nußholz. Süddeutsch, 1. Hälfte 18. Jahrh.
185 x 129 x 74 cm. **25 000,–/35 000,–**

508 Tabernakel-Aufsatzsekretär.
Dreischübiger, doppelt geschwungener Unterbau. Schräge Pultklappe, flankiert von je zwei Schubkästen. Zwölfschübiger Aufsatz mit geschwungenem Giebel. Tabernakeltür. Perspektivische Marketerie: Säulenhalle mit Kassettendecke auf der Tür. Gartenarchitektur mit Kaskade und Bouquets auf der Klappe. Nuß-, Ahornwurzel und Obstholz. Bayern, um 1740.
196 x 131 x 73 cm. **35 000,–/50 000,–**

509 Tabernakel-Aufsatzsekretär.
Dreischübiges Kommodenteil auf Stollenfüßen. Weit vorkragende, zweifach geschwungene Platte. Schräger Schreibteil. Tabernakelaufsatz mit mittigem Türfach, flankiert von zwei je fünffachen Schubladenreihen. Füllungsmarketerie mit Aderndekor, auf Schreibplatte Vogeldarstellungen. Nußbaum, Nußbaum-Halbmaser, Ahorn. Württemberg, um 1750.
170 x 126 x 79 cm. **10 000,–/15 000,–**

504　　505

506　　507

508

509

510

511 512

510 Tabernakel-Aufsatzsekretär.
Frontal und seitlich mehrfach geschweiftes Kommodenunterteil mit drei Schubkästen. Aufklappbare Schreibplatte mit flankierenden Schubkästen. Oberteil mit neun Schubkästen. Türe mit intarsiertem Wappen und Inneneinteilung. Aufsatz mit sechs Schubkästen und vergoldeter, geschnitzter Rocaillenbekrönung. Bandelwerk, Rocaillen- und Palmettenblätter-Intarsien in verschiedenen Obsthölzern. Nußholz. Wohl Oberschwaben, um 1740.
204 x 131 x 65 cm. **45 000,–/60 000,–**

511 Aufsatzschreibkommode.
Sechsschübiger Aufsatz mit geschwungener Mitteltür, geschweiftem Giebel und geschnitzter Zarge. Schräges Schreibteil. Dreischübiges, frontal geschweiftes Unterteil mit geschnitzter Zarge. Allseitig Faden- und Flechtwerkmarketerie. Nußholz. Süddeutsch, 18. Jahrh.
191,5 x 118 x 66 cm. **35 000,–/45 000,–**

512 Tabernakel-Aufsatzsekretär.
Gebrochen geschwungener, dreischübiger Kommodenteil. Pultartiger Schreibteil mit Seitenschüben. Zweifach geschweifter Tabernakelaufsatz. Türfach mit Bogengiebel, gerahmt von neun Schubkästen. Aufgesetzter Postamentgiebel mit Kopfschub. Allseitige flächige Füllungsmarketerie mit Bandelwerkgliederung. Nußbaum, Birken-Maser, Zwetschge, Mooreiche, Ahorn. Süddeutschland, um 1750.
173 x 124 x 78 cm. **22 000,–/30 000,–**

513 Tabernakel-Aufsatzsekretär.
Am gebogten Unterteil begrenzen zwei viergeschossige Schubreihen die zurückspringende, eintürige und schubladenartig verblendete Knienische mit ausziebarer Fußbank. Schreibteil von zweischübigen Seitenkästen flankiert und als ausziehbares Schreibpult. Konkav eingezogener, eintüriger Tabernakel-Aufsatz, entsprechend dem Unterteil gegliedert. Abgesetzter Giebelwulst. Allseitig rahmenumfaßte Füllungsmarketerie mit geometrischen Bandelwerkeinlagen. Nußbaum, Zwetschge, Ahorn. Josephinisch, Mitte 18. Jahrh.
197 x 132 x 75 cm. **30 000,–/40 000,–**

514 Tabernakel-Aufsatzsekretär à trois corps.
Frontal geschweift. Aufklappbare Schreibplatte. Oberteil mit Türfach und neun Schubkästen. Bandelwerkmarketerien. Nuß- und Wurzelholz. Österreich, 2. Drittel 18. Jahrh.
173 x 130 x 72,5 cm. **25 000,–/35 000,-**

Schreibmöbel 209

515 Tabernakel-Aufsatzsekretär.
Dreischübiges, in der Front reich bewegtes Kommodenteil. Schreibklappenaufsatz, flankiert von schräg gestellten, einschübigen Seitenkästen. Entspr. dem Unterteil gestalteter Tabernakel-Aufsatz. Das zentrale Türfach mit darunterliegendem Sockelschub wird seitlich flankiert von zwei viergeschossigen Schubreihen. Hochspringender Kopf, begrenzt von silhouettierten Stützzwickeln. Flächige Füllungsmarketerie mit schlichten, an den Ecken eingezogenen Bandumfassungen. Nußbaum, Nußbaummaser, Ahorn und Zwetschge. Österreich, Mitte 18. Jahrh.
207 x 129 x 75 cm.   **35 000,–/45 000,–**

516 Tabernakel-Aufsatzsekretär.
Dreischübiges, geschweiftes Kommodenunterteil. Zurückgesetztes Schreibteil mit schräger Schreibklappe, flankiert von seitlicher Schublade. Aufsatz mit mittlerem Tabernakelfach, flankiert von je vier Schubladen. Im Sockel und Giebel je eine Schublade. Geschweifter Giebel. Bandel- und Rahmenwerk. Auf der Tabernakeltür Wappen mit Helmzier. Nuß, Nußwurzel und verschiedene Einlegehölzer. Österreich, 18. Jahrh.
183 x 130 x 67 cm.   **28 000,–/40 000,–**

517 Tabernakel-Aufsatzsekretär.
Dreischübiges, leicht eingezogenes Kommodenunterteil mit abgeschrägten Ecken. Schräge Schreibklappe mit abgeschrägten Flanken. Tabernakel-Aufsatz mit mittlerem Schrankfach und neun Schubladen. Flacher Aufsatz mit einer Schublade. Eingelegt mit schlichtem Rahmenwerk. Schreibklappe und Tabernakeltür mit Vogel. Nuß, Nußwurzel und verschiedene Einlegehölzer. Österreich, Mitte 18. Jahrh.
170 x 120 x 65 cm.   **18 000,–/25 000,–**

518 Tabernakel-Aufsatzsekretär.
Zweitüriges, an den Ecken geschrägtes und mittig gebrochen konkaves Kommodenteil. Zurückspringendes Schreibklappenteil mit schräg über Eck gesetzten Seitenschüben. Tabernakelaufsatz in der Front dreifach spitz gekröpft. Das zentrale Türfach flankiert von zwei viergeschossigen Schubreihen. Bekrönender, einschübiger Giebelkasten. Füllungsmarketerie mit schlichten Bandumfassungen. Kartuschenfelder. Nußbaum, Thuja, Zwetschge. Österreich, um 1750.
180 x 106 x 68 cm.   **20 000,–/30 000,–**

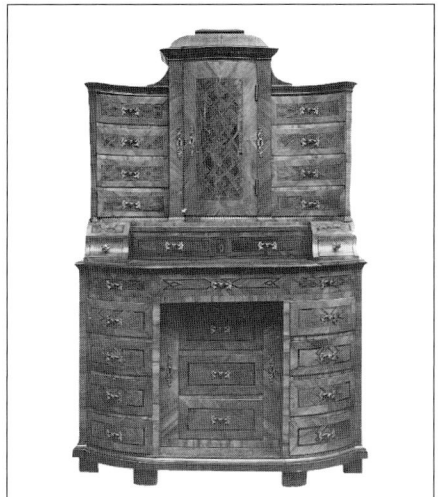
513

514

515

516

517

518

519 Aufsatzschreibkommode.
Unterteil mit drei Schubkästen. Schreibplatte. Zweitüriger, verglaster Aufsatz auf volutenförmigen Füßen. Vier Schubkästen. Volutenförmiger Sprenggiebel. Band- und Füllungsmarketerie. Nußbaum, -Wurzel. Österreich, 2. Hälfte 18. Jahrh.
230 x 131 x 65 cm.   **35 000,–/45 000,–**

520 Aufsatzsekretär.
Konkav geschwungenes, dreischübiges Kommodenteil. Schreibklappe mit seitlich je zwei Schubfächern. Tabernakel-Aufsatz mit darüberliegendem Gehäuse für eine Uhr. Seitlich Voluten. Nußbaum.
Wohl Böhmen, Mitte 18. Jahrh.
220 x 129 x 70 cm.   **25 000,–/35 000,–**

521 Tabernakel-Aufsatzsekretär.
Frontal und seitlich mehrfach geschweift. Unterteil dreischübig. Aufklappbare Schreibplatte, flankiert von zwei kleinen Schubladen. Aufsatz neunschübig. Mitteltür. Von Voluten flankierter, geschweifter, zweischübiger Giebel. Verschlungene Bandintarsien. Nußholz.
Böhmen/Österreich, 1740/50.
215 x 130 x 73 cm.   **40 000,–/60 000,–**

522 Tabernakel-Aufsatzsekretär à trois corps.
Dreischübiges, geschwungenes Kommodenteil. Schräge Schreibklappe. Tabernakel-Aufsatz, auf jeder Seite von jeweils fünf leicht geschwungenen Schubladen umgeben. Profilierter, in großen Voluten endender, gebrochener Giebel. Würfelmarketerie. Nußbaum. Böhmen, um 1760.
213 x 119 x 67 cm.   **30 000,–/40 000,–**

523 Tabernakel-Aufsatzsekretär.
Dreischübiges, geknickt geschwungenes Unterteil. Zurückversetzter Tabernakelaufsatz. Türe von zehn Schubladen umgeben. Schräge, aufklappbare Schreibplatte, von zwei Schubladen flankiert. Stilisierter Blatt- und Bandelwerkdekor. Nußholz.
Österreich, um 1750.
178 x 136 x 68 cm. **30 000,–/40 000,–**

524 Aufsatzsekretär.
Unterteil mit zwei Türen, zwei Schubladen. Schreibklappe flankiert von je zwei Schüben. Aufsatz mit drei Schüben und zwei bleiverglasten Türen. Geschweifter Kopf. Esche mit reichen Linien- und Sterneinlagen. Böhmen, Ende 18. Jahrh.
215 x 121 x 68 cm. **18 000,–/25 000,–**

525 Tabernakel-Aufsatzsekretär.
Dreischübiges, in der Front gebrochen geschwungenes und mittig konkav eingezogenes Kommodenteil. Schräges Schreibteil mit je zwei abgetreppt hochgescheiften Schubkästen. Die gestreckte Rundbogentüre ist begrenzt von zwei fünfgeschossigen Schubreihen, sowie einem eingearbeiteten Sockelschub. Marketerieausschmückungen mit Jagddarstellungen. Nußbaum, Zwetschge, Ahorn graviert und teils gebrannt.
Böhmen, Mitte 18. Jahrh.
215 x 135 x 80 cm. **40 000,–/60 000,–**

523   524

525

526   527

528

526 Tabernakel-Aufsatzsekretär.
Zweischübiges, allseitig geschwungenes und durch Rundstollen gegliedertes Kommodenteil auf bewegtem Fußgestell. Wulstförmig gedrücktes Zwischengeschoß mit Schreiblade. Gebrochen bewegter, entsprechend der Kommode unterteilter Tabernakel-Aufsatz mit zentralem Türfach, flankierenden, fünfgeschossigen Schubreihen und überragendem Lambrequinbehang. Doppelschübiger, bekrönender Giebelkasten. Allseitige rahmen- und bandumfaßte Füllungsmarketerie mit Bandelwerkreserven und feinen Ausschmückungen am Türfeld. Nußholz. Wohl Donaugebiet, Mitte 18. Jahrh.
215 x 149 x 65 cm.   **35 000,–/50 000,–**

527 Tabernakel-Aufsatzsekretär.
Dreischübiges, zweifach gebauchtes und mittig gebrochen eingezogenes Kommodenteil. Darüber umlaufend silhouettiert gewulstetes Schreibteil. Zurückspringender, entspr. dem Unterteil gestalteter Tabernakel-Aufsatz. Hier zentrales Türfach mit Sockelschub und zwei flankierenden, je fünffachen Schubladenreihen. Abgesetzter, dreifach gegliederter Kopf mit seitl. Sprengvoluten und mittig hochragendem Dekorgiebel. Füllungsmarketerie. Geometrische Bandeinlagen sowie ausschmückender Blattwerkreserve. Nußbaum/Fußmaser gebeizt, Birnbaum. Böhmen/Ungarn, um 1750.
215 x 125 x 78 cm.   **35 000,–/50 000,–**

528 Tabernakel-Aufsatzsekretär.
Dreitüriges Unterteil, in der Mitte zurückversetzt. Dort drei weitere Schubladen. Schreibklappe mit seitlich jeweils zwei kleinen Schubladen. Geschwungener Tabernakel-Aufsatz, umgeben von kleinen Schubladen. In der Mitte intarsierter Jäger. Geschweifter, profilierter Giebel. Nuß, Nußwurzel, Palisander, Obsthölzer. Prag, Mitte 18. Jahrh.
205 x 121 x 59 cm.   **50 000,–/70 000,–**

529 Schreibkommode.
Dreischübig. Schräge Eckstollen. Schreibklappe mit Fächern. Geschweifte Zarge. Frontal reiche Reliefschnitzerei mit Rocaillen und Blüten. Eiche. Aachen/Lüttich, Mitte 18. Jahrh.
116 x 139 x 63 cm.   **8 000,–/12 000,–**

530 Kommode mit Schreibaufsatz.
Dreischübige, geschweifte und gebrochene Front auf gebogten Zargenfüßen. Seitenteile mit profilierten Kassetten. Schreibaufsatz mit versetzt übereinanderliegenden Schubfächern. Eiche. Westdeutsch/Mosel, Mitte 18. Jahrh.
128 x 134 x 66 cm.   **6 500,–/10 000,–**

531 Schreibkommode.
Zweischübiger Korpus. Schräge Schreibklappe mit geschnitzten Akanthusblättern. Eiche. Rheinland, um 1760.
94 x 120 x 62 cm.   **8 000,–/12 000,–**

529

530

531

532

533

532 Pultsekretär.
Fünfschübiges, frontal bewegtes Unterteil mit ausgeschnittenem Knieraum. Darüber schräges Schreibteil. Allseitige, rahmenumfaßte Füllungsmarketerie. Nußholz. Mitteldeutsch, 2. Hälfte 18. Jahrh.
106 x 110 x 58 cm. **12 000,–/17 000,–**

533 Schreibkommode.
Gestreckt geschwungenes Kommodenteil mit gewulsteten Eckstollen. Wellenförmig geschrägtes Schreibteil. Füllungsmarketerie. Nußholz. Mitteldeutsch, 2. Hälfte 18. Jahrh.
107 x 92 x 60 cm. **12 000,–/18 000,–**

534 Damensekretär.
Zweischübiges, gebrochen geschwungenes Kommodenteil auf geschweiftem Fußgestell. Rahmenartig verblendetes, schräges Schreibteil. Füllungmarketerie. Nußholz. Mitteldeutsch, Mitte 18. Jahrh.
94,5 x 93 x 51 cm. **15 000,–/20 000,–**

535 Pultsekretär.
Mehrschübiges, gebrochen geschwungenes Kommodenteil auf geschweiftem Fußgestell. Angedeutete Knienische. Schräges Schreibteil. Füllungsmarketerie mit Bandelwerkumfassungen und darstellendem Kartuschenfeld auf der Schreiblade. Nußholz, verschiedene Hölzer. Mainfranken, Mitte 18. Jahrh.
102 x 99 x 61 cm. **20 000,–/30 000,–**

536 Damensekretär.
Obst- und Nußholz furniert und intarsiert. Band-, Filet- und Füllungsmarketerie. Bronzebeschläge. Süddeutsch, 1. Hälfte 18. Jahrh.
115 x 126 x 61 cm. **25 000,–/35 000,–**

534   535

536

Schreibmöbel

537 Schreibkommode.
Dreischübiger, bombierter Korpus. Darüber schmales, dreischübiges Zwischengeschoß. Schreibklappe, an den Kanten abgerundet. Nußwurzelholz. Mainfranken, um 1760.
113 x 110 x 65 cm.   **20 000,–/28 000,–**

538 Damenschreibtisch.
Nußwurzelholz furniert. Dreiseitig geschweift, gebaucht. Hohe geschweifte Beine, zwei Schubkästen, aufklappbare Schreibplatte, Inneneinteilung. Süddeutsch, Mitte 18. Jahrh.
112 x 125 x 56 cm.   **30 000,–/40 000,–**

539 Pultsekretär.
Gebauchtes Kommodenunterteil mit je drei Schubladen rechts und links und einer schmalen durchgehenden Schublade. An der Rückwand neueingesetzte kleine Tür. Abgeschrägte, erhöhte, leicht gebauchte Pultplatte. Füllungsmarketerien. Nuß, Nußwurzel. Südwestdeutschland, Mitte 18. Jahrh.
96 x 133 x 83 cm.   **35 000,–/45 000,–**

540 Schreibkommode.
Geschweifter, dreischübiger Korpus mit vorstehenden Traversen. Zurückspringender, zylinderförmiger Schreibaufsatz. Profilrolleau. Seitlich gerundete Seitenschübe. Allseitig gegliedert umfaßte Rahmenmarketerie. Esche, Birkenmaser, Buche, Ahorn und Nußbaum. Böhmen, Mitte 18. Jahrh.
114 x 123 x 70 cm.   **12 000,–/18 000,–**

541 Schreibkommode.
Zwei geschweifte Schubladen. Ebensolche Schreibklappe mit reicher Inneneinrichtung. Nußbaum mit Linienmarketerie und Wurzelfüllungen. Pfalz, um 1760.
112 x 134 x 57 cm.   **20 000,–/30 000,–**

537

538

539

540   541

542 Schreibtisch.
Konisches, achtbeiniges Balustergestell mit dreifach gekreuztem Fußsteg. Zurückgesetzter Knieraum und flankierende Doppelschübe. Flaches, aufschiebbares Schreibteil mit frontal abklappbarer Blendlade. Füllungsmarketerie. Nußholz, Pappel. Süddeutsch, 1. Hälfte 18. Jahrh.
92 x 121 x 70 cm. **20 000,–/30 000,–**

543 Schreibtisch.
Seitlich je drei geschweifte Schubkästen auf vier durch Kreuzsteg verbundenen Pyramidenbeinen. Mittelteil zurückversetzt, mit Schubkasten und Tür. Schildpatt-Messing-Marketerie in Boulle-Technik: Laubwerk mit Figuren und Grotesken, wohl nach Vorlagen von Bérain. Wohl München, vor 1714.
77 x 113 x 65 cm. **8 0000,–/120 000,–**

544 Schreibtisch.
Ähnlich wie oben Balustergestell. Nußholz. Braunschweig, 1. Hälfte 18. Jahrh.
73 x 114 x 65,5 cm. **18 000,–/28 000,–**

Schreibmöbel 217

545 Schreibtisch.
In der Front gebrochen geschwungener Korpus mit silhouettiert ausgeschnittenem Knieraum. Ein Vollschub, darunter zwei den Knieraum flankierende Halbschübe. Füllungsmarketerie mit Parkettierung am Korpus und Kreuzfugen-Einlage auf der Platte. Nußbaum, Zwetschge, Nußbaum-Fußmaser und Ahorn. Südd./Franken, Mitte 18. Jahrh.
80 x 119 x 63 cm.   **25 000,–/35 000,–**

546 Schreibtisch.
Allseitig leicht gebaucht. Geschweifte Beine. Fünf Schubkästen. Ausziehplatte. Füllungsmarketerien. Zwetschge, Rosenholz. Süddeutsch, Mitte 18. Jahrh.
79,5 x 107 x 60 cm.   **18 000,–/25 000,–**

547 Bureau-plat.
Platte mit Metalleinfassung. Frontal fünf Schubkästen. Rückseitig gleiche, blinde Einteilung. Geschwungene Beine in Bronzeschuhen. Fadenintarsien. Obstholz. Westdeutsch, 2. Hälfte 18. Jahrh.
77 x 160 x 77 cm.   **35 000,–/50 000,–**

545

546

547

548

TISCHE

Refektoriumstische, Bibliothekstische, Pulttische, Konsoltische, Klapptische, Arbeitstischchen, Beistelltische, Spieltische, Ziertische, Verwandlungstische. Sonderformen: Guéridons, Etagèren

Der Tisch behält auch im Barock seine Funktion als Gebrauchsmöbel. Er ist nicht in vergleichbarer Weise Gegenstand der Umsetzung technischer Fortschritte, sowie der künstlerischen Entwicklung und Ausdrucksfähigkeit, wie bei den Behältnismöbeln. Im Mittelalter lediglich als aufgelegte Platte über frei stehenden Böcken und damit mobil, setzt die Schaffung einer starren Konstruktion in der ausgehenden Gotik ein. Die Frühformen sind leicht schräg gestellte Wandgestelle, die sich in Italien herausbilden, und allmählich in entsprechender Weise die deutschsprachigen Gebiete überziehen. Beim Tisch ist die deutsche Umsetzung der konstruktiven Elemente eher massig. Stabilität und Haltbarkeit haben Vorrang vor formalen Überlegungen.

Die Plattenstärken, selbst für die Zeit verhältnismäßig kleiner Wangentische, sind vergleichbar mit den langgestreckten oberitalienischen Refektoriumstischen. Kein früher Tisch verzichtet auf den umlaufenden Fußsteg, der zuerst die Wangen und später die aufkommenden Pfostengestelle stabilisiert. Charakteristisch für frühe Wangentische nördlich der Alpen ist die zusätzliche, über Kniehöhe angebrachte, beidseitig die Wangen verbindende und stabilisierende Profilsprosse, aus der sich dann bei Pfostengestellen die Zargenbretter entwickeln. Gedrungene, häufig quadratische Wangentische besitzen oft einen fest gefügten Zargenkasten mit Boden und seitlich verschiebbarer Platte.

Diese sog. Zahltische oder Kastentische sind die Vorläufer der Brettzargentische mit später eingearbeiteten Schubkästen. Man findet auch an diesen Kastentischen ins Gestell eingehängte, nach beiden Seiten herausziehbare Schubkästen mit schräggestellten Vorderstücken. Ähnliche Konstruktionen, wie runde Bibliothekstische, finden sich bereits im 15. Jahrhundert im süddeutschen Raum. Hierbei besitzen diese frühen, prächtigen Arbeitstische, Lese- oder Pulttische statt des umlaufenden Fußsteges häufig eine geschlossene, durch profilierte Platten abgedeckte Sockelkonstruktion. Die Platte befindet sich auf einer rechteckigen Kastenstütze oder architektonisch gestalteten Bogenstellungen. Der eigentliche

Pfostentisch nimmt seine Entwicklung über den sich weit verbreitenden Kastentisch, der zunehmend auch auf seitlich ausgestellten Pfostenbeinen ruht. Sie sind rechteckig oder gedrechselt, teilweise geschnitzt.

Das Pfostengestell der fortschrittlichen Tischkonstruktionen besitzt zuerst ebenfalls den umlaufenden Fußsteg, begnügt sich dann zunehmend mit der einfachen Längssprosse. Die Stirnseiten bleiben weiterhin durch eine Stegkonstruktion verbunden. Erst die Weiterentwicklung stabiler Eckverbindungen, auch die Abkehr von der Forderung nach unbedingter hoher Stabilität, führen zu den sich fortan durchsetzenden Konstruktionsformen ohne jegliche zusätzliche Stabilisierung im Fußbereich.

In zunehmender Wertschätzung harmonischer, im Sinne des 18. Jahrhunderts umgesetzter Formgebung gleichen sich die bislang eher konservativen und beständigen Tischgestelle an bestehende gestalterische Richtlinien an. Die breite Gebrauchsfähigkeit des Tisches als Arbeits- und Kulturmöbel läßt zahlreiche Formen und Typen entstehen, von denen die wichtigsten im folgenden kurz beschrieben werden sollen.

Refektoriumstische
Von der in den Speisesälen der Ordensburgen oder Klöstern anfänglich auf Böcken oder Gestellen lose aufgelegten Platte führt der Refektoriumstisch zur sich entwickelnden Tischkultur. Als langgestreckte Tischkonstruktion, die ein gemeinsames Speisen vieler Personen erlaubt, behält diese Tischform stets eine notwendige massive Bauweise mit üppig dimensionierten Holzverbindungen und wuchtiger Ausarbeitung. Als Wangengestell, auch als schlichte Pfostenkonstruktion, findet er weite Verbreitung in Frankreich und Italien, auch Holland, England und in Deutschland. Vor allem der Norden pflegt diesen Tafeltisch und ist daher zunehmend in Speiseräumen reicher Bürgerhäuser zu finden. Die Hansestädte bevorzugen statt des Pfostengestells die wesentlich massiger wirkende Balusterkonstruktion mit bauchig gedrehten und gedrückt wirkenden Säulenbeinen. Süddeutsche Refektoriumstische sind selten. Wahrscheinlich durch starke italienische Einflüsse werden sie wegen fehlender regionaler Merkmale häufig nach Oberitalien eingeordnet, obwohl durchaus auch die Hand hiesiger Schreiner denkbar wäre. Große künstlerische Entfaltung findet sich an Refektoriumstischen selten. Der reine Gebrauchswert und die wenig für sensible Gestaltungsweisen geeigneten, meist mächtigen Proportionen, ließen für schöpferisches Schaffen wenig Raum. Damit sind nur grobe Einordnungen nach Zeit und Herkunft möglich. Eine Tatsache, die heute häufig zu großzügigen beschreibenden Angaben verleitet. Die Schlichtheit und der mittelalterliche Ausdruck, auch bei spät entstandenen Exemplaren, lassen Kombinationsmöglichkeiten mit anderen Einrichtungsgegenständen zu, was als Erklärung für die ungewöhnliche Beliebtheit dieses Tischtyps dienen mag.

Bibliothekstische
Eng verwandt mit dem Refektoriumstisch und ursprünglich auch nur in Klöstern beheimatet, ist die Gruppe der Bibliothekstische mit ihren großen Tischplatten zur gemeinsamen Arbeit an großformatigen Folianten. Eine Spezialisierung dieser Tische ist nicht mehr angebracht, da auch andere Verwendungsmöglichkeiten der nachmittelalterlichen Zeit großformatige Tischkonstruktionen hervorgebracht haben. In diesem Zusammenhang soll lediglich auf die ursprüngliche Verwendungsform hingewiesen werden. Diese Bibliothekstische gibt es auch mit angearbeiteten Schreib- oder Lesepulten und sie besitzen reine, manchmal mehrseitige Pultformen zur Arbeit im Stehen. Zahlreiche Beispiele dieser Verwendungsform und bedarfsgerecht ausgearbeitete Exemplare finden sich noch heute in den berühmten Bibliotheken der Klöster.

Pulttische
Ursprünglich ähnlich den Pulttischen der klösterlichen Bibliotheken und Schreibsälen, sind die frühen profanen Pulttische eine hohe, zur stehenden Schreib- und Lesearbeit geeignete Möbelform mit schräger Ablagefläche, später mit eingerichtetem Klappfach und zusätzlichen für den Gebrauch geeigneten Ausstattungsmerkmalen. Es finden sich Schübe unter der Pultschräge, manchmal auch ein verschließbarer Unterbau. Die Übergänge vom Tisch zum reinen Stehpult sind fließend und lassen

häufig eine eindeutige Einordnung nicht zu. Gegen Ende des 17. Jahrhunderts kommen auch reine Tischgestelle mit angearbeitetem oder nur lose aufgestelltem Pultkasten auf. Sie inspirieren schließlich im frühen 18. Jahrhundert die Entwicklung zuerst der Stollensekretäre und später der Aufsatzsekretäre und Schreibschränke mit schrägen Schreibklappenteilen.

Konsoltische

Das grundsätzliche Unterscheidungsmerkmal der Konsoltische gegenüber dem Tisch ist der Aufstellungsort an der Wand und damit die Beschränkung auf Dreiseitigkeit. Als Einrichtungsgegenstand, der die vorhandene Architektur des Raumes zu unterstreichen hat, ist neben der schlichten Rückseite vor allem transparente Konstruktion und Leichtigkeit der künstlerischen Wirkung vorrangiges Gestaltungsprinzip dieser Möbel.
Häufig bedient man sich der Schnitzkunst, die den dreidimensionalen Übergang von der Wandfläche in den zu dekorierenden Raum prägt. Der Charakter einer Applike, eines angefügten oder gar angehängten Dekorstückes prägt die Gestalt eines Konsoltisches. Schon frühe Stücke des 17. Jahrhunderts vermitteln den Anspruch nach Symbiose zwischen Wand und Raum. Prächtige, naturalistische Plastik und Schnitzkunst formen das bereits früh durchbrochen und damit verhältnismäßig leicht gearbeitete Gestell der Konsoltische. Oft liegt schon zu Beginn des 18. Jahrhunderts eine prächtig strukturierte Buntmarmorplatte statt einer einfachen Holztafel auf. Die Oberfläche bleibt meist auch in der Folgezeit unfurniert und wird stattdessen entweder mono- oder polychrom gefaßt als Polierweißfassung oder akzentuierende Mehrfarbfassung. Die beliebteste Oberflächengestaltung wird die Goldfassung in Form von glänzenden oder matten Polimentvergoldungen oder einfacher Ölvergoldung. Besonders das Rokoko wird zur Blütezeit der Konsoltische. Die prächtigsten Zeugnisse manchmal asymmetrisch durchgeformter, nicht figürlicher Schnitzkunst repräsentieren diese Wandtische ab Mitte des 18. Jahrhunderts. Konsoltische werden mit dem Aufkommen neuer Fertigungstechniken, großflächige Spiegelplatten herstellen zu können, häufig mit entsprechend gestalteten Wandspiegeln kombiniert. Konsoltisch und Spiegel bilden nun eine Einheit. Sie werden mit dem Holzbildhauer gemeinsam für einen dafür vorgesehenen Abschnitt der Wandfläche hergestellt. Die Entwürfe zahlreicher Salons und Räumlichkeiten werden bereits vom Architekten oder Baumeister mit Konsoltischen und Spiegeln versehen. Einige Beispiele heute noch zugänglicher Spiegelkabinette belegen die oft unverzichtbare Einheit aus Wandgestaltung, eingearbeiteter Spiegelfläche und vorgestelltem Konsoltisch. Manchmal, so scheint es, wurde der Konsoltisch als Partie der Wandgliederung, nicht als Produkt des Bildhauers oder des bildhauerisch arbeitenden Schreiners, sondern als Werk des Baumeisters oder Bauhandwerkers verstanden und gepflegt.

Klapptische

Der Klapptisch ist vergleichbar mit den ausziehbaren Tischen. Seine Plattenflächen sind durch Hochstellen herabhängender Klapplatten vergrößerbar. Diese Lösung wird vor allem im 18. Jahrhundert in England beliebt und bereichert in geringem Maße Norddeutschland. Die anderen Gebiete kennen Klapptische erst im 19. Jahrhundert. Damit sind diese technisch durch herausdrehbare Stützen oder ausstellbare Gestellteile (sog. gate-legs) eine anspruchsvolle Alternative zu Auszugstischen. Im deutschsprachigen Raum jedoch von untergeordneter Bedeutung.

Arbeitstischchen

Der Begriff des Arbeitstischchens ist eigentlich keine sinnvolle Spezifizierung. Die unterschiedlichsten Tischtypen werden oft als Arbeitstischchen bezeichnet. Vielmehr soll damit auf Details in der Ausführung von Salontischchen hingewiesen werden, die das Objekt für allerlei Formen der Hausarbeit oder der kleineren Korrespondenz geeignet erscheinen lassen.

Beistelltische

Ähnliches wie für das Arbeitstischchen gilt auch für das Beistelltischchen. Ausgedrückt werden soll lediglich die Eignung als Ergänzung der Fläche von Tafeltischen zum Abstellen zusätzlicher Geschirre, die zum Speisen nicht benötigt werden.

Spieltische

Eine sehr beliebte Tischform, die vor allem im 18. Jahrhundert eine wesentliche Bedeutung für dekorative Raumkunst erlangt, ist der Spieltisch in seinen vielen Variationen. Grundsätzlich dient der Spieltisch als Mittel für Tafelspiele wie Karten, Würfel, Dame, Schach, aber auch Backgammon, Kugelspiele und andere heute unbekannte Spielformen. An diesen Tischen finden sich oft die für die jeweilige Spielart erforderlichen Ausstattungsmerkmale durch Vertiefungen, bezeichnete Spielpositionen oder besonders häufig in Form von Marketerien dargestellte Spielfelder. Auffällig ist, daß viele Spieltische in einer symmetrischen Vierseitigkeit gearbeitet sind, d. h. alle vier Tischkanten erlauben es jeweils einer Spielpartei sich am Spiel zu beteiligen. Hinzu kommen oft vierseitig in der Zarge angebrachte Schubkästen zum Aufbewahren der Spielsteine, -figuren, Karten oder Würfel. Es gibt Spieltische, die für mehrere Spiele eingerichtet sind und durch vielfach verwendbare Marketerien, Mechanismen oder Plattenlagen verwandelbar sind. Dadurch wird deutlich, daß eben auch Spieltische häufig zum prunkvollen Mobiliar der Salons gehören und als reines Luxusmöbel den Schreinern genügend Möglichkeit zu hochqualifizierter Umsetzung dekorativer Auffassungen und technisch raffinierter Detaillösungen boten. Spieltische sind Ausdruck der jeweiligen Formen freizeitlicher Erbauung und belegen den gesellschaftlichen Stellenwert spielerischen Zeitvertreibs als wesentliches Element sozialer Handlungsformen in Adel und Bürgertum.

Ziertische

Diese Bezeichnung umfaßt sämtliche Tischformen, die lediglich als dekorative Ergänzung bestehender Einrichtungen zu verstehen sind. Es muß auf die qualitätvolle Umsetzung stilistischer Vorgaben hingewiesen werden, die diesen lediglich zur Ausschmückung dienenden Tischtyp über Gebrauchsmöbel erhebt. Damit repräsentieren diese Schmuckmöbel auf besonders eindrucksvolle Weise den jeweilig aktuellen Stand im schöpferischen Entwicklungsprozess. Im übrigen lassen sich sämtliche beschriebenen Feststellungen, wie sie zum bonheur-du-jour getroffen werden (s. u. Sondermöbel) im wesentlichen auf Ziertische übertragen.

Verwandlungstische

Die wohl anspruchsvollste Form von Tischen sind die besonders durch englischen Einfluß im 18. Jahrhundert beliebt werdenden Verwandlungstische. Auch Frankreich kennt die wandelbare Gebrauchsfähigkeit solch anspruchsvoller Tischkonstruktionen. Ohne die raffinierten technischen britischen Lösungen durch ausgeklügelte Mechaniken kommen die prächtigen deutschen Vertreter dieses Möbeltyps nicht aus. Besonders die Manufaktur von Abraham und David Roentgen tut sich durch eine Anzahl prächtigster Verwandlungstische hervor, was natürlich im gleichen Zuge verdeutlicht, daß Verwandlungstische keine Möbelform des täglichen Gebrauchs und damit auch der einfachen Bürgerhäuser sein kann. Vielmehr sind Verwandlungstische durch ihren aufwendigen Aufbau, der ihrem Besitzer mehrere Verwendungsmöglichkeiten erschließt und in den Genuß versetzt, ein prächtiges Repräsentationsmöbel zu besitzen, dessen Geheimnisse mit Begeisterung vorgeführt werden, qualitätvolle Kunstobjekte mit teilweise modernsten technischen Detaillösungen und hochkomplizierter Mechanik. Eine Inspiration hierfür mag der englische »Harlekin-Pembroke-Table« gewesen sein, der durch eine Drehbewegung seitlich ausschwenkbarer Stützen eingearbeitete Schmink- und Schreibkästchen umwandelt. Auch aufstellbare Notenpulte, Lese- oder Schreibpulte, sowie Tablettreichen, sich öffnende Kassettenfächer oder eingerichtete Schubkästen dienen der Ausstattung dieser prächtigen Einrichtungsgegenstände.

Sonderformen: Guéridon

Unter Guéridon versteht man den ausschließlich zum Abstellen von Lichtquellen wie Kerzen, Leuchtern und Lampen dienenden Leuchtertisch, der meist einen schlanken, dekorierten Schaft in gedrechselter oder geschnitzter Ausführung besitzt.
Die Platte ist klein und beschließt den Charakter einer Standsäule auf Sockelplatte oder ausgestelltem Drei- bzw. Vierfuß.
Guéridons sind wie Konsoltische in der Regel gefaßt oder vergoldet und häufig Gegenstand prächtiger Schnitzereien.

222 Tische

549

550

Etagèren
Die Etagère ist ein allseitig offenes Regalgestell mit entsprechend dem Namen mehrgeschossig übereinander angeordneten Plattenfächern. Prächtig gearbeitete Etagèren ergänzen durch oft eindrucksvolle Schnitzkunst das übrige Ameublement, der Kunstkammergedanke bildet ähnlich zu den Vitrinen den geistigen Hintergrund für das Entstehen dieser Möbel.

548 Tisch.
Süddeutsch. 18. Jahrh. Nußholz intarsiert mit Pappel und Obsthölzern.
74 x 107 x 82 cm.   **8 000,–/12 000,–**

549 Tisch.
Umlaufender Fußsteg. Balusterbeine. Zarge dreiseitig profiliert. Schubfachpaar. Überstehende Platte. Wellenband-, Blatt- und Perldekor. Eiche. Bergisch, 18. Jahrh.
70 x 106 x 66 cm.   **3 000,–/5 500,–**

550 Tisch.
Rechteckige Form mit stark abgeschrägten Kanten. Balusterbeine, durch flache Rahmenstege verbunden. Platte mit eingelegter Schieferplatte. Der Rahmen dekoriert mit eingelegten Ranken in Rechteckfeldern und Doppeladlern. Nußbaum und Eiche. Tirol, Anfang 17. Jahrh.
79,5 x 112 x 75 cm.   **6 500,–/9 000,–**

551

551 Tisch.
Rechteckige Platte. Kräftige, gewundene Beine, der Fußsteg eckig gebrochen. Ornamentale Bandeinlagen. Nußbaum, Pflaumenholz und Elfenbein. Norddeutsch/Niedersachsen, 1. Hälfte 18. Jahrh.
78 x 158 x 126 cm.   **4 000,–/6 500,–**

552 Tisch.
Gestell mit Balusterbeinen und Querverstrebung. Platte mit Wurzelholzfüllungen. Bandintarsien und Elfenbeineinlagen. Nußholz. Mitteldeutsch, 18. Jahrh.
80 x 119 x 88 cm.   **4 000,–/6 500,–**

552

553 Tisch.
Geschwungene, profilierte Beine, in Voluten endend. Geschwungene, sich kreuzende Stege. Profilierte, ausgeschnittene Zarge. Rechteckige Tischplatte, intarsiert mit St. Martin und Stadtsilhouette. Nußbaum, Obstholz. Süddeutsch, 1. Hälfte 18. Jahrh.
80 x 101 x 73 cm. **9 000,–/14 000,–**

554 Kastentisch.
Geschweifte Beine mit Fußsteg. Schubkasten. Rocaillendekor in Flachschnitzerei. Ahornplatte. Eichenholz. Westdeutsch/Mosel, 2. Hälfte 18. Jahrh.
79 x 98 x 82 cm. **5 000,–/8 000,–**

555 Tisch.
Mittig herabgezogene Zarge mit reicher, floraler Schnitzerei, die sich auf den geschwungenen Beinen und der volutenförmig geschwungenen Stegverbindung fortsetzt. Rot-braune Marmorplatte. Nußholz. Franken/Thüringen (?), um 1700.
86,5 x 142 x 81 cm. **7 000,–/12 000,–**

556 Tisch.
Geschwungene Beine und ebensolche Zarge mit reicher Rocaillenschnitzerei. Viereckige Platte mit abgerundeten Ecken und reicher Band-, Filet- und Rosettenmarketerie. Nußholz und Obstholz. Holstein, 1. Hälfte 18. Jahrh. 79 x 105 x 106 cm.
7 500,–/12 000,–

557 Fliesentisch.
Geschweiftes Weichholzgestell, geschnitzt, grün-gold gefaßt. Platte mit 35 Fliesen, manganfarben. Friesland, um 1750.
74 x 95 x 77 cm. **8 000,–/13 000,–**

553

554

555

556

557

224 Tische

558

559

560

561

558 Tisch.
Beine geschweift mit Geißfüßen. Zarge reich geschnitzt mit Ranken und Rocaillen. Platte mit geschweiften Ecken und wulstigem Rand. Teilweise vergoldet. Föhrenholz. Schleswig-Holstein, Mitte 18. Jahrh.
77,5 x 92 x 57 cm. **9 000,–/15 000,–**

559 Tisch.
Quadratische Platte mit Schachbrettdekor. Geschwungene, in Hufen endende Beine. Geschweifte Diagonalverstrebung.
Filet- und Fadenmarketerie. Norddeutsch, 18./19. Jahrh.
77 x 82,5 x 85 cm. **4 500,–/7 000,–**

560 Tisch.
Profiliertes Fußgestell mit C-Schwüngen, Schleifensteg und geschnitzten Zargenblenden. Allseitig gebrochen bewegte, rahmenmarketierte Platte. Wurzelholzplatte.
Franken, um 1730.
72 x 73 x 55 cm. **6 000,–/9 000,–**

561 Tisch.
Rechteckige Platte mit Bandelwerkmarketerie. Geschwungene, zu Voluten eingerollte Beine. Ecken und Zargen mit Muschel- und Blattdekor. Nußholz, Zwetschge. Deutsch, um 1720/30.
76,5 x 109,5 x 67 cm. **6 500,–/9 000,–**

562 Tisch.
Schlanke, leicht geschweifte Beine.
Geschweifte Zarge mit einer Schublade.
Gerade Platte. Dekoriert mit eingelegtem
Rahmenwerk, Rautenmuster und Stern.
Nuß, Nußwurzel, Obstholz, versch. Einlegehölzer. Mitteldeutsch, Mitte 18. Jahrh.
77 x 90 x 64 cm. **4 500,–/7 000,–**

563 Tisch.
Geschweifte Bocksbeine und geschweifte
Zarge. Weißgefleckte, leberfarbene Marmorplatte. Eiche. Norddeutsch, 18. Jahrh.
73 x 90 x 73 cm. **6 000,–/8 000,–**

564 Tisch.
Geschnitztes, geschwungenes Gestell mit
aufgesetzten Rocaillen und floralem Dekor.
Rechteckige Platte mit geometrischer
Flächenmarketerie. Nußholz. Wohl
Matthäus Funk, Bern, Mitte 18. Jahrh.
75 x 90 x 67,5 cm. **8 000,–/12 000,–**

565 Tisch.
Einschübiger, allseitig silhouettierter
Zargenkasten auf geschwungenen, profilierten Geißenbeinen. Bewegte, an den Kanten
gerundete Platte mit umfassender Band- und dekorierender Bandelwerkintarsie.
Eiche, Zwetschge, Mooreiche, Nußbaum-
Fußmaser. Westdeutsch, 18. Jahrh.
78 x 103 x 71 cm. **4 000,–/6 500,–**

566 Tisch.
Geschweifte Beine mit Muschelrelief.
Gebogte Zarge mit Schubfach. Platte
geschweift, mit Rocaillen und Rauten intarsierter Füllung. Nußbaum. Süddeutsch,
18. Jahrh.
79 x 106 x 69 cm. **4 000,–/6 000,–**

567 Tisch.
Auf geschwungenen Beinen geschweifte
Zarge mit Schublade. Rankenschnitzwerk
mit Kartusche und Blüten. Abgerundete,
profilierte, leicht geschweifte Tischplatte.
Eiche. Aachen, Mitte 18. Jahrh.
76 x 101 x 61 cm. **5 500,–/8 000,–**

568 Tisch.
Geschwungene Kufenbeine mit geschnitztem Muschelwerkdekor. Schublade.
Geschweifte Platte, intarsiet. Nußholz.
Süddeutsch, Mitte 18. Jahrh.
70 x 100 x 82 cm. **5 000,–/8 500,–**

569 Tisch.
Geschweifte Bocksbeine. Reich geschnitzte, teils durchbrochen gearbeitete Zarge.
Weit überstehende, an den Ecken gebrochen gerundete Platte. Eiche. Franken,
Mitte 18. Jahrh.
76 x 96 x 67 cm. **6 000,–/8 500,–**

562

563

564

565

566

567

568

569

570

570 Tisch.
Geschweifte Platte mit Faden-, Würfel-, Rauten- und Sternmarketerie auf geschwungenem Gestell mit ausgesägter Zarge und floraler Schnitzerei. Brandstempel: Graebner. Nuß- und Obstholz. Westdeutsch, 18. Jahrh.
77 x 99,5 x 72 cm. **10 000,–/14 000,–**

571 Tisch.
Allseitig leicht geschweift und gebaucht. Ein Schubkasten. Platte vierpassig bewegt. Nußholz. Mittelrhein/Pfalz, Mitte 18. Jahrh.
67 x 66 x 45 cm. **4 000,–/7 000,–**

572 Tisch.
Geschwungene Beine in Form von C-Schwüngen. Zarge mit Muschelwerkdekor, teilweise vergoldet. Rechteckige Platte, an den Ecken gerundet. Würfelmarketerie. Nußholz. Süddeutsch, Mitte 18. Jahrh.
77 x 88 x 59 cm. **7 000,–/10 000,–**

573 Tisch.
Geschweifte Beine, geschwungene Stegverbindung. Teils gitterartig durchbrochene Zarge und plastische Zargenzunge. Reiche Laub-, Blüten- und Muschelschnitzerei. Rote Marmorplatte. Linde. Franken, Anfang 18. Jahrh.
83 x 97 x 72 cm. **8 000,–/12 000,–**

571

572

573

574 Konsoltisch.
Plastisch fein ausgearbeitetes durch Volutenschultern betontes Gestell auf vielfach geschwungenem Fußsteg mit Akanthuskartusche. Allseitig ausgeschnittene und reliefgeschnitzte Zargenblende. Linde. Farbig gefaßt. Marmorplatte. München, Mitte 18. Jahrh., Umkreis Joseph Effner.
84 x 140 x 68 cm.   **20 000,–/30 000,–**

575 Konsoltisch.
Geschweifte Volutenbeine mit weiblichen Köpfen, durch stark geschweifte, gekreuzte Volutenstege verbunden. Durchbrochene, geschweifte Zarge mit Maskarons und geschnitztem Rankenwerk. Profilierte Marmorplatte. Weichholz, geschnitzt und vergoldet. Südwestdeutsch, 1. Viertel 18. Jahrh.
83 x 128 x 65 cm.   **5 000,–/8 500,–**

576 Paar Konsolen.
Geschwungene Beine, unten verbunden durch Akanthusblätter. In der Mitte der geschwungenen Zarge geschnitzte Blüten von Voluten umrahmt. Blüten und Blattschnitzereien. Profilierte Marmorplatte. Weichholz, goldgefaßt. Deutsch, Mitte 18. Jahrh.
77 x 55 cm.   **12 000,–/18 000,–**

574

575

576

577

578

579

580

581

577 Konsoltisch.
Geschweifte, in Voluten endende Beine mit verbindendem, von durchbrochener Muschelornamentik verziertem Steg. Zarge mit reicher, durchbrochener Rocailleschnitzerei mit eingehängten Girlanden. Marmorplatte. Linde, polychrom und gold gefaßt. Mainfranken, um 1760.
88 x 113 x 37 cm. **20 000,–/30 000,–**

578 Konsoltisch.
Zweibeiniges, teils durchbrochen geschnitztes Gestell mit reichen Rocailleformen und Akanthusblättern auf den C-förmig geschwungenen Beinen und Zarge. Passend geschweifte Marmorplatte. Eiche. Würzburg, Mitte 18. Jahrh.
85 x 102 x 57 cm. **5 000,–/8 000,–**

579 Konsole.
Reich geschnitztes Gestell mit geschweiften Volutenbeinen, Kreuzsteg und dreiseitig silhouettierte Zarge. Weit überstehende, allseitig geschweifte, grüne Marmorplatte. Eiche. Franken/Hohenlohe, um 1770.
80 x 96 x 58 cm. **6 000,–/8 500,–**

580 Konsoltisch.
Gestell mit reicher Rocaille- und Akanthuslaubschnitzerei. Goldfassung. Stegverbindung mit geschnitzter Blütenbekrönung. Tanne. Marmorplatte. Süddeutsch, 18. Jahrh.
75 x 82 x 57,5 cm. **6 500,–/9 500,–**

581 Konsole.
Bewegtes und geschnitztes Gestell mit Rocaillekartusche und entsprechend durchbrochen geschnitzter Zargenblende. Braun/gold gefaßt, Marmorplatte. Mitteldeutsch, 18. Jahrh.
82 x 101 x 55 cm. **8 000,–/12 000,–**

582 Wandtisch.
Platte und Zarge frontal und seitlich geschweift. Beine durch geschweifte Kreuzleisten verbunden. Schubkasten. Band- und Rosettenmarketerie. Nußholz. Mitteldeutsch, 2. Viertel 18. Jahrh.
81 x 120 x 60 cm.   **4 500,–/7 500,–**

583 Konsole.
Bewegtes und geschnitztes Gestell mit Kreuzsteg und allseitig reliefgeschnitzter Zargenblende. Eiche. Marmorplatte. Westdeutsch, Mitte 18. Jahrh.
83 x 98 x 55 cm.   **4 500,–/6 500,–**

584 Konsoltisch.
Gebrochen geschweifte Beine mit Blattwerk und Girlanden. Verstrebung mit großer Kartusche. Reich durchbrochene Zarge mit Kartusche in der Mitte. Geschwungene, profilierte Marmorplatte. Eiche. Aachen, 18. Jahrh.
84 x 122 x 54 cm.   **10 000,–/15 000,–**

585 Paar Konsoltische.
Stark geschweifte, geschnitzte Volutenbeine. Reich geschnitzter Steg mit Granatapfel. Geschweifte, reich á-jour geschnitzte Zarge mit Rocaille und Blütenranke. Marmorplatte. Eiche. Rheinisch, 2. Viertel 18. Jahrh.
88 x 145 x 64 cm.   **15 000,–/22 000,–**

586 Konsoltisch.
Zwei stark geschweifte Volutenbeine. Geschweifter Steg mit großer, durchbrochener Rocaillenkartusche verbunden. Geschweifte, teilweise durchbrochene Zarge mit Tierköpfen auf den Ecken. Mittelkartusche mit Rocaillen, Blumen und Flügeln. Marmorplatte. Weichholz, geschnitzt und vergoldet. Wohl Brandenburg, Mitte 18. Jahrh.
81 x 95 x 46 cm.   **12 000,–/15 000,–**

582

583

584

585

586

Tische

587

588

589

590

591a

591b

592

Spieltische

587 Spieltisch.
Geschweifte Beine mit beschnitzten Füssen. Geschweifte Zarge. Auf der klappbaren Platte, in Kartuschen eingelegt, Vogel und Blumen. Samtbespannung auf der Innenseite. Nußholz, verschiedene Hölzer. Süddeutsch, 2. Hälfte 18. Jahrh.
75 x 85 x 44 cm. **8 000,–/12 000,–**

588 Spieltisch.
Geschweiftes Gestell mit abgerundeten Ecken und passend geschweifter Platte. An den Ecken ausziehbare Spielsteinablagen. Band- und Füllungsmarketerie. Nußholz. Süddeutsch, Mitte 18. Jahrh.
81 x 89 x 61 cm. **6 000,–/9 500,–**

589 Spieltisch.
Gedrechselte Balusterbeine. Platte mit Schachbrett und Fach mit Sprungdeckel. Nußholz. Wohl Franken, Mitte 18. Jahrh.
74 x 80 x 31 cm. **6 500,–/9 000,–**

590 Spieltisch.
Vierschübiges, profiliertes Gestell mit geschweifter Zarge, geschwungenen Beinen und Stegverbindung. Geschweifte Platte mit eingelegten Rocaillen, Würfeln und geometrischem Flächenmuster. Rüster. Franken, um 1750.
79 x 100 x 79 cm. **12 000,–/16 000,–**

591 Spieltisch.
Deckelplatte mit zwei intarsierten Wappen: Stadt Bautzen. Nußholz. Sachsen, um 1700.
84 x 65 x 48 cm. **10 000,–/15 000,–**

592 Spieltisch.
Geschwungene Füße, Fußstege und Zarge. An den Seiten je eine Schublade mit schwarzen und weißen Spielsteinen. Tischplatte mit Backgammonspiel in Scagniolatechnik. Nußholz. Süddeutsch, 18. Jahrh.
114 x 73 x 65,5 cm. **6 000,–/8 000,–**

Tische 231

593 Spieltisch.
Geschlossener Zargenkasten auf geschweiften, konischen Vierkantbeinen. Drehbare und aufklappbare Spielplatte mit Schachfeld auf der Schauseite und mit Filz bespanntem Würfelfeld innen. Nußbaum, Eibe, Kastanie, Palisander, Thuja, Ahorn. Wohl Westdeutsch, um 1770.
73 x 77 x 38 cm. **8 000,–/12 000,–**

594 Spieltisch.
Geschweifte Beine und Zarge mit Rocailledekor in Flachschnitzerei. Klappbare und drehbare Platte mit intarsiertem Schach- und Brettspiel. Blumen- und Vogeldekor. Nußholz. Mitteldeutsch, 18. Jahrh.
75 x 106 x 51,5 cm. **8 000,–/12 000,–**

595 Spieltisch.
Geschweifte Klauenfüße, Zarge mit Schubfach, gebogte Platte mit Vertiefungen für Chips. Zusammenlegbar. Nußbaum mit Linienintarsien. Norddeutsch, 18. Jahrh.
75 x 95 x 95 cm. **8 000,–/12 000,–**

596 Perlmosaik-Tisch.
Geschwungene Beine. Tischplatte mit Mosaik von farbigen Glasperlen. Profilierter, abgerundeter goldener Rand. Weichholz, weiß/gold gefaßt. Braunschweig, Mitte 18. Jahrh., Johann Michael von Selow.
71 x 71 x 46 cm. **4 500,–/6 500,–**

593

594

595

596

Tische

597

598a

598b

599

597 Spieltisch.
Quadratische Form. Platte an den Ecken geschweift. Geschwungene Beine, durch Stege verbunden. Vergoldeter Muschelwerkdekor. Platte mit vegetabilem Dekor in Perlenarbeit. Fassung des Gestelles. Grün/gold gebeiztes Holz. Braunschweig, dat. 1780, Werkstatt J. M. von Selow.
75 x 87 x 87 cm. **12 000,–/15 000,–**

598 Selow-Tisch
sog. »corallenes Coffetischblatt«. Geschweiftes Gestell mit »Clubfoot«-Füßen und ausgeschnittener Zarge. Schubkasten. Platte mit geschweiftem Rand und Glasperlenmosaik: Papagei in reicher Rocaille-Umrahmung. Obstholz. Braunschweig, 1755/67. Johann Michael von Selow.
72,5 x 79 x 54 cm. **7 500,–/11 000,–**

599 Spieltisch.
Konisch geschweifte Vierkantbeine. Allseitig silhouettierte Zarge mit entsprechender Filetbandeinlage. Aufklappbare und drehbare Spielplatte mit ausgerundeten Spielecken. Inwendiger Samtbezug. Schauseite trägt bandumfaßtes Füllungsfeld mit Urnenvase. Nußbaum, Ahorn, Zwetschge. Süddeutschland, 18. Jahrh.
79 x 92 x 46/91 cm. **7 000,–/9 500,–**

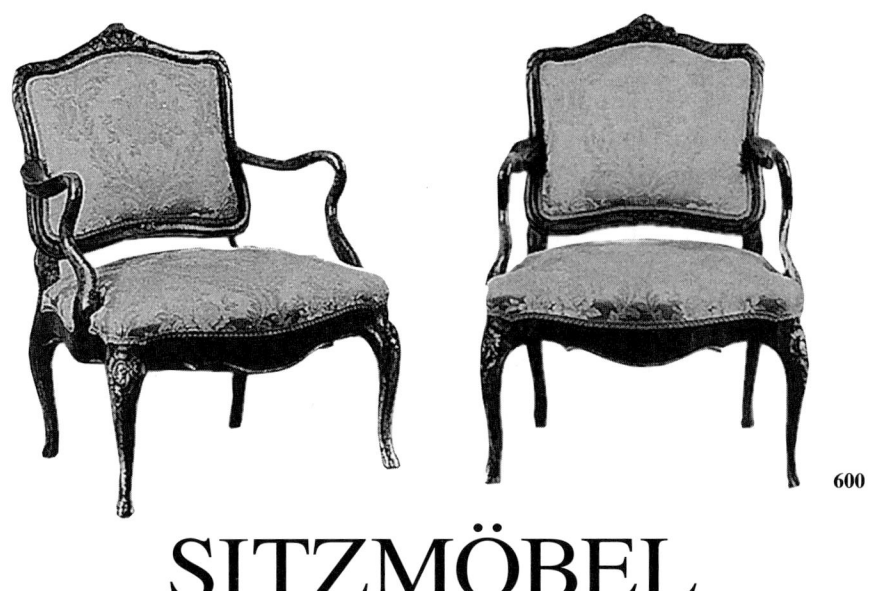

600

SITZMÖBEL

**Stühle und Hocker, Bänke, Truhenbänke, Sitzbänke, Sofas und Kanapees.
Sonderformen: Récamiers, Duchessen, Chaiselonguen,
Armlehnstühle, Armlehnsessel (Fauteuils), Bergèren, Ohrenbackensessel, Garnituren**

Die Verfolgung der stilistischen Entwicklung bei Sitzmöbeln vollzieht sich naturgemäß schwierig. Bezeichnend für den funktionalen und dekorativen Fortschritt im Möbelbau des Barocks präsentiert sich die Vielzahl der Entwicklungsstufen und Bauformen dieser Gestellmöbel. Verfügt das 17. Jahrhundert noch über eine klare funktionale Gliederung in Stuhl, Armlehnstuhl und Sitzbank, entwickelt sich im 18. Jahrhundert durch die zügellosen gestalterischen Freiheiten nahezu unüberschaubare Sonderformen. Diese Spezialisierung geht einher mit den veränderten Wohngewohnheiten, die nun mehr und mehr Wert auf Arrangements und zueinandergehöriges Einrichtungsgefüge legen. Damit entsteht die Garnitur oder das Ameublement, das sich aus einzelnen verschiedenen Sitzmöbelformen zusammensetzt und deren Gestaltung aufeinander abgestimmt ist. Im Folgenden soll nur ein oberflächlicher Einblick in diese Vielzahl von Sitzmöbeln geboten werden.

Stühle
Zwei Arten von Stühlen unterscheidet man grundsätzlich im Verlauf des Barocks. Zum einen bleibt der aus der Gotik stammende Brettstuhl in weitgehend strengem Formenschatz erhalten. Die Konstruktion beschränkt sich entweder auf Standbretter, die frontal zur Schauseite, meist geschrägt und oft dekorativ eingezapft sind oder auf eingesteckt gekeilte und ausgestellte Pfostenbeine, die gedreht, gewunden oder mehrseitig, konisch zugehobelt sind. Schon bald verabschiedet sich der Brettstuhl aus dem bürgerlichen Inventar und bleibt überwiegend der bäuerlichen Einrichtung vorbehalten. Zum anderen erhält sich der klassische Pfostenstuhl als konstruiertes Rahmen- oder Pfostengestell bis in die Neuzeit als bürgerliches Sitzmöbel. Die Veränderung, die er dabei über den Zeitraum des Barocks und Rokokos erfährt, spiegelt in allen Einzelheiten und über sämtliche Zwischenstufen die Entwicklung der Behältnismöbel wieder. Im 17. Jahrhundert dominiert stets die Ablesbarkeit der Konstruktion. Gestell, Sitzfläche und Rücklehne sind weiterhin als einzelne Komponenten ablesbar und ergeben ein streng geordnetes, nach statischen Grundprinzipien geschaffenes Sitzmöbel. Hierbei dienen die einzelnen Stollen, Zargenbretter, Sprossen und Brettrahmen

als gestaltete Grundflächen. Die Möglichkeiten bleiben beschränkt, da die äußere Form bis zum Beginn des 18. Jahrhunderts im eigentlichen Sinne erhalten bleibt. Erst mit der zunehmenden Auflösung des im Barock geordneten Formenschatzes, durch den Einzug von Akanthus, Volute und Rocaille setzt eine bisher noch nicht dagewesene Unterordnung der Konstruktion ein. Sämtliche Bestandteile des Gefüges übernehmen funktionale Aufgaben. Die Übergänge sind fließend, eine Trennung von tragenden und verbindenden Elementen ist nicht mehr ohne weiteres möglich. Ergibt sich Bewegung bei Schränken und Kommoden aus der Fläche heraus, und ist dies technisch noch durch Aufwand und Fleiß zu beherrschen, stellt diese Entwicklung bei den doch stark beanspruchten Sitzmöbeln wesentlich höhere Anforderungen an die konstruktiven Detaillösungen. Die Trennung von Technik im Verborgenen und Dekoration, die es dem Schreiner erlaubt, spezialisierte Arbeitsweisen zu entwickeln, ist am Sitzmöbel nicht anwendbar. Verlangt sind teilweise komplizierte konstruktive Lösungen, die zugleich einen harmonischen Übergang der einzelnen, dekorierenden Partien zulassen. Eine Herausforderung, die bei vielen Schreinern zu einer Beschränkung auf die Herstellung von Sitzmöbeln geführt hat. Ergänzendes Sitzmöbel zu Stuhl und Armlehnstuhl ist der Hocker. Als eigenständige, oft vereinfachte Stuhlkonstruktion ohne Rücklehne, dient er häufig als Arbeitssitz. Leicht zu verräumen, ergänzt er außerdem in vielen Haushalten das übrige Angebot an Sitzmöbeln. Stets behält er den Geschmack des schlichten Sitzplatzes bei, der lediglich dem kurzen Verweilen dienen soll.

Bänke
Die reine Sitzbank hält sich bis ins späte 17. Jahrhundert hinein meist als Bestandteil der Wandvertäfelung oder ist fest im Raum verankert. Damit entspricht sie der althergebrachten Aufgabe als statisch zum Raum gehöriges Sitzmöbel. Mobil ist nach dieser Vorstellung lediglich der Stuhl. Selbst als loser und frei stehender Einrichtungsgegenstand behält die Bank den einmal vorgesehenen Platz. Erst durch die zunehmenden Ansprüche an den Sitzkomfort, erfährt sie eine nachhaltige Veränderung. Als strenge Holzkonstruktion hält sie sich lediglich in der ländlichen Wohnkultur oder bleibt als Sitzmöbel in Bereichen erhalten, die wegen ihrer einfacheren Pflege auf luxuriöseren Sitzkomfort verzichten müssen. Darunter fallen der feste Einbau in Kirchen und Festsälen oder die Ausstattung von Wirtshäusern und Trinkstuben.

Truhenbänke
Aus der Truhenbank der italienischen Renaissance, der sog. »casabanca«, entwickelt sich im deutschsprachigen Raum des 17. Jahrhunderts nur zögerlich die Sitztruhe mit Klappdeckel. Obwohl es sich hierbei um ein in zweifacher Weise zu gebrauchendes Behältnismöbel handelt, das seiner praktischen Verwendbarkeit wegen eigentlich weit größeren Anklang gefunden haben müßte, lassen sich heute nur sehr wenige Vertreter dieser Möbelgruppe eindeutig hiesiger Herkunft zuordnen.

Sitzbänke, Sofas, Kanapees
Besonders beim bürgerlichen Möbel scheint der Schritt von der ungepolsterten, durch schlichte Bretter gefügten Sitzfläche hin zum komfortablen, gestreckten Sitzmöbel hauptsächlich wiederum französischen »Vordenkern« zu verdanken sein, die bereits im ausgehenden 17. Jahrhundert die Vorzüge einer bequemen Sitzbank zu schätzen wissen. Im frühen 18. Jahrhundert findet sie nun auch im deutschen Sprachgebiet Verbreitung, hauptsächlich über den zunehmend an französischem Geschmack orientierten Hofstil der einzelnen Fürsten- und Königshäuser. Auch bürgerliche Einrichtungen sind geprägt von der sich stärker auflösenden Raumkunst, von den losen Arrangements der einzelnen Gegenstände und damit von der modisch gepflegten Sitzkultur.

Sonderformen
Zahlreiche spezialisierte Formen entwickeln sich aus der reinen gepolsterten Sitzbank, die auf die jeweilige enge Verwendbarkeit zugeschnitten sind. Diese Differenzierung entspricht in gleicher Weise den Ansprüchen der zeitgemäßen Wohnkultur und fördert unterschiedliche und auch übertriebene Sonderformen zu Tage. Erwähnt werden soll dabei das sog. Récamier, ein mit

asymmetrisch bewegter Rücklehne gestaltetes Sofa, das dadurch eine Kopf- und Fußpartie ausbildet, die Duchesse als entsprechende, vollgepolsterte Bergèrenform, die Chaiselongue als Armlehnsessel oder Bergère mit verlängertem, angefügtem Fußhocker und schließlich Rundbank oder -sofa, die häufig Pfeiler, Säulen oder andere Raumstützen umschließen.

Armlehnstühle, Armlehnsessel
Die Entwicklung der Stühle mit Armlehne vollzieht sich analog zum Stuhl. Lediglich der Zweck, ein höheres Maß an Bequemlichkeit zu bieten, ergibt die Notwendigkeit, Armlehnen anzubringen. Dies ergibt, daß Armlehnstühle und später dann Armlehnsessel oder Fauteuils keine Sitzgelegenheiten bei Tisch sind. Das Speisen an der Tafel verlangt Bewegungsfreiheit, die durch die seitlichen Armlehnen nicht gegeben ist. Lediglich an den Stirnseiten der Refektoriumstische finden sich Armlehnstühle, die passend zur anderen Bestuhlung meist größer sind. In der bereits vielfach erwähnten Entwicklung hin zu differenzierter Raumkunst und Bequemlichkeit werden die Armlehnen mit Polsterbesätzen ausgestattet.

Dies ist jedoch bis auf einige wenige Ausnahmen eine Eigenart, die erst seit der Jahrhundertwende verfolgbar ist. Häufig finden sich heute auch frühere Armlehnstühle mit Polsterungen an den Armlehnen, die sich jedoch bei näherer Untersuchung fast immer als Beigaben aus neuerer Zeit erweisen. Der eigentliche Armlehnsessel ist niedriger und gedrungener, die Sitzhaltung ist meist nicht aufrecht, sofern man sich zurücklehnt. Allerdings galt es nicht als schicklich, von diesem Angebot an Bequemlichkeit ungehemmten Gebrauch zu machen.

Sonderformen
Die Bergère vermittelt eine weitere Steigerung des Sitzkomforts, da eine Dreiteilung der Lehnen nicht mehr unterscheidbar ist. Die Rücklehne umschließt häufig zwei Drittel der Sitzfläche und besitzt eine Vollpolsterung, die vom umlaufenden Rahmenfries eingefaßt ist. Manchmal vollzieht sie jedoch durch ein Herabschwingen im Armlehnbereich noch die optische Gliederung in Rücken- und Armlehnen. Eine sehr späte Entwicklungsstufe stellt der Ohrenbackensessel dar, der eigentlich erst im 19. Jahrhundert hauptsächlich im bürgerlichen Wohnbereich populär wird.

Hierbei sind beidseitig der hoch aufragenden Rückenlehne seitliche Backenpolster angebracht, die ein Anlehnen des Kopfes erlauben.

Garnituren
Wie bereits erwähnt, besteht die Garnitur aus einer Gruppe unterschiedlicher Sitzmöbel, deren einzelne Funktionen sich ergänzen und ganz im Sinne des Zeitgeschmacks des 18. Jahrhunderts als Arrangement den komfortablen Teil des Raumes prägen. Dabei setzt sich in der beliebtesten Kombination dieses Ameublement aus gepolsterten Salonstühlen, gepolsterten Armlehnsesseln, aus sog. Fauteuils und einer entsprechend gestalteten Sitzbank zusammen. Manchmal ergänzen auch Hocker, Chaiselongue und Duchesse, meist als höfisches Ensemble, diese Gruppe. Dabei werden die einzelnen dekorativen Elemente auf alle Teile übertragen, das dekorative Konzept wird streng übernommen. Besonders bei höfischen Einrichtungen ergeben sich auch gesamte Zimmergestaltungen nach einem Grundprinzip. Hierbei finden sich dann Kommode, Tische und andere Gegenstände in passend abgestimmtem Dekor.

236 Sitzmöbel

601

602

603

600 Paar Fauteuils.
An den Lehnen ausschweifendes Gestell mit Rocaillen und floraler Schnitzerei an Rückenlehne und Beinen. Sitz und Rückenlehne gepolstert. Süddeutsch, Mitte 18. Jahrh.
104 x 62 x 49 cm. **18 000,–/25 000,–**

601 Paar Stühle.
Geschwungenes Gestell mit Rocaille-, Laub- und Blütenschnitzerei an Lehne, Zarge und Beinen. Sitz und Lehne mit Rohrgeflecht. Buche. Westdeutsch, Mitte 18. Jahrh.
95 x 49 x 41,5 cm. **4 000,–/6 000,–**

602 Satz von sechs Stühlen.
Geschwungenes Gestell mit ausgesägtem Mittelsteg der Rückenlehne, geflochtenem Sitz und geschwungenen Beinen. Buche. Niedersachsen, 18. Jahrh.
110 x 52 x 45 cm. **4 500,–/6 500,–**

603 Paar Stühle.
Geschweiftes Gestell mit Rocaillenschnitzerei. Sitz und Lehne mit Rohrgeflecht. Nußholz. Süddeutsch/Franken, Mitte 18. Jahrh.
90 x 46 x 52 cm. **2 500,–/4 500,–**

604 Stuhl.
Gedrechselte Beine und Stege. Geschwungene und gebogte Lehne. Geschnitzte Zarge. Sitz und Lehne mit Rohrgeflecht. Buche. Norddeutsch, 1. Hälfte 18. Jahrh. 116 x 49,5 x 40,5 cm. **1 800,–/2 500,–**

605 Stuhl.
Reich gegliederte Balusterbeine mit entspr. H-förmigem Fußgestell und Frontsteg. Hochgestellte, leicht ausgebeugte Rahmenlehne. Sitz und Rücken gepolstert. Lederbezug. Nußbaum. Westdeutsch, um 1700. Höhe 119 cm. **2 000,–/3 500,–**

606 Zwei Stühle.
Bewegtes Gestell. Sitzrahmen mit reliefgeschnitzter Zargenblende. Rahmenlehne und balusterförmige Mittelzunge. Buche. Mitteldeutsch/Hessen, 2. Hälfte 18. Jahrh. 104 x 59,5 x 45 cm. **2 000,–/4 000,–**

607 Paar Stühle.
Gestell mit gedrechselten Rückenlehnpfosten und floral geschnitzter Krone, Muschel und Akanthuslaub. Gedrechselte Beine. Sitz gepolstert. Nußholz. Braunschweig/Hannover, 18. Jahrh. 122 x 47 x 37 cm. **6 000,–/9 000,–**

604 605

606

607

608

608 Satz von vier Stühlen.
Bewegt gegliedertes Gestell auf geschwungenen Bocksbeinen. Zarge mit frontaler Reliefkartusche. Geflochtene Sitzfläche. Leicht schräg gestellte, taillierte Rahmenlehne mit geschweifter, ebenfalls geflochtener Mittelzunge. Nußbaum. Süddeutsch, 18. Jahrh.
Höhe 100 cm. **7 000,–/11 000,–**

609

610

609 Sechs Stühle.
Geschweifte Beine, entspr. Zarge. Gebogene Rücklehne aus Rechteckrahmen mit geschnitztem Schulterbrett und zwei senkrechten Mittelstegen. Sitz gepolstert. Esche. Rheinisch, Mitte 18. Jahrh.
Höhe 106 cm. **4 000,–/7 000,–**

610 Paar Stühle.
Bewegt ausgeschnittene Sitzzarge mit frontalem Schmuckrelief, auf Bocksbeinen. Die hochgestellte, leicht ausgebeugte, geschweifte und floral verzierte Rahmenlehne mit entspr. durchbrochener Mittelzunge. Sitz gepolstert. Buche. Deutsch, Mitte 18. Jahrh.
Höhe 109 cm. **4 000,–/6 500,–**

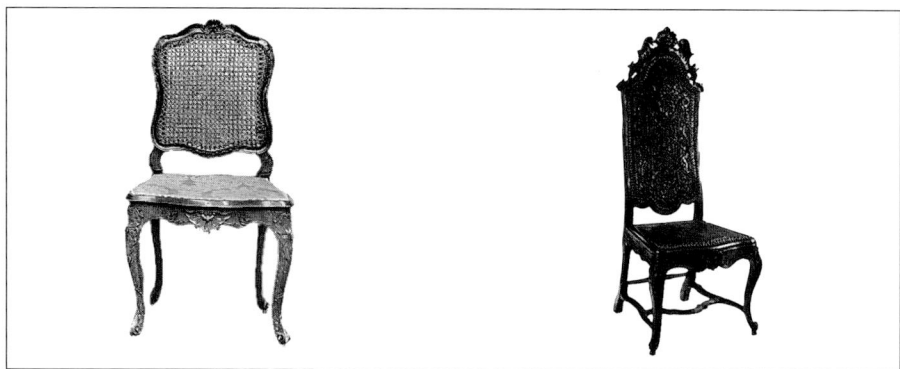

611   **612**

611 Stuhl.
Bewegtes Gestell mit ornamentaler Schnitzerei. Leicht schräg gestellte Rahmenlehne mit Rohrgeflecht. Nußbaum. Deutsch, 18. Jahrh.
Höhe 92 cm. **1 500,–/2 500,–**

612 Stuhl.
Nußbaum. Geprägte Lederpolsterung. Westdeutsch, 1. Hälfte 18. Jahrh.
Höhe 135 cm. **1 800,–/3 000,–**

613 Paar Stühle.
Geschwungene durchbrochene Lehne. Zarge, Vorderbeine und Lehne geschweift und geschnitzt. Sitz gepolstert. Nußholz. Süddeutsch, 18. Jahrh.
100 x 51 x 43 cm. **4 500,–/6 500,–**

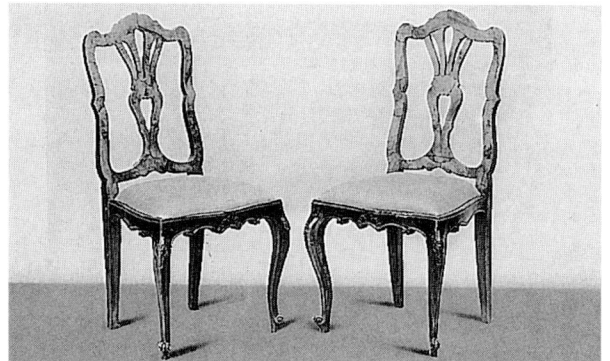

613

Sitzmöbel

614 Paar Stühle.
Geschweiftes, geschnitztes Gestell.
Rückenlehne durchbrochen. Geschnitzter
Dekor: Laubwerk, Muscheln, Blüten. Sitz
gepolstert. Eiche. Niederrhein, Mitte
18. Jahrh.
94 x 50 x 48 cm.   **6 000,–/8 000,–**

615 Vier Stühle.
Bewegtes, profiliertes Gestell mit bewegter
Rahmenlehne. Sitz gepolstert. Rücken
beflochten. Buche. Westdeutsch, 18. Jahrh.
Höhe 97 cm.   **6 000,–/9 000,–**

616 Drei Stühle.
Profiliertes Gestell mit Blatt- und Blüten-
schnitzerei an Lehne, Zarge und Beinen.
Sitz und Lehne gepolstert. Sitzkissen.
Buche. Westdeutsch, Mitte 18. Jahrh.
91 x 60 x 48 cm.   **5 500,–/8 500,–**

614

615

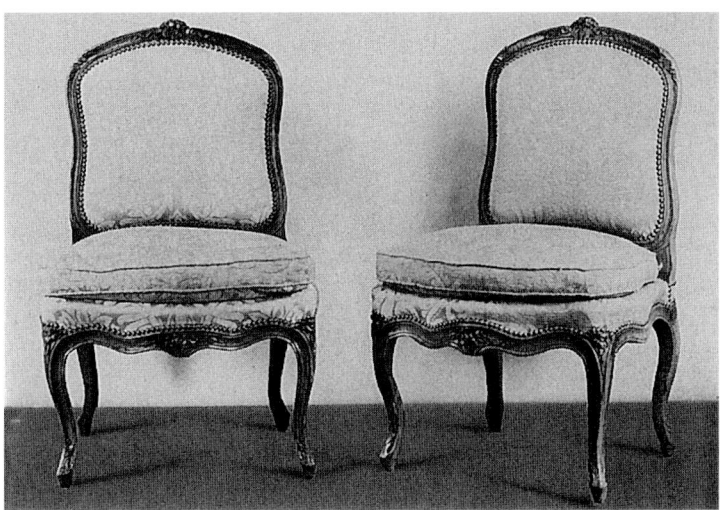

616

617

618

619

620

617 Vier Stühle.
Geschweifte Beine und Zarge. Rücklehne mit geschweiftem Rahmen. Reich dekoriert mit geschnitztem Laubwerk, Voluten und Rocaillen. Buche. Rheinisch, Mitte 18. Jahrh.
Höhe 96 cm. **16 000,–/24 000,–**

618 Paar Stühle.
Allseitig geschweiftes Gestell mit floraler Reliefschnitzerei auf entsprechenden, stilis. Bocksbeinen. Abgesetzte, geformte und taillierte Rahmenlehne. Nußbaum. Deutsch, 18. Jahrh.
Höhe 88 cm. **4 500,–/6 500,–**

619 Vier Stühle.
Profiliertes, geschwungenes Gestell mit geschnitzten Rocaillen und floralem Dekor. Sitz und Lehne gepolstert. Nußholz. Franken/Würzburg, Mitte 18. Jahrh.
103,5 x 56 x 50 cm. **18 000,–/25 000,–**

620 Vier Stühle.
Geschweiftes Gestell mit Rocaille- und Blattschnitzerei auf Lehne, Beinen und Zarge. Sitz und Lehne gepolstert. Buche. Süddeutsch, Mitte 18. Jahrh.
92 x 48 x 43 cm. **15 000,–/22 000,–**

621 Paar Stühle.
Geschweiftes Gestell mit reicher, an Zarge und Lehne durchbrochener, Rocaille- und Akanthusschnitzerei. Sitz und Lehne gepolstert. Buche. Franken/Würzburg, um 1760.
103 x 53 x 45 cm. **6 500,–/9 500,–**

622 Armlehnsessel.
Trapezförmiges, leicht bewegtes Gestell auf geschweiften Volutenbeinen. Oben durchbrochen silhouettierte Rahmenlehne mit passiger Mittelzunge. Armlehnen mit abschließenden Handvoluten, Reliefdekor auf Gestell und Lehne. Sitz und Rücken gepolstert. Buche. Wohl Franken, Mitte 18. Jahrh.
Höhe 110 cm. **6 500,–/10 000,–**

623 Hocker.
Profiliert geschnitztes, geschweiftes Gestell. Sitz gepolstert. Gros-point-Bezug mit Silberfadenstickerei. Nußholz. Franken, um 1750.
49 x 49 x 49 cm. **2 000,–/3 000,–**

624 Zwei Tabourets.
Gestell mit C-förmig geschwungenen Beinen und geschweiften Stegverbindungen. Blattschnitzerei. Sitz gepolstert. Nußholz. Mainfranken, 1. Hälfte 18. Jahrh.
52 x 50 x 50 cm. **3 000,–/4 500,–**

621

622

623

624

Sitzmöbel

625

626

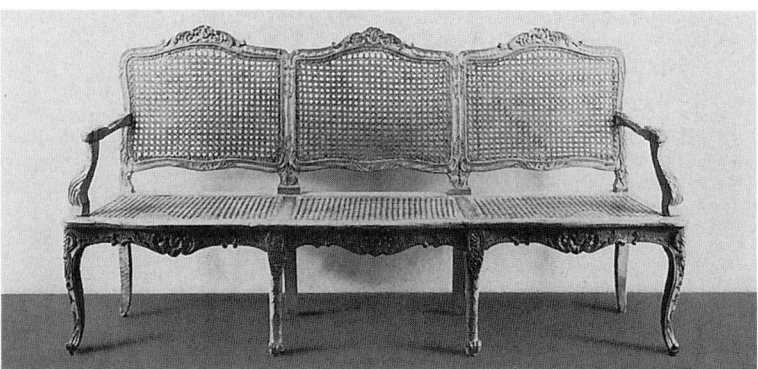
627

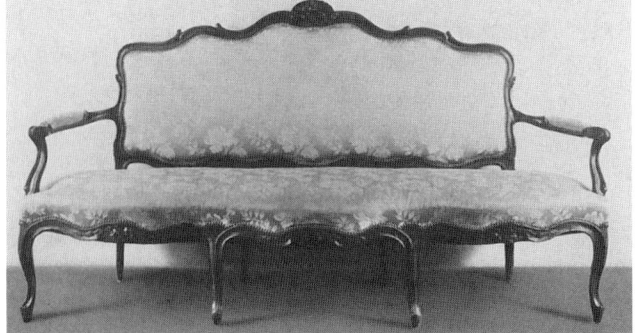
628

625 Bank.
Dreigeteiltes Gestell mit entsprechender, reliefgeschnitzter Rahmenlehne und seitlich gestreckten Armlehnen. Eiche mit Rohrgeflecht. Südwestdeutsch, 18. Jahrh.
111 x 175 x 58 cm. **4 000,–/7 000,–**

626 Sitzbank.
Dreifach gegliedertes Gestell auf geschweiften, ausgestellten Zargenbeinen. Entsprechend gestaltete, vertikal gesproßte Rahmenlehne. Vielfeldriges Geflecht. Leicht ausgedrehte Armlehnen. Buche. Franken, Mitte 18. Jahrh.
Höhe 112 cm. **5 000,–/8 000,–**

627 Bank.
Geschweiftes Gestell mit Rocaille- und Blattschnitzerei auf Rückenlehnen, Armlehnen und Beinen. Sitz und Lehne mit Rohrgeflecht. Buche. Westdeutsch, Mitte 18. Jahrh.
95 x 182 x 50 cm. **5 500,–/9 000,–**

628 Sofa.
Seitwärts ausladend. Geschwungenes Gestell, mehrfach profiliert mit floralem Ornament. Acht geschwungene Beine. Sitz, Lehne und Armstützen gepolstert. Buche, geschnitzt. Süddeutsch, um 1750.
104 x 205 x 64 cm. **6 500,–/10 000,–**

629 Sitzbank.
Geschwungenes Gestell auf sechs geschweiften Beinen mit reicher Rocailleschnitzerei. Sitz und Lehne gepolstert. Nußholz. Franken/Würzburg, Mitte 18. Jahrh.
170 x 107 x 56 cm.   **6 500,–/9 500,–**

630 Bank.
Geschwungenes, profiliertes Gestell auf acht Beinen mit floraler Schnitzerei auf Lehne, Zarge und Beinen. Sitz und Lehne gepolstert. Nußholz. Franken, Mitte 18. Jahrh.
112 x 210 x 60 cm.   **5 500,–/9 000,–**

631 Bank.
Geschweiftes, profiliertes Gestell, weiß gefaßt, mit floraler Schnitzerei auf Beinen, Zarge und Lehne. Buche. Gobelinbezug. Süddeutsch, Mitte 18. Jahrh.
107 x 200 x 64 cm.   **7 000,–/12 000,–**

632 Sofa.
Geschweifte Beine, in Voluten endend. Gerade Rückenlehne, ausgestellte Armlehnen. Blüten- und Blattschnitzerei. Aubussonbezug. Buche geschnitzt. Deutsch, Mitte 18. Jahrh.
87 x 182 x 58 cm.   **7 000,–/12 000,–**

629

630

631

632

244 Sitzmöbel

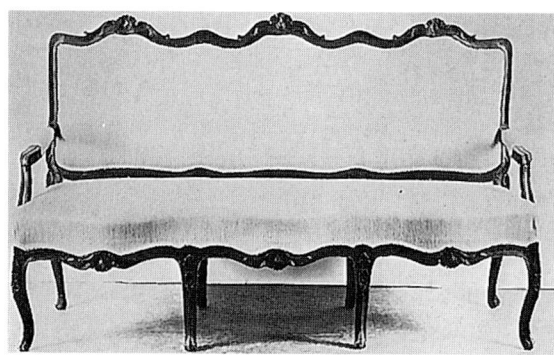

633

634

635

636

633 Sitzbank.
Ähnlich wie oben. Sitz und Rücken gepolstert. Weißer Wollbezug. Buche. Mitteldeutsch, 2. Hälfte 18. Jahrh.
104 x 173 x 61 cm. **3 500,–/6 000,–**

634 Bank.
Geschweiftes Gestell auf acht Beinen mit Blumen-, Blatt- und Rocaillenschnitzerei. Rückenlehne mit Rohrgeflecht. Sitz mit Weißpolster. Buche. Westdeutsch, 1. Hälfte 18. Jahrh.
92 x 186 x 60 cm. **6 000,–/10 000,–**

635 Bank.
Geschweiftes Gestell. Dreiteilige Rückenlehne. Durchbrochen geschnitzte Mittelbretter mit Herzen und Rocaillen. Acht geschnitzte Ball- und Klauenfüße mit Stegverbindung und geschweifter Zarge. Sitz gepolstert. Nußholz. Sachsen, 1. Hälfte 18. Jahrh.
112 x 184,5 x 50 cm. **9 500,–/15 000,–**

636 Bank.
Vergoldetes, geschwungenes Gestell mit Akanthuslaub- und Rocailledekor an Lehnen, Zarge und Beinen. Nußbaum. Sitz und Lehnen gepolstert. Süddeutsch, 18. Jahrh.
97 x 140 x 58 cm. **4 000,–/6 500,–**

637 Sitzbank.
Prächtig geschnitztes, vorne durch vier geschweifte Beine gegliedertes Gestell mit allseitig bewegter Rücklehne. Seitlich in ausgerollten Voluten endende Armlehnen. Sitz, Rücken und Armlehnen gepolstert. Brokatbezug. Eiche. Goldfassung. Wohl Potsdam, um 1770.
113 x 145 cm. **7 000,–/12 000,–**

638 Kanapee.
(Causeuse) Geschweiftes Gestell mit reicher Rocaillenschnitzerei. Sitz und Lehne gepolstert, mit grünem Samtbezug. Nußholz. Franken, Mitte 18. Jahrh.
100 x 125 x 65 cm. **4 500,–/7 500,–**

639 Kanapee.
Allseitig reich bewegtes Gestell mit floraler Reliefschnitzerei. Dreiseitig geschlossene und geschweifte Rückenlehne. Tiefgezogene Armlehnen. Vollpolsterung. Eiche. Brandenburg, 2. Hälfte 18. Jahrh.
104 x 160 x 75 cm. **4 500,–/7 500,–**

637

638

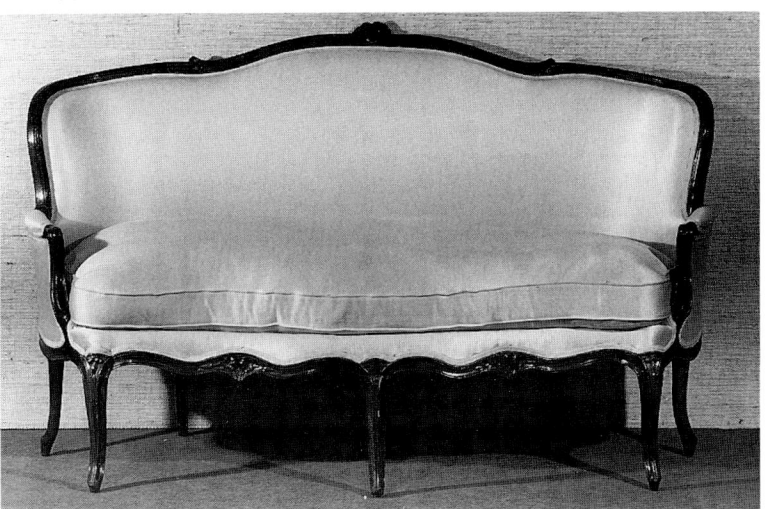

639

640

640 Banquette
als Sofa. Ornamental und floral geschnitztes Gestell. Die stilis. Bocksbeine gehen in die deutlich ausgebogten Armlehnen über. Mittig durchgezogene, gebrochen geschweifte und volutierte Rückenlehne. Vollpolsterung. Buche. Westdeutsch, 2. Hälfte 18. Jahrh.
88 x 195 x 67 cm. **4 000,–/6 500,–**

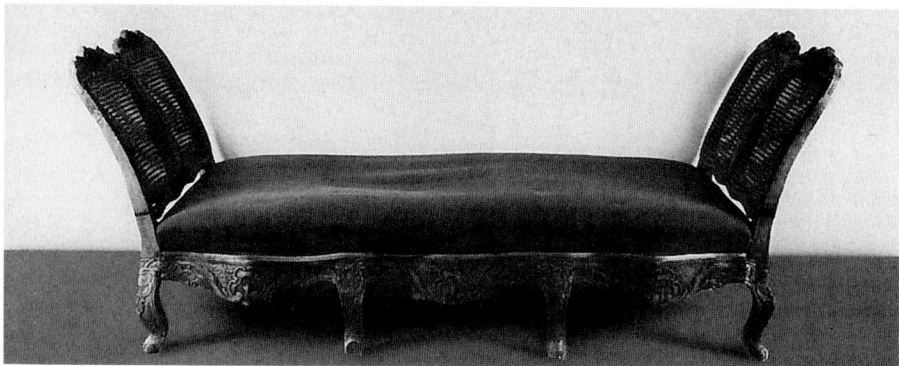

641

641 Banquette.
Schräg gestellte Lehnen mit doppeltem Rohrgeflecht. Mehrfach geschweifte Längszargen. Acht Volutenbeine. Beschnitzt mit C-Bögen und Blattwerk. Buche geschnitzt. Wohl Sachsen, 18. Jahrh.
95 x 240 x 101 cm. **3 500,–/5 500,–**

642

642 Banquette.
Bewegt ausgeschnittene, profilierte Sitzzarge mit reliefgeschnitztem Flechtband. Geschweifte Bocksbeine. Flach ausgebogte Seitenlehnen. Vollpolsterung. Buche. Westdeutsch, um 1770.
80 x 215 x 67 cm. **2 500,–/4 500,–**

643 Banquette.
Ähnlich wie oben. Buche. Süddeutsch, 18. Jahrh.
80 x 200 x 63 cm. **2 500,–/4 000,–**
2 000,–/3 500,–

643

644 Armlehnsessel.
Stark geschwungenes Gestell. Durchbrochene Rückenlehne mit reicher Rocailleschnitzerei. Voluten- und Akanthusdekor auf Beinen, Zarge und Querverstrebung. Sitz gepolstert. Nußholz. Franken, Mitte 18. Jahrh.
91 x 79 x 57 cm. **4 000,–/6 500,–**

645 Armlehnstuhl.
Ähnlich wie oben. Nußholz.
Franken, 18. Jahrh.
107 x 65 x 50 cm. **3 000,–/4 500,–**

646 Zwei von fünf Sesseln und Sitzbank.
Geschweiftes und geschnitztes Gestell mit entsprechender bewegter Rahmenlehne und seitlichen Armlehnen. Sitz und Rücken beflochten. Buche. Sitz und Lehne Rohrgeflecht. Süddeutsch, Mitte 18. Jahrh.
94,5 x 61,5 x 52,5 cm. **9 000,–/15 000,–**

647 Paar Sessel.
Geschweiftes Gestell. Rocaillen- und Blumenrankendekor in Flachschnitzerei. Sitz und Lehne mit Peddigrohr. Birnbaum. Deutsch, um 1730.
100 x 65 x 60 cm. **6 000,–/9 000,–**

644

645

646

647

648

649

650

648 Zwei Sessel.
Bewegtes, vorne durchbrochen geschnitztes Gestell mit entsprechender, medaillonförmiger und ausgebeugter Rücklehne. Seitliche, plastisch ausgearbeitete Armlehnen. Sitz und Rücken gepolstert. Brokatbezug. Nußbaum. Stil des Johann Michael Hoppenhaupt II. Wohl Potsdam, um 1750.
103 x 77 x 79 cm. **10 000,–/18 000,–**

649 Vier Fauteuils.
Profilierte, geschwungene Gestelle mit Rocaille- und Blütenschnitzerei an Lehne, Beinen und Zarge. Damastbezug. Buche. Süddeutsch, Mitte 18. Jahrh.
109 x 76 x 60 cm. **18 000,–/25 000,–**

650 Paar Armlehnstühle.
Geschwungenes, profiliert geschnitztes Gestell. Braun/gold gefaßt. Reicher Rocaille- und Akanthusblattdekor an Lehnen, Zarge und Beinen. Sitz und Lehnen gepolstert. Buche. Süddeutsch, Mitte 18. Jahrh.
118 x 73 x 73 cm. **9 000,–/15 000,–**

651 Vier Fauteuils.
Geschwungenes, profiliertes Gestell mit floraler Schnitzerei. Lehne, Armstütze und Sitz gepolstert. Buche. Westdeutsch, Mitte 18. Jahrh.
88 x 62 x 49 cm.   **8 000,–/12 000,–**

652 Ohrenbackensessel.
Geschweiftes Gestell mit allseitig ausgeschnittener Zarge, steiler, von charakteristischen Ohrenbacken flankierter Rücklehne und flach auslaufenden Armlehnen. Vollpolsterung. Eiche und Buche. Süddeutsch, 18. Jahrh.
80 x 70 cm.   **3 500,–/5 500,–**

653 Ohrenbackensessel.
Geschwungene Beine mit geschwungener Zarge, in der Mitte Blütenschnitzereien. Hoher, gerader, verstellbarer Rücken mit seitlichen Ohren. Sitz und Rücken gepolstert. Nußbaum. Westdeutschland, Mitte 18. Jahrh.
Höhe 132 cm.   **4 000,–/6 500,–**

654 Ohrenbackensessel.
Geschweiftes Gestell mit reichen Rocaillenschnitzerein. Durchbrochene Bekrönung. Lederpolsterung. Eichen- und Buchenholz. Wohl Sachsen, Mitte 18. Jahrh.
120 x 70 x 63 cm.   **5 500,–/9 000**

655 Ohrenbackensessel.
Geschweiftes Gestell, kanneliert geschnitzt. Vollpolsterung. Nußholz. Süddeutsch, Mitte 18. Jahrh.
121 x 72 x 55 cm.   **3 500,–/5 500,–**

651

652

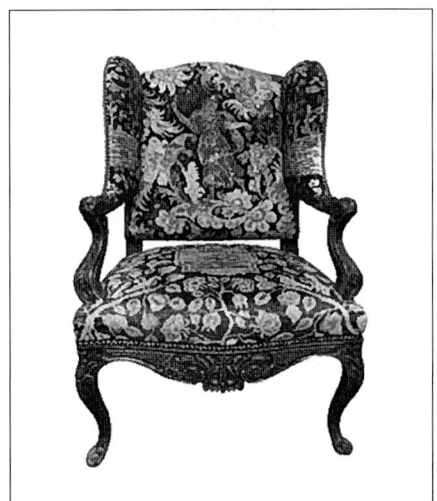
653

654

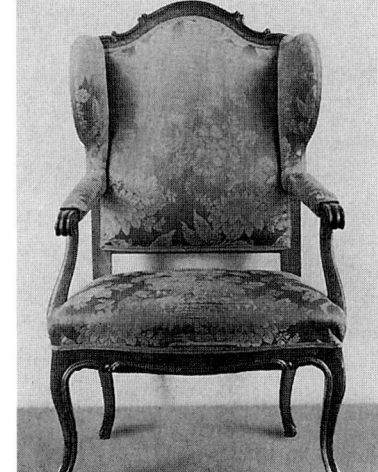
655

656

656 Sitzgruppe
acht Teile: zwei Sessel, sechs Stühle.
Nußholz. Mitteldeutsch, Mitte 18. Jahrh.
97 x 53 x 49 cm (Sessel),
107 x 49 x 43 cm (Stuhl).

16 000,–/22 000,–

657 Sitzgruppe
siebenteilig: Sofa, sechs Stühle.
Geschweifte Gestelle. Zargen und Beine geschwungen. Stühle mit ovalen Rückenlehnen. Sofa mit ausschwingenden Armlehnen. Floraler Dekor auf Lehnen, Beinen und Zargen. Nußholz, geschnitzt. Wohl Franken, um 1760.
95 x 160 x 66 cm (Sofa),
97 x 48 x 48 cm (Stuhl).

15 000,–/25 000,–

658 Sofa und vier Fauteuils,
beschnitzt mit Rocaillen und Blättern. Gekehlt, teilweise vergoldet und grau gefaßt. Geschweifte Gestelle. Gepolstert. Gestempelt: G. v. V. Buche. Süddeutsch, 18. Jahrh.
104 x 178 x 54 cm (Sofa),
99 x 69 x 54 cm (Fauteuil).

20 000,–/28 000,–

657

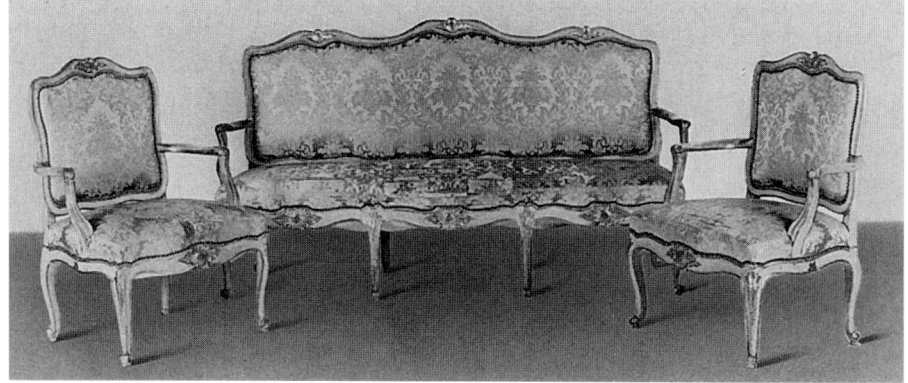

658

659 Sitzbank mit zwei Armlehnstühlen.
Geschwungene Beine und Zarge.
Geschwungene Armlehnen und Stege. Sitz
und Rücken aus Rohrgeflecht. Nußbaum.
Süddeutsch, Mitte 18. Jahrh.
ca. 171 x 93 cm.　　　　8 500,–/12 000,–

660　Salongarnitur,
bestehend aus: Paar Fauteuils, Satz von vier
Stühlen. Allseitig reich bewegtes und profiliertes Gestell mit floraler Reliefschnitzerei.
Sitz, Rücken und Armlehnen gepolstert.
Buche. Deutsch, 3. Viertel 18. Jahrh.
Höhe 88 cm.　　　　12 000,–/18 000,–

661　Sitzgarnitur,
bestehend aus Sofabank, zwei Armlehnsesseln und sechs Stühlen. Geschweifte
Rocaillenbeine in Bocksform. An Stühlen
und Sesseln kreisähnliche, bewegte Zarge
mit geschnitzter Behangornamentik. Dreigeteilte Sofabank mit durchbrochener, seitlich herabgeschwungener Rückenlehne.
Sessel und Stühle mit Vollpolster. Blattvergoldet. Birnbaum. München, um 1760.
Höhe 87 cm.　　　　20 000,–/30 000,–

662　Garnitur.
Sitzbank, vier Sessel. Floral geschnitzte,
geschweifte Gestelle. Vollpolsterung, mit
(besch.) Gobelinbezügen. Eiche. Südwestdeutsch, 18. Jahrh.
Höhe 92 cm　　　　18 000,–/25 000,–

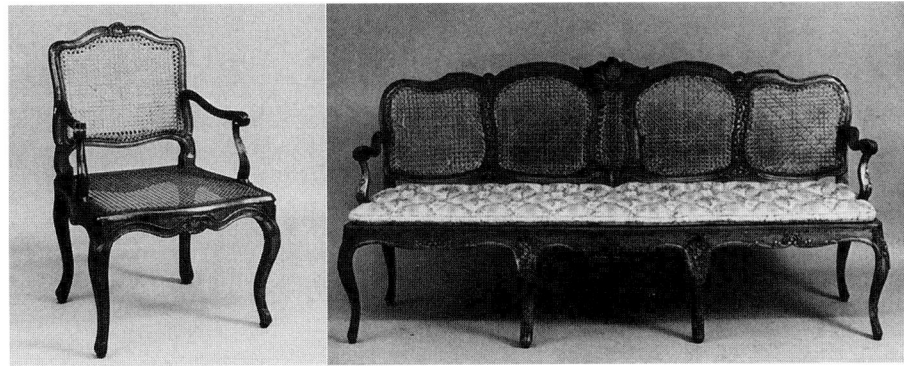
659

660

661

662

663

KLEINMÖBEL

Modellmöbel, Miniaturmöbel, Kassetten, Schatullen, Kabinettskästchen, Zunftladen, Tabernakel, Notenpulte, Lesepulte, Schreibladen, Münzschränkchen

Kleinmöbel in dieser Form als Möbelgruppe zu behandeln mag etwas ungeschickt erscheinen. Es erleichtert jedoch den Überblick über die in der Regel ebenfalls vom Schreiner hergestellten Holzobjekte.

Modellmöbel wurden zur Ansicht hergestellt, um der Kundschaft die Vorstellung vom angebotenen Möbelstück zu erleichtern. Da das Handwerk nicht auf Vorrat produziert, versuchen die Meister über Modellmöbel sich Aufträge für den angebotenen Möbeltyp zu sichern, wobei ausreichend Spielraum für die Abwandlung der Dekoration bleibt. Besonders Möbel, die einfacher vervielfältigbar sind, deren Brauchbarkeit für einen möglichst großen Kundenkreis in Frage kommt, werden zuerst als vereinfachtes Modell hergestellt. Scheinbar aus diesem Grund sind es vor allem Kommoden, die häufig als Modellmöbel erhalten sind.

Miniaturmöbel sind oft als solche nicht erkennbar, da sie häufig als Modellmöbel eingeschätzt werden. Ein wichtiges Unterscheidungsmerkmal ist der Aufwand, der in Details betrieben wird. Sie sind in feinster Ausstattung besonders im Zuge der Liebe zur Miniaturisierung im 18. Jahrhundert in Mode. Zur Aufbewahrung von Schmuck und anderen Kostbarkeiten übten sie ihren Reiz durch teils prächtig ausgearbeitete Details als verkleinerter Einrichtungsgegenstand aus. Oft sind die Mechaniken so verändert, daß diese Zierstücke die Eigenschaften von Schatullen oder Kassetten haben.

Ähnliche Verwendung finden auch liebevoll gearbeitete und manchmal kostbar verzierte Schatullen und Kassetten, an denen die Kunsthandwerker ihre Fähigkeiten unter Beweis stellen. Auch als beliebtes Ausbildungsstück für Lehrlinge eignen sich diese Kleinmöbel, an denen präzises Arbeiten und Planen geübt werden kann.

Ebenso sind verkleinerte Kabinette beliebt, die ihren Reiz durch kleine Schubkästen ausüben. Kleine Pultkästchen als mobile Schreibladen mit schrägem Klappdeckel und teils mehrschübiger Einrichtung sind fein gearbeitete Schauobjekte mit vielseitiger Verwendbarkeit. Ebenso werden Buchstützen zu Gegenständen der schreinerischen Herstellung. Sie verdeutlichen den reichhaltigen Zugewinn an unterschiedlichsten möbelähnlichen Gegenständen, die kennzeichnend für den Geist des deutschen Barock sind. Auch Münzschränkchen und andere kleine Sammlungsmöbel mit Tablettzügen und vielgliedriger Unterteilung spiegeln diese zeitgemäßen Modeerscheinungen wieder. Das Tabernakelkästchen, ein meist dreiseitig verglastes Vitrinchen, worin ein Hostienkelch oder ein Standkruzifix ausgestellt sind, ist ebenso wie das Prie-Dieu oder der Hausaltar ein Einrichtungsgegenstand, der vornehmlich im katholischen Süden hergestellt und verwendet wird. Auch im rein sakralen Bereich finden sich diese Möbeltypen zur Ergänzung der kirchlichen Ausstattung. Zuletzt sei noch auf ein weiteres eigenständiges Kleinmöbel hingewiesen, das der Aufbewahrung von Zunftwerkzeugen und den Zunftbriefen der verschiedenen Handwerkszweige dient. Diese Zunftlade ist in der Regel nichts anderes, als eine besonders prächtig gearbeitete, meist truhenförmige Kassette, deren Zunftzugehörigkeit sich an eingelegten oder applizierten Zunftzeichen ablesen läßt. Oft findet sich außen ein Spruch oder ein anderer Hinweis auf die Zunftzugehörigkeit. Weitere unterschiedliche möbelähnliche Kleinobjekte werden für mannigfaltige Verwendungen von Schreinern und Holzhandwerkern hergestellt, deren Nennung und Beschreibung im Rahmen dieses Textes nicht durchzuführen ist.

Kleinmöbel

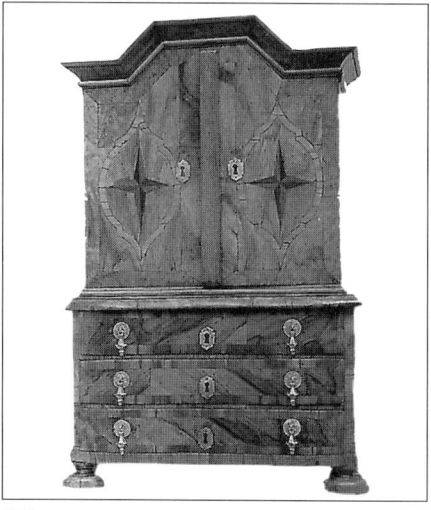

663 Modell einer Barock-Tresur
auf Scheibenfüßen. Dreischübiger, in der Front zweifach geschwungener Korpus, von je zwei an den Seiten angesetzten, gewundenen Säulen mit Balusterbekrönung begrenzt. Entspr. Abschluß am zurückspringenden, doppelschübigen und getreppten Aufsatz. Zugknöpfe. Orig. Maserfassung in Füllungsmanier. Fichte Südd., 1. Hälfte 18. Jahrh.
55 x 55 x 29 cm.   **2 800,–/4 500,–**

664 Schrein.
Tür, verglast, flankiert von je zwei gedrehten Säulen. Verkröpftes Gesims. Blattschnitzerei und Engelskopf an Gesims und Giebelbekrönung. Sockel mit Schubkasten. Nußholz. Süddeutsch, um 1720.
57 x 42 x 18 cm.   **2 500,–/4 000,–**

665 Tabernakelschrein.
Eintürig, allseitig verglast. Tanne, Gold gefaßt. Durchbrochene Bekrönung mit Voluten und Akanthus. Süddeutsch, 18. Jahrh.
75 x 57 x 36,5 cm.   **1 800,–/3 000,–**

666 Schrein.
Plastisch geschnitzter, frontal verglaster Kasten auf profilierter Sockelplatte. Goldfassung. Süddeutsch, 18. Jahrh.
Höhe 37,5 cm.   **1 500,–/2 500,–**

667 Modell-Vitrinenaufsatzkommode.
Geschweifter, zweischübiger Unterbau mit silhouettierten Eckstollen. Zweitüriger, verglaster Aufsatz mit geschwungenem Giebel, geschnitzter Bekrönung und Volutenstützen. Weichholz, weiß/gold bemalt und marmoriert. Bayern, 2. Hälfte 18. Jahrh.
48 x 28 x 17 cm.   **3 500,–/5 500,–**

668 Modell-Aufsatzkommode.
Dreischübiges, frontal zweifach geschwungenes Kommodenteil. Zurückgesetzter Tabernakelaufsatz mit flankierenden, viergeschoßigen Schubreihen. Nuß- und Wurzelholz. Süddeutsch, 18. Jahrh.
66 x 48 x 25 cm.   **6 000,–/9 000,–**

669 Modell-Aufsatzkommode.
In der Front zweifach gebauchtes und mittig eingezogenes, dreischübiges Kommodenteil. Doppeltüriger Aufsatz mit mittig abgeplattetem gegiebeltem Kopf und umlaufendem, gefaßtem Gesimskranz. Allseitige Füllungsmarketerie: umfassende Rahmenbänder, teils als Kartuschen mit Faltsternen. Nußbaum, Zwetschge und Kirschbaum. Sachsen, Mitte 18. Jahrh.
62 x 40 x 21 cm.   **6 500,–/9 000,–**

Kleinmöbel

670 Miniaturkommode.
Drei Schubladen mit Architektur-Marketerie und Profilkanten-Umrahmungen. Entspr. linienmarket. Platte und Seiten. Verschiedene Hölzer. Tirol, 18. Jahrh.
30 x 36 x 20 cm. **3 000,–/5 000,–**

671 Modellkommode.
Dreischübiger, in der Front gebrochen geschwungener Korpus. Überstehende Platte. Nußbaum, Nußbaum-Wurzel, Zwetschge und Ahorn. Auf der Rückwand-Innenseite bez.: Wolfgang Arthur Maurer von Fürth, Anno 1763. Franken, um 1763.
26 x 34 x 19 cm. **4 500,–/7 000,–**

672 Reiseschreibkommode.
Dreischübiger, allseitig bewegter Korpus auf geschnitzter Sockelblende, Abschliessende, durchbrochene Wandblende. Dreiseitiger, fein ausgearbeiteter Reliefdekor. Buche, grün/gold gefaßt. Wohl Bayern, Mitte 18. Jahrh.
54 x 78 x 47 cm. **5 000,–/8 500,–**

673 Kassette.
Reliefgeschnitzter Brettkorpus mit Rahmendeckel und abschließendem Profilkissen. Nußholz, geschnitzt. Wohl Westdeutsch, 1783 dat.
43 x 59 x 37 cm. **1 200,–/2 500,–**

674 Kassette.
An den Kanten geschrägter Rechteck-Korpus. Überstehender Klappdeckel mit profilumfaßter Kassettenfüllung, als aufziehbares Geheimfach gearbeitet. Allseitige Füllungsmarketerie, ausgeschmückt durch schanzenförmige Rahmenbänder. Nußbaum, Ahorn und Wurzelmaser. Deutsch, 18. Jahrh.
33 x 59 x 36 cm. **2 000,–/3 500,–**

675 Zunfttruhe
der Stellmacher bzw. Wagner. Gedrehte Säulenvorlagen mit korinthischen Kapitellen. Deckel mit intarsierten Emblemen, Nuß- und Nußwurzelholz. Süddeutsch, 1666 dat.
33 x 61 x 42 cm. **3 500,–/6 000,–**

676 Nähschatulle.
Klappbarer, konkav geschwungener Deckel mit Nadelkissen. Innen vier Schübe. Muschelwerkdekor. Nußholz, verschiedene andere Hölzer. Süddeutsch, um 1760.
12,3(20) x 37,5 x 30 cm. **2 500,–/3 500,–**

677 Nähkästchen.
Nadelkissen. Nußbaum. Elfenbein- und Perlmutteinlagen. Norddeutsch/Niedersachsen, 18. Jahrh.
20 x 28,5 x 21 cm. **1 200,–/2 500,–**

670

671

672

673

674

675

676

677

678

SPIEGEL

Konsolen mit Spiegel, Wandspiegel, Trumeaus, Leuchterspiegel, Toilettenspiegel

Spiegel sind seit dem Altertum begehrte Objekte eines luxuriösen Lebenstils. Schon die Ägypter kannten geschliffene und polierte Kupfer- oder Silberplatten, die als Spiegel geeignet waren. Seit dem 13. Jahrhundert werden Spiegel aus Glas unter Verwendung von zwei Verfahren hergestellt: gegossen oder geblasen werden sie rückseitig mit Silber- oder Bleifolie belegt. Auch geschnittenes und poliertes Bergkristall dient als Trägermaterial für die Spiegelfolien.

Seit dem 17. Jahrhundert verbreitet sich die Spiegelproduktion, ausgehend vom venezianischen Murano, flächendeckend in Deutschland. Auch hier kennt man sowohl das Gießverfahren als auch die geblasene Herstellung von Glasplatten aus einem aufgeschnittenen Zylinder. Jedesmal wird auf eine glatte Metall- oder Steinplatte entweder der Glasfluß ausgebreitet oder die aufgeschnittene Zylinderwand heiß ausgelegt. Anschließend erfolgt die Beschichtung, meist mit Zinnfolie und einer dazwischen eingebrachten Quecksilberschicht. In vielerlei Variationen für den täglichen Gebrauch gedacht, kennt man neben Taschen-, Hand- und Toilettenspiegeln den Spiegel als Einrichtungsgegenstand, der im Rahmen an der Wand aufgehängt ist oder Bestandteil einer Vertäfelung sein kann. Die Rahmen entsprechen im Dekor jeweils dem aktuellen Formempfinden und repräsentieren stets besonders aktuell die stilistischen Vorgaben ihrer Zeit. Prunkvolle Spiegelrahmen können aus graviertdekoriertem und rückseitig verspiegeltem Glas hergestellt sein. Auch Bernsteininkrustationen, getriebenes Silberblech, Boulle-Arbeiten, Elfenbein, Perlmutt und Schildpatt sowie Edelstein und gefärbtes Glasmosaik bilden häufig den Zierat solcher prunkvollen Statussymbole. Auch die Kunstkammer und die Hofarchitektur wurden von der Spiegelmode erfaßt. Zahlreiche Spiegelkabinette in Residenzen und Schlössern belegen es. Selbst verspiegelte Möbel werden gefertigt, das Spiel mit räumlichen Wirkungen und der Illusion entspricht dem barocken Gedankengut.

Spiegel 257

678 Spiegel.
Bayerisch. 1. Hälfte 18. Jahrh., Holz, Goldfassung.
67 x 50 cm.   **5 000,–/8 000,–**

679 Spiegel.
Auf gegliedertem Profilsockel. Seitlich zwei reich geschnitzte Hermenpilaster. Bekrönende Wappenkartusche, flankiert von zwei allegorischen Figuren. Eiche, gefaßt. Deutsch, 17. Jahrh.
92 x 61 cm.   **2 000,–/3 500,–**

680 Spiegel.
Gestuckter Prunkrahmen mit geschweiftem Abschluß. Auf den von Rocaillen ausgeschmückten Ecken eingelassene Rundreserven, durch gewölbte Glasfenster abgedeckt und mit bernsteinfarbenem Harz hinterlegt. Entsprechende Rechteckfelder an den glatten Längsseiten. Blattvergoldung. Wohl Sachsen, 1. Hälfte 18. Jahrh.
120 x 98 cm.   **3 600,–/6 000,–**

681 Spiegel.
Goldfassung. Profilierter Rahmen, oben leicht geschwungen. Bekrönung und untere Abschlußleiste reich geschnitzt mit Rocaille. Deutsch, Mitte 18. Jahrh.
115 x 60 cm.   **5 000,–/8 500,–**

682 Spiegel.
Goldfassung. Mit Flechtband und Rosetten. Durchbrochene Blüten- und Akanthuslaubschnitzerei. Wohl Westdeutsch, 2. Hälfte 18. Jahrh.
145 x 75 cm.   **6 000,–/9 500,–**

683 Spiegel.
Geschnitztes Laub- und Bandelwerk, schwarz/gold gefaßt. Deutsch, 18. Jahrh.
139 x 84 cm.   **3 500,–/5 500,–**

684 Spiegel.
Geschnitzt und gefaßt. Geschweifter Rechteckrahmen, dekoriert mit à-jour geschnittenen Blumenranken. Unterkante mit Ranken und Rocaillenkartusche. Reiche Bekrönung. Weichholz. Deutsch, Mitte 18. Jahrh.
85 x 46 cm.   **4 000,–/6 000,–**

679

680

681

682

683

684

685

686

687

688

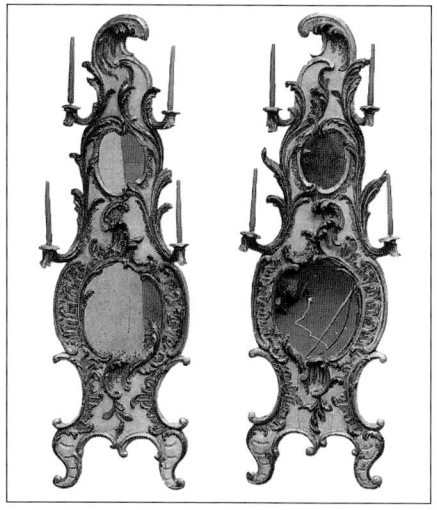
689

685 Spiegel.
Durchbrochen geschnitzter, von Akanthuszierat ausstaffierter Rahmen mit bekrönender Giebelblende. Goldfassung. Norddeutsch, 2. Hälfte 18. Jahrh.
98 x 61,5 cm. **6 500,–/11 000,–**

686 Spiegelrahmen.
Vegetabil ausgearbeiteter Schnitzrahmen. Goldfassung. Westdeutsch, 18. Jahrh.
180 x 120 cm. **6 000,–/8 500,–**

687 Spiegel.
Vergoldet. Gerade, profilierte Rahmung, oben und unten geschwungen, mit Blütenschnitzerei. Als Bekrönung Kartusche mit geschwungenen Girlanden und Blüten verziert. Weichholz. Ferd. Dietz(?), Würzburg, um 1760.
90 x 107 cm. **16 000,–/24 000,–**

688 Spiegel.
Profiliert geschliffener Glasrahmen mit chinoisem Bogengiebel und stilisiertem Baldachinabschluß. Blaue Einfassung. Lohr/Spessart, 18. Jahrh.
150 x 70 cm. **4 500,–/7 500,–**

689 Paar Wandappliken.
Polychrome Fassung mit Konturvergoldung. Weichholz. Süddeutsch, 18. Jahrh.
170 x 58 cm. **9 000,–/14 000,–**

BETTEN

Obwohl das Bett den intimen Schlafbereich des Menschen prägt, war es nie Gegenstand der künstlerischen Entwicklung im Möbelbau. Zwar lassen sich die gestalterischen Veränderungen auch an höfischen Bettstätten mitverfolgen, für den bürgerlichen Bereich gilt jedoch für das Bett eine auffallende Zurückhaltung schreinerischer Ambitionen. Der Grund liegt zum einen bei den formalen Schranken, die dem Bett stets gleichbleibende Gewohn-heiten und Bedürfnisse auferlegen. Viel wichtiger ist die Tatsache, daß es durch seine Funktion in der Privatsphäre der Repräsentation nicht dienlich ist. So bleibt es seiner eigentlichen Aufgabe in strengem Sinne erhalten, dem Menschen Geborgenheit und Ruhe zu vermitteln. Die Seltenheit der dem jeweiligen Zeitgeschmack entsprechend konsequent durchgestalteten Betten erschwert die Beweisführung, aber auch die wenigen erhaltenen prächtig gearbeiteten Prunkbetten können als Beleg für die geringe künstlerische Aufmerksamkeit gegenüber diesen Möbeln dienen. Selbst heute sind Betten, die am schwierigsten abzusetzenden Einrichtungsgegenstände im Antikhandel.

Himmelbetten
Die Konstruktion des Himmelbettes entspricht gemäß dem viel älteren Wandnischenbett (Alkoven) seiner wichtigsten Aufgabe: Geborgenheit, Wohlbehagen und Bequemlichkeit zu vermitteln. Es unterscheidet sich von der gestellförmigen Liegestatt durch einen auf die Verlängerung der Eckpfosten aufgelegten Brett- oder Tuchhimmel.
Die meist an höfischen, oft großzügig proportionierten Prunkbetten angebrachten Stoffdraperien sind für den bürgerlichen Wohnbereich kaum belegt. Hier gibt es die massiv abschließenden Bretthimmel, die häufig dem übrigen Dekor entsprechend fassadenartig oder marketiert gestaltet sein können. Bei Bauernbetten findet sich dann auch passend zur übrigen Fassung polychrome Malerei. Die Grundkonstruktion bewegt sich innerhalb enger Bahnen: Fußteil und Seitenwangen werden vom Gestellbett übernommen, das Kopfteil bildet eine Wandblende bis hinauf zur Unterkante der Dachkonstruktion. Der Himmel ist meist eine großflächige Rahmenkonstruktion mit verkröpft profilierten Einfassungen. Er ruht auf den über das Fußteil hinaus verlängerten Eckpfosten, Rundsäulen oder vielfach gegliederten Pfeilern.
Eigen ist dem Bett ein auf allen Partien stets wiederkehrender Dekor ohne allzu große Unterscheidungen in stilistischen Details.

SONDERMÖBEL

Frisiertische, Poudreuse, Bonheur-du-jour, Trommelschränkchen, Table-tambour, Blumentischchen, Jardinière, Betschränkchen, Prie-Dieu

Neben den bekannten und verbreiteten Grundmustern im Möbelbau der Behältnismöbel, die eine grobe funktionelle Gliederung der Raumkunst zulassen, gibt es eine Anzahl von spezialisierten Möbelstücken, die sich besonders im 18. Jahrhundert allgemeiner Beliebtheit erfreuen. Mit dem neuen Geschmack, der besonders ausgeklügelte Arrangements von unterschiedlichsten Ziermöbeln bevorzugt, entsteht eine Anzahl von allseitig bearbeiteten Zierstücken. Die Verwendbarkeit ist häufig nur eine vorgeschobene Rechtfertigung für Überfluß und Luxus. Neben den der Wand zugeordneten Grundmustern besinnt man sich auf weitere, frei im Raum stehende Varianten des gebräuchlichen Mobilars. Frankreich und England beeinflussen dieses Bewußtsein und bieten eine Vielzahl bisher unbekannter Möbeltypen an, die bald auch im pragmatischen deutschen Möbelbau einen wichtigen Platz einnehmen. Die Ausführung ist besonders fein, die Marketerien erfahren im Detail eine Steigerung der Zierformen. Die Ausschmückungen sind filigran und entsprechen der Erscheinung und den Proportionen dieser Ziermöbel. Sie stellen von der technischen Seite her eine wichtige Möbelgruppe dar, an der versuchsweise wichtige Entwicklungen und Veränderungen innerhalb der überschaubaren Abmessungen umgesetzt werden. Einige besonders häufig auftretende Typen sollen im einzelnen näher beschrieben werden:

Frisiertische (Poudreuse)
Der Frisiertisch entwickelt sich aus dem üblichen Arbeitstischchen als moderne Möbelform, die den erweiterten Bedürfnissen der modischen Gesichts- und Körperpflege gerecht wird. Mit der täglichen, ausgiebigen Toilette der modischen Dame entsteht damit ein Möbel, das zum einen durch Schubkästen und Tablettzüge die notwendigen Utensilien bewahrt und abstellen läßt, zum anderen durch eine dreifach geteilte Platte im geschlossenen Zustand sich in die äußere Form harmonisch einfügt. Auch der Typus dieses Möbels und seine funktionale Unterteilung ist weitgehend einheitlich und bleibt über den gesamten Zeitraum seiner Verbreitung nahezu unverändert erhalten. Erst gegen Ende des 18. Jahrhunderts entsteht in England der Verwandlungstisch in ähnlicher Form aus dem Pembroke-Table, der sog. »Harlekin-Pembroke-Table«. Von ihm sind Toilettischformen bekannt. Deren charakteristischer Unterschied zur Poudreuse ist das eingelassene Waschbassin und die strenge äußere Form des ausgehenden 18. Jahrhunderts. Häufig auch in der Art von Pfeilerschränkchen gebaut.

Bonheur-du-jour
Ein weiteres aus Frankreich stammendes Ziermöbelchen drückt den sich rasch ändernden Geschmack der Raumkunst um die Jahrhundertwende zwischen 17. und 18. Jahrhundert aus. Das erst spät in Deutschland zum Nachtkästchen werdende Bonheur-du-jour vermittelt auf einprägsame Weise die Entwicklung der Möbelkultur und den Hang zu fortschreitender Spezialisierung des Mobiliars. Als zierliches, schlankes, oft nur einschübiges Tischchen, häufig als Guéridon falsch bezeichnet, birgt es alle notwendigen und persönlichen Utensilien für die Nacht, die es dann am anbrechenden Tag seinem Besitzer geordnet und übersichtlich wieder offeriert. Es sind auch kleine Pfeilerschränkchen mit Rollo- oder Türfach, Kopfschub und eingrenzender Gitterkante, selten mit zurückspringendem miniaturförmig proportioniertem Aufsatz. Schon die französische Bezeichnung dieses Kleinmöbels als Glücksbringer für den Tag verdeutlicht die fortgeschrittene kultivierte Lebensweise der Bessergestellten dieser Zeit. Dies auch zu zeigen und gleichzeitig

die Bildung zu betonen, drückt sich an den selten anzutreffenden, zierlichen Aufsatzkästchen mit vergitterten Rahmentüren aus, die meist zur Aufbewahrung der im Schlafraum gelesenen Bücher dienen. Es befinden sich auch manchmal Rollo- und Türblenden in Form von Buchrücken an diesen Ziermöbeln, gewissermaßen als zusätzliches Zur-Schaustellen der eigenen Bildung.

Trommelschränkchen (Table-Tambour)

Das 18. Jahrhundert entwickelte eine ausgeprägte Vorliebe für Variationen der Gestaltung äußerer Formen der Möbel. Diese Experimentierfreudigkeit führt u. a. zum nahezu vollständigen Verschwinden der Halbschränke, Pfeilerkästchen oder der im Süddeutschen häufig am Fußende der Betten aufgestellten sog. »Fußnetschränkchen«. Zweifellos ist diese Abkehr von verkleinerten Schrank- und Truhenformen durch das Aufkommen der Kommode zu erklären. Gleichzeitig ergibt sich mit der Beliebtheit der Kleinmöbel die Abänderung dieser einfachen Möbelformen in modische Ziertypen. Hierzu zählt neben verschiedenen, manchmal sehr seltenen Unikaten das Trommelschränkchen. Es ist meist eintürig, frontal auch nierenförmig eingezogen. Ein lose arrangiertes Mobiliar für weitläufige Räumlichkeiten, besonders vor Pfeilern oder in schmalen Nischen. Häufig finden sich hier, ähnlich wie bei den Bonheur-du-jour, als Abschluß eingelassene Buntmarmorplatten, die wegen ihrer geringen Empfindlichkeit für das Abstellen von Leuchtern und Flakons besonders geeignet sind. Diese Marmorplatten sind häufig an den Kanten von profilierten Messingmontierungen eingefaßt, einer Betonung der Silhouette der Abschlußplatte. Diese Schränkchen sind meist hochbeinig auf geschweiftem, konischem Fußgestell mit Bronzeschuhen, die Beinschultern häufig – entsprechend den anderen Möbeln – auf angefügten Fußgestellen leicht ausgestellt. Der immer beliebter werdende applizierte Bronzezierat findet sich auch auf diesen Möbeln in vergleichbarer Weise, oft als durchbrochene, rahmenartige Umgrenzung auf der Türe, wie an den bereits beschriebenen Eckschränkchen (Encoignuren).

Blumentischchen (Jardinière)

Das variabel arrangierte Interieur wird durch einen Möbeltyp bereichert, der den zunehmenden Naturalismus repräsentiert: ein aufwendig gearbeitetes Kleinmöbel zur Bereicherung des Raumes mit Pflanzen. Hierbei verschwindet der Pflanzkübel in der Zarge des Gestells. Die Raumkunst verbindet sich mit Natürlichem, die Pflanzen scheinen aus der Möbelkonstruktion herauszuwachsen. Verschwendungssucht und Luxus finden ihren Ausdruck durch hochwertiges, komplexes Kunstobjekt als Behältnis für die in den Wohnraum geholte Natur. Die Konsequenz, selbst hierfür hochwertige Handwerksarbeit und künstlerische Formensprache einzusetzen, verdeutlicht das für diese Zeit stehende Verständnis der Lebensqualität. Als hochbeiniges Tischchen mit tiefer Zarge und gelötetem Metalleinsatz für die Bepflanzung ist die Jardinière kein eigentlicher Tisch, sondern ein eigenständiger Typus.

Betschränkchen (Prie-Dieu)

Das Betschränkchen im bürgerlichen Haushalt mit Funktion des Hausaltars, manchmal durch Rahmenaufsätze und gemalte Dekorationen an richtige Sakristeimöbel erinnernd, setzt sich aus drei ineinanderverschmolzenen Teilen zusammen: Es besitzt eine vorspringende Kniefläche mit Deckelfach, das auch gepolstert sein kann. Angefügt ist ein zurückspringendes, fast immer eintüriges Schrankfach und eine abschließende, schräge Pultklappe. Damit ähnelt das Profil der Rückseite des Laiengestühls in Kirchen. Im Pultfach werden Bibel und Schriften der Andacht, sowie die im Hausgebrauch verwendeten sakralen Utensilien bewahrt. Den Abschluß bildet eine schmale gerade Deckplatte, auf der ein kleines Standkruzifix Platz findet. Das Betschränkchen entstammt den Sakristeien der Kirchen und unterscheidet sich von diesen Andachtsstücken lediglich in der Ausarbeitung. Vor allem im süddeutschen Raum ist es weit verbreitet und befindet sich seit der 2. Hälfte des 17. Jahrhunderts auch in bürgerlichen und bäuerlichen Einrichtungen.

Fotonachweis und Dank

Der Verlag dankt folgenden Auktionshäusern für die Mitarbeit am Katalog-Bildteil und die Zurverfügungstellung von Auktionskatalogen und Bildmaterial.

Kunsthaus am Museum, Carola von Ham, Köln, Drususgasse 1 – 5.

8, 38, 170, 183, 184, 186, 201, 237, 331, 549, 551.

Kunsthaus Lempertz, Köln, Neumarkt 3.

4, 20, 37, 40, 42, 46, 47, 49, 50, 51, 52, 55, 65, 68, 72, 81, 84, 97, 107, 110, 115, 123, 155, 161, 162, 164, 185, 188, 189, 206, 209, 228, 231, 232, 233, 234, 240, 259, 261, 268, 278, 304, 307, 311, 322, 330, 344, 345, 353, 362, 363, 371, 381, 385, 387, 390, 392, 394, 410, 414, 420-424, 428, 450, 453, 458, 473, 474, 482, 488, 501, 516, 517, 522, 528, 531, 539, 550, 553, 562, 567, 575, 576, 584, 585, 586, 596, 609, 617, 653, 659, 684, 687.

Stuttgarter Kunstauktionshaus Dr. Fritz Nagel, Stuttgart 1, Mörikestraße 17 – 19.

Titel-Möbel, Seite 11 und F 1–F 6.

1, 3, 12-16, 19, 22, 24, 26, 29-32, 35, 45, 48, 53, 57, 64, 67, 69-71, 74, 77, 79, 80, 86-90, 92, 93, 96, 98, 99, 103, 104, 106, 108, 114, 116, 117, 118, 120, 121, 125, 127, 128, 131, 134, 135, 141, 142, 143, 145, 146, 147, 151, 152, 153, 156, 158, 166, 171, 174, 175, 178, 190-194, 199, 200, 202, 208, 210, 211, 213, 214, 215, 217, 223, 224, 225, 227, 229, 230, 236, 250, 252, 253, 254, 263, 270, 275, 276, 279, 284-286, 291, 294, 305, 316, 321, 326, 329, 333, 335, 336, 337, 339, 346, 357, 359-361, 373, 374, 377, 380, 382, 388, 391, 393, 396, 397, 406, 409, 411-413, 415-419, 426, 433, 435, 436, 437, 438, 441, 444, 448, 449, 452, 460, 467-471, 479-481, 487, 489-495, 497, 498, 502, 504, 506, 509, 512, 513, 515, 518, 520, 524, 525, 257, 530, 540, 541, 545, 565, 566, 569, 579, 593, 595, 599, 600, 605, 608, 610, 611, 618, 622, 626, 639, 640, 642, 660-663, 669, 670, 671, 674, 679, 680, 689.

Münchner Kunstauktionshaus Neumeister, München 90, Barerstraße 37.

2, 7, 11, 17, 18, 33, 34, 36, 41, 54, 56, 59, 61, 62, 66, 73, 75, 78, 82, 85, 91, 94, 95, 100, 112, 126, 129, 130, 133, 137-140, 144, 148, 149, 150, 154, 157, 159, 160, 163, 165, 167, 169, 172, 173, 176, 182, 197, 198, 203, 204, 207, 216, 220, 221, 239, 242, 244, 245, 246, 247, 248, 256, 257, 258, 260, 262, 264-266, 269, 271, 273, 274, 277, 280, 281, 283, 287, 289, 292, 297, 298, 306, 309, 310, 312, 313, 318, 320, 323, 324, 325, 327, 328, 334, 338, 340, 342, 343, 347-352, 354, 358, 364, 366, 367, 368, 370, 379, 383, 386, 389, 399, 400, 401, 407, 425, 427, 430, 431, 432, 434, 439, 440, 442, 446, 451, 455, 456, 459, 461, 465, 466, 475, 476, 477, 478, 483, 485, 507, 508, 510, 511, 514, 519, 521, 523, 529, 536, 538, 543, 546, 547, 552, 554-558, 560, 561, 563, 564, 570, 571, 573, 577, 578, 580, 582, 588-590, 594, 598, 601-604, 607, 613, 614, 616, 619, 620, 621, 623, 624, 627-631, 634-636, 638, 641, 644, 647, 649, 650, 651, 654, 655, 657, 658, 664, 665, 667, 673, 675, 676, 681, 682, 683.

Kunstauktionen Hugo Ruef, München 2, Gabelsbergerstraße 28.

5, 6, 9, 10, 21, 23, 25, 27, 28, 39, 43, 44, 58, 60, 76, 83, 102, 105, 109, 111, 113, 119, 122, 124, 136, 168, 177, 180, 181, 187, 196, 205, 218, 219, 222, 226, 235, 238, 241, 243, 249, 251, 255, 267, 272, 282, 288, 290, 293, 295, 296, 299, 300, 301, 303, 308, 314, 315, 317, 332, 341, 355, 356, 365, 369, 375, 376, 384, 395, 398, 402-405, 408, 429, 447, 454, 457, 462-464, 472, 484, 486, 496, 499, 500, 503, 526, 532-535, 537, 542, 544, 548, 559, 568, 572, 574, 583, 587, 591, 592, 597, 606, 612, 615, 625, 632, 633, 637, 643, 645, 646, 648, 652, 656, 666, 668, 672, 677, 678, 685, 686, 688.

Leo Spik, Kunstversteigerungen, Berlin 15, Kürfürstendamm 66.

63, 101, 132, 179, 195, 212, 302, 319, 372, 378, 443, 445, 505.

FACHHÄNDLERVERZEICHNIS

Deutschland

Bad Breisig	Dr. Thomas SCHMITZ-AVILA
Bad Vilbel	Auktionshaus BLANK
Bamberg	BADUM Antiquitäten
	SENGER BAMBERG, Kunsthandel
Borken/Westf.	Geschw. Rodenberg, Kunsthandel
Düsseldorf	Heinz Josef ESCH
Freiberg/Neckar	Martin MARQUARDT, Möbelrestaurierung
Hamburg	Auktionshaus Dr. HEUSER & GRETHE
Heidelberg	Antiquitäten METZ GMBH
Köln	Kunsthaus am Museum Carola van HAM
München	Antiquitäten M.C. PRELLER
	Auktionsgalerie Dr. R. HEITMANN
	Kunstauktionen Hugo RUEF
Nürnberg	Auktionshaus WEIDLER
Überlingen	Lion B. ZADIK
Villmar-Aumenau	Kunsthandel Karlheinz MÜLLER

Schweiz

Zürich	Galerie KOLLER

Zeitschriften

München	Kunst und Antiquitäten
Reichertshausen	Trödler & Antiquitäten-Magazin
Schwäbisch Hall	Sammler Journal

Badum Antiquitäten Bamberg

Am Alten Rathaus
D-8600 Bamberg, Dominikanerstraße 1
Telefon 09 51/5 26 96, Fax 09 51/5 49 22

Barockschrank, süddeutsch, um 1750. Nuß auf Tannenkorpus, frontal reich profilierte Bastionsfüllungen. Orig. Schloß, Schlüssel und Beschläge.
H. 192 cm, B. 215 cm, T. 77 cm

Sammler Journal

Das Fachmagazin für den Sammler

Sammeln von A bis Z was schön und interessant ist!

Ob alte Aktien, Möbel oder edles Zinn, das Sammler-Journal berichtet von A bis Z über alles, was sammelnswert ist. Auf über 160 Seiten werden private wie öffentliche Sammlungen farbig vorgestellt, aktuelle Preise genannt, rechtliche Fragen, die das Sammeln betreffen, erörtert und Buch geführt über wichtige Auktionen, Kunst- und Antiquitätenmessen, sowie Floh- und Sammlermärkte. Ein vielseitiger Termin- und Anzeigenteil bietet jedem Sammler die Chance, seine Sammlung zu erweitern und zu verändern. Das Sammler-Journal – unentbehrlich für alle Sammler, alle Händler und Museen im deutschen Sprachraum. Erhältlich bei Ihrem Zeitschriftenhändler. Fordern Sie doch einfach kostenlos ein Probeexemplar zum Kennenlernen an.

Journal-Verlag Schwend GmbH

Schmollerstraße 31 B
7170 Schwäbisch Hall
Telefon: (0791) 404-500
Telefax: (0791) 429 20

Ja, ich möchte das Sammler-Journal kennenlernen und bitte Sie, mir ein kostenloses Probeexemplar an diese Adresse zu schicken:

Name / Vorname

Straße / Haus-Nr.

Postleitzahl   Wohnort

AUKTIONSHAUS WEIDLER

8500 Nürnberg 1, Albrecht-Dürer-Platz 8
Tel. 09 11/22 25 25 oder 22 25 45
Fax: 09 11/24 38 51
tägl. 9–18 Uhr, Samstag 9.30–13.00 Uhr

EINLIEFERUNGEN
für unsere Kunstauktionen sind jederzeit erwünscht.

Wir suchen antike Möbel wie:
Schränke, Vitrinen, Tische, Stühle, Kommoden,
ganze Zimmereinrichtungen, Klaviere, Sessel,
Truhen von 1500–1930.

Eigene Kundenparkplätze am Auktionshaus.
Ca. 500 qm² Ausstellungsfläche.

Tabernakel-Sekretär dat. 1749
in Scheinfeld/Mittelfranken
Erzielter Bruttopreis Sept. 1991 DM 47 000,–

ANTIQUITÄTEN
METZ GMBH · Kunstauktionen

6900 HEIDELBERG Friedrich-Ebert-Anlage 5
Telefon 0 62 21/2 35 71 Telefax 49-62 21/18 32 31

Seit über 25 Jahren in Heidelberg

Barockschrank
Süddeutsch 1750
Zuschlag:
DM 78 000,–

Biedermeier-
Trommeltisch
Wien 1820
Zuschlag:
DM 40 000,–

In jahrzehntelanger Erfahrung und Tradition unseres Familienbetriebes führen wir
Kunstauktionen, spezielle Porzellanauktionen und unlimitierte Versteigerungen durch.

KUNSTHAUS AM MUSEUM
CAROLA VAN HAM

VERSTEIGERUNGEN	TERMINE
Alte Kunst	März, Juni, Oktober
Moderne Kunst	April, November
Außereuropäische Kunst	Dezember

Kabinettschrank. Nußbaum, Nußwurzel auf Eiche. Edelhölzer eingelegt. Holland, 2.H. 18. Jh., 236 x 175 x 62 cm. Sommer-Auktion 1991, Schätzpreis 25.000 Mark - Zuschlag 50.000 Mark.

Angebote von Einzelstücken oder Sammlungen jederzeit angenehm.
Unsere Mitarbeiter beraten Sie gern. Einlieferungen bis zwei Monate
vor den Auktionen. Kataloge auf Anfrage und im Abonnement.

DAS HAUS FÜR EXCLUSIVE KUNST UND STILVOLLES AMBIENTE

SENGER BAMBERG
Partner für Kunstfreunde, Sammler und Museen

Auch im Ankauf eine gute Adresse.
SENGER BAMBERG · KUNSTHANDEL
KAROLINENSTR. 8 UND 10, 8600 BAMBERG, TEL. 09 51/5 40 30 · PRIVAT 0 95 02/5 20 · FAX 09 51 /5 44 20

WO MACHEN SIE IHR NÄCHSTES SCHNÄPPCHEN ?

Gute Flohmärkte sind immer noch die beste Fundgrube für jeden Sammler.
Mit 1500-2000 Marktterminen pro Monat ist der TRÖDLER eine unentbehrliche Informationsquelle für jeden Flohmarktfreund.

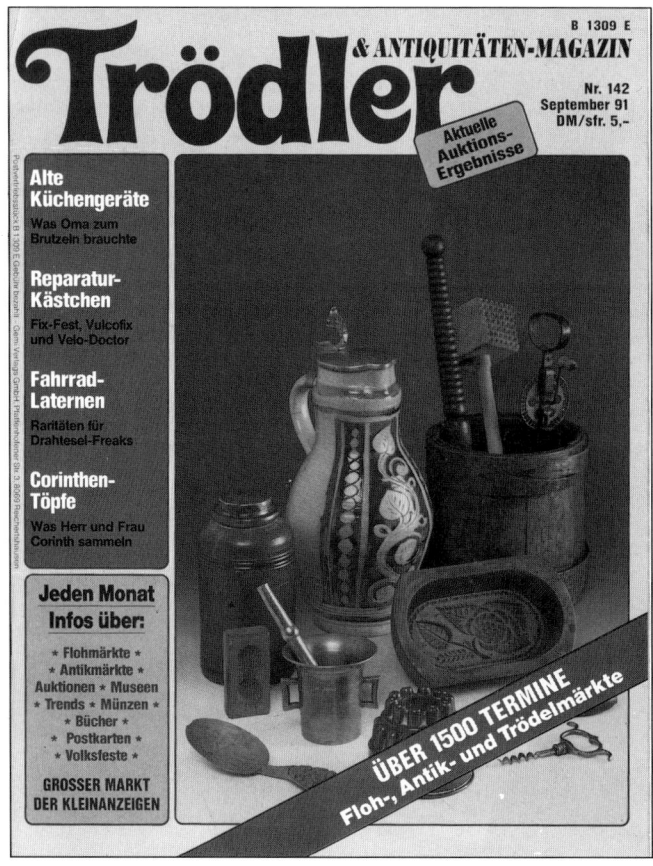

Darüber hinaus finden Sie in jedem Heft einen riesigen Fachanzeigenteil, 12 Seiten Kleinanzeigen, Sammlerberichte, Trends, Sonderseiten über Briefmarken, Münzen, Ansichtskarten und Volksfeste und auch Flohmarkt-Termine aus Ostdeutschland!

Der TRÖDLER ist die größte Zeitschrift dieser Art mit einer monatlichen Auflage von 50.000 Exemplaren. Jeden Monat aktuell - erhältlich an vielen Kiosken, im Bahnhofsbuchhandel, auf allen guten Trödel- und Antikmärkten oder direkt beim Verlag. Einzelpreis 5,- DM, Jahresabonnement 54,- DM (europäisches Ausland 66,- DM). Auf Wunsch senden wir Ihnen gerne ein kostenloses Probeheft zu.

»TRÖDLER & Magazin SAMMELN« erscheint bei:
Gemi Verlags GmbH
Pfaffenhofener Str. 3, 8069 Reichertshausen

Auktionshaus in Hamburg
DR. HEUSER & GRETHE

Barockvitrine, Nußbaum, Lübeck um 1760
H.: 321 cm, B.: 216 cm, T.: 87 cm

Einlieferungen für unsere Kunstauktionen sind jederzeit erwünscht.

HOHE BLEICHEN 14–16 · 2000 HAMBURG 36
TELEFON (0 40) 35 46 49 · TELEFAX (0 40) 35 26 68

GALERIE KOLLER ZÜRICH

BEDEUTENDE AUKTIONEN SEIT 30 JAHREN

im März, Mai, Juni, September, November und Dezember

Gemälde alter Meister, klassischer Moderner; Kunst des 20. Jahrhunderts.
Alte und moderne Graphik, Zeichnungen, Aquarelle.
Skulpturen der Romanik bis zum 20. Jahrhundert.
Seltene Möbel des 16.–19. Jahrhunderts, viele davon signiert.
Bronzen, Spiegel u. a.
Antike Uhren und Pendulen.
Gesuchte Fayencen und Porzellan, Silber und erlesene Dosen.
Jugendstil, Glas.
Antiker und moderner Schmuck.
Kunst aus Tibet, China, Japan und Indien.

Ihre Kunstwerke und ganzen Sammlungen nehmen wir jederzeit entgegen.
Setzen Sie sich bitte mit unseren Experten in Verbindung.

Harturmstraße 102, Postfach CH-8031 Zürich
Telefon (01) 2 73 01 01 · Fax (01) 2 73 19 66

Heinz Josef Esch
BAROCKMÖBEL

BAROCKKOMMODE, NIEDERSACHSEN UM 1750,
NUSSBAUM-, NUSSBAUMWURZEL-, RÜSTER- UND PFLAUMENHOLZ
AUF WEICHHOLZ FURNIERT. H 78, B 107, T 56 cm.

HEINZ JOSEF ESCH · SCHWANENMARKT 12
4000 DÜSSELDORF 1 · TEL. 02 11/32 82 80

Karlheinz Müller
Kunsthandel · Restaurierungen · Antiquariat

KLAPP-SPIELTISCH, 1740/60, Mecklenburg
Nußbaum, Zarge u. Platte furniert mit
Band- und Sterneinlage

**Lahnstraße 14
6256 Villmar-Aumenau
Telefon 0 64 74 / 80 38 - 80 39
Telefax 0 64 74 / 13 37**

WIR ERZIELEN HÖCHSTPREISE FÜR
- Gemälde • Schmuck • Bücher • Spielzeug
- Grafiken • Antiquitäten aller Art • u.v.m.

Auch zwischen den Auktionen finden Sie in unserem Hause eine reichhaltige Auswahl an

KUNST UND ANTIQUITÄTEN!

Einlieferungen für unsere kommende Auktion können jederzeit vorgenommen werden!

**Überlinger
Kunst- und Auktionshaus
Lion B. Zadick**

Nußdorfer Str. 39 • 7770 Überlingen • Tel. 0 75 51 / 74 47
Öffnungszeiten: Mi.-Fr. 10–13 und 15–18 Uhr
Sa. 10–13 Uhr

Kunsthandel & Antiquitäten

Geschw. Rodenberg
AN DER GROSSEN KIRCHE D-4280 BORKEN/WESTFALEN

Telefon 0 28 61 / 22 67, Telegramme: GERO

Glasvitrine, Norddeutschland, datiert 1776

Eichenholzmöbel, Kunstgewerbe,
16. bis 18. Jahrhundert

Dr. Thomas Schmitz-Avila
Kunsthandel

Bedeutender Prunktisch... (ohne Maße)!

Große, laufend wechselnde Auswahl an guten Barock-, Empire- und Biedermeiermöbeln.
Termine nach telefonischer Vereinbarung.

D-5484 Bad Breisig
Koblenzer Straße 55
Tel. 0 26 33/9 79 14 oder 92 53
Fax 0 26 33/71 02

Auktionshaus Blank

KUNST-ANTIQUITÄTEN AUKTIONEN
Schmuck-Uhren-Silber Auktionen ● **1x jährlich Spielzeug Auktion**

Zwischen den Auktionen Freihandverkauf auf über 800qm Ausstellungsfläche
Eigene Restaurierungswerkstatt.
Einlieferungen von Einzelstücken und Sammlungen jederzeit erbeten.
Geschäftszeiten: Di-Mi-Fr. von 9.30-13.00 Uhr und 15.00-18.30 Uhr
Donnerstag von 9.30-13.00 Uhr und 15.00-20.30 Uhr
Samstags außer bei Auktionen 10.00-14.00 Uhr. Montags geschlossen.

6368 Bad Vilbel (bei Frankfurt am Main), Friedrich Ebert Straße 2
Telefon 06101/8211, Telefax 06101/12313

Historische Möbel...

... sind unwiederbringliche, wertvolle Unikate von kunsthistorischer Bedeutung. Ihre Schönheit und Ausstrahlung wird geprägt durch Form und Gestaltung und nicht zuletzt durch den Charme der natürlich gealterten Holzoberfläche.

Als Gebrauchsgegenstände sind sie aber auch leider mannigfaltigen Einflüssen ausgesetzt, die Wert und Schönheit beeinträchtigen können.

Damit Substanzverlust vermieden wird, gilt es rechtzeitig die richtigen Maßnahmen zur Pflege und Erhaltung zu treffen. Gerade bei hochwertigen Möbeln müssen diese besonders sorgfältig abgewogen und durchgeführt werden.
Als erfahrener Fachmann für Barockmöbel, biete ich Ihnen meinen Rat bei allen Problemen an, die mit der Werterhaltung Ihrer wertvollen Möbel zu tun haben.

Martin Marquardt, Atelier für Möbelrestaurierung
Siemensstraße 10/1, 7149 Freiberg/Neckar, Tel. 07141/7 71 81

KUNST HAT VIELE SEITEN.

WIR LIEFERN SIE FREI HAUS.

Ein Abonnement der Zeitschrift KUNST UND ANTIQUITÄTEN bietet Ihnen 10mal jährlich

- sorgfältig recherchierte und aufwendig illustrierte Beiträge zu den wichtigsten Sammelgebieten.
- fundierte Analysen, Trends und Kunstmarktinformationen.
- aktuelle Kurznachrichten und Interviews.
- Auktions- und Ausstellungskalender.
- Angebote des internationalen Kunsthandels.
- Beiträge zur Volkskunst.

Umfang pro Heft etwa 120 Seiten, farbig gedruckt.
Einzelpreis DM 12,–.
Abonnement DM 108,– (Inland),
DM 120,– (Ausland).

KLINKHARDT & BIERMANN
KEYSER
KUNST & ANTIQUITÄTEN

Weitere Informationen sowie ein Probeheft erhalten Sie direkt vom Verlag Kunst & Antiquitäten
Landshuter Allee 38 • 8000 München 19 • Fax 0 89/12 69 04 25

Schreibschrank à trois corps, Bamberg Anfang 18. Jh.
Nußholz furniert, Intarsien aus verschiedenen Obsthölzern,
Messing und Zinn

Gemälde – Skulpturen – Möbel –
Kunsthandwerk – Teppiche –
Moderne Kunst

Einlieferung jederzeit

Kunstauktionen HUGO RUEF seit 1844

Angebote immer erwünscht

Gabelsbergerstraße 28, 8000 München 2
Tel. 0 89/52 40 84, Fax 0 89/5 23 69 36

Auktionsgalerie Dr. R. Heitmann

ENCOIGNURE
LOUIS PERIDIEZ
um 1760

- 4 × jährlich Auktionen
- Ständig Freiverkauf
- Restaurierung

Einlieferung immer erwünscht
Abrechnung sofort

Schraudolphstr. 14 a – 8000 München 40
Telefon 0 89/2 72 23 22 – Fax: 0 89/2 72 23 21

M. C. Preller

ANTIQUITÄTEN · RESTAURIERUNG

Christophstraße 4 · 8000 München 22
Telefon 29 79 83

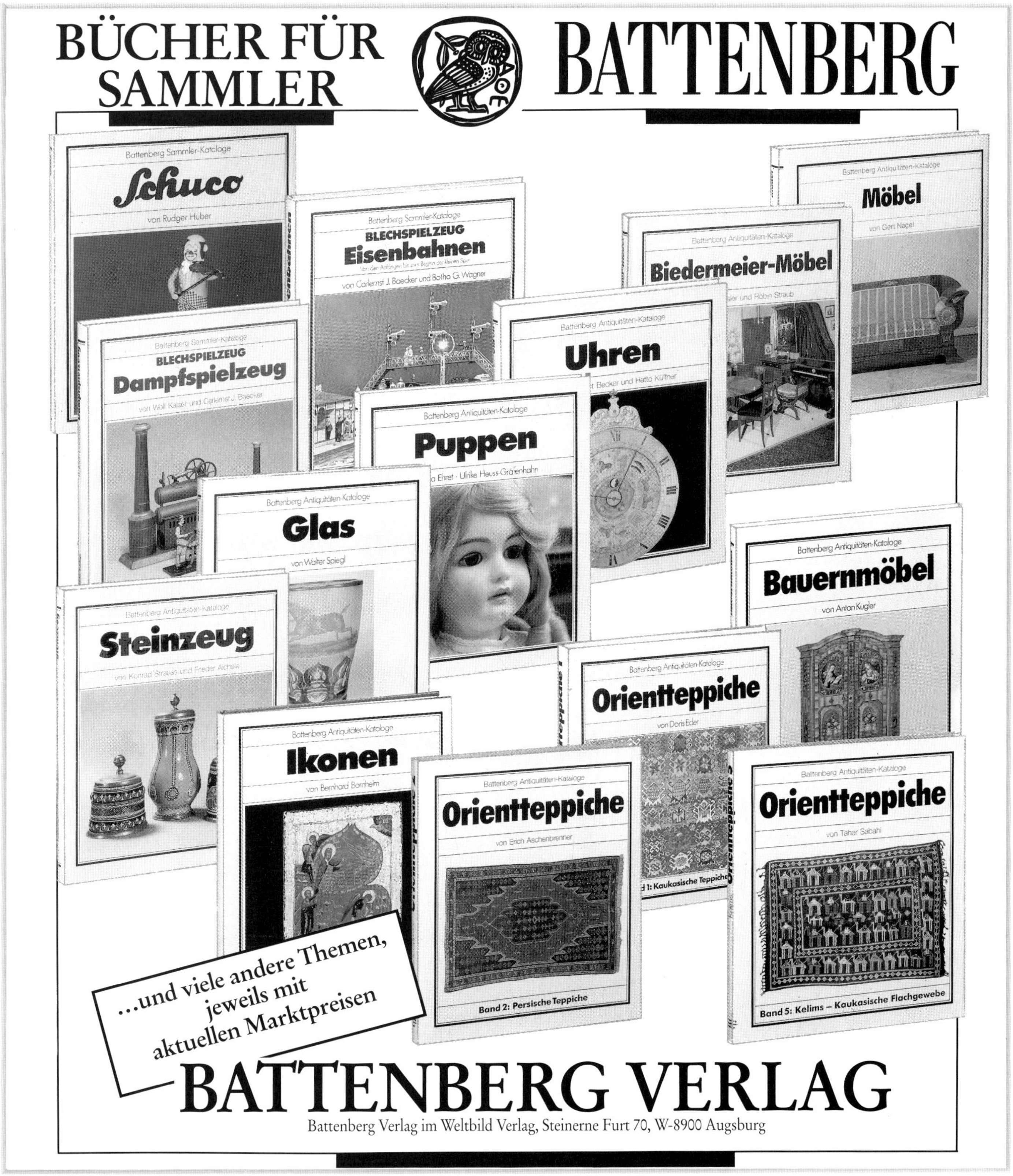
BÜCHER FÜR SAMMLER
BATTENBERG
Battenberg Sammler-Kataloge
Schuco
von Rudger Huber
Battenberg Sammler-Kataloge
BLECHSPIELZEUG
Eisenbahnen
von Carlernst J. Baecker und Botho G. Wagner
Battenberg Antiquitäten-Kataloge
Möbel
von Gert Nagel
Battenberg Antiquitäten-Kataloge
Biedermeier-Möbel
Battenberg Sammler-Kataloge
BLECHSPIELZEUG
Dampfspielzeug
von Wolf Kaiser und Carlernst J. Baecker
Battenberg Antiquitäten-Kataloge
Uhren
Battenberg Antiquitäten-Kataloge
Puppen
Battenberg Antiquitäten-Kataloge
Glas
von Walter Spiegl
Battenberg Antiquitäten-Kataloge
Bauernmöbel
von Anton Kugler
Battenberg Antiquitäten-Kataloge
Steinzeug
von Konrad Strauss und Frieder Aichele
Battenberg Antiquitäten-Kataloge
Orientteppiche
von Doris Eder
Battenberg Antiquitäten-Kataloge
Ikonen
von Bernhard Bornheim
Battenberg Antiquitäten-Kataloge
Orientteppiche
von Erich Aschenbrenner
Band 2: Persische Teppiche
Battenberg Antiquitäten-Kataloge
Orientteppiche
von Taher Sabahi
Band 5: Kelims – Kaukasische Flachgewebe
...und viele andere Themen, jeweils mit aktuellen Marktpreisen
BATTENBERG VERLAG
Battenberg Verlag im Weltbild Verlag, Steinerne Furt 70, W-8900 Augsburg

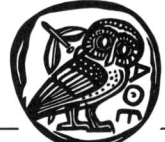